香山文化的历史与现实

（历史研究篇）

中山市社会科学界联合会　编

SPM 南方出版传媒，广东人民出版社

·广州·

图书在版编目（CIP）数据

香山文化的历史与现实 / 中山市社会科学界联合会编． — 广州 ： 广东人民出版社， 2019.4

（“人文香山”系列）

ISBN 978-7-218-13449-9

Ⅰ．①香… Ⅱ．①中… Ⅲ．①文化史—中山 Ⅳ．①K296.53

中国版本图书馆 CIP 数据核字（2019）第 056155 号

Xiangshan Wenhua de Lishi Yu Xianshi

香山文化的历史与现实

中山市社会科学界联合会　编

出 版 人：肖风华

责任编辑：李锐锋　易建鹏　冼惠仪

装帧设计：蓝美华　陈宝玉

封面设计：吴可量

统　　筹：广东人民出版社中山出版有限公司

执　　行：何腾江　吕斯敏

地　　址：中山市中山五路 1 号中山日报社 8 楼（邮编：528403）

电　　话：（0760）89882926　（0760）89882925

出版发行：广东人民出版社

地　　址：广州市大沙头四马路10号（邮编：510102）

电　　话：（020）83798714（总编室）

传　　真：（020）83780199

网　　址：http://www.gdpph.com

印　　刷：恒美印务（广州）有限公司

开　　本：787mm×1092mm　1/16

印　　张：32.75　　**字　　数：**446千

版　　次：2019年4月第1版　2019年4月第1次印刷

定　　价：98.00元（全2册）

如发现印装质量问题影响阅读，请与出版社（0760-89882925）联系调换。

售书热线：（0760）88367862 邮购：（0760）89882925

中山出版
ZHONGSHAN PUBLISHING
香山承文脉　好书读百年

目录

历史研究篇

名人文化

风俗民情

商业文化

名人文化

香山第一位进士郑愚

吴建新[①]

香山在唐代还没有成为一个独立的县级行政单位，但已经形成一些聚落。《嘉靖香山县志》称：本地大族，“汉唐称陈梁”。[②]这两个地方大族有唐一代都未有子弟中进士，郑氏的人口数量在中山未入前十，但郑愚不仅是第一位香山籍的进士，还是第一位香山籍的宰相。《嘉靖香山县志》这样记载郑愚的身世：

> 郑愚，唐时人，家世殷富，驺僮布满谿谷，皆纨衣鼎食。愚幼颖，力学。[③]

“驺僮布满谿谷”和“纨衣鼎食”都表明郑氏势力虽不及陈、梁，但也是非常富有的大族。

其实早在汉代，香山就已经有移民。

1986年7月，中山市博物馆在南朗镇平顶村进行野外调查时，清理出土了一批汉代遗物。其中有一件汉代铁锸，长9厘米，刃宽11.5厘米，凹字形，

① 吴建新，华南农业大学历史系教授。研究方向：中国农业科技史、华南农业史等。

② 《日本藏中国罕见地方志丛刊·嘉靖香山县志》卷八“杂志”，书目文献出版社，1991年。本书所引用《嘉靖香山县志》均是此版本，不再一一标注。

③ 《嘉靖香山县志》卷六“人物”，第374页。

弧刃，两边有槽可以装木叶。[1]这是一件实用型的工具，表明汉代已经有移民在香山进行农业开发。

东汉末年，香山出现一位深受儒家文化浸淫的陈临。据《嘉靖香山县志》记载："陈临，字子然，汉建安时人，家居海岛，奋志不同蛮俗。郡举孝廉，官至苍梧太守。推诚而理，导人以孝悌。"后因政绩卓著，陈临被朝廷征为廷尉。廷尉是东汉"九卿"之一，主管全国司法。此后陈临的子孙"盛播于岭徼"。陈临当是《嘉靖香山县志》中所云汉唐大族陈氏的弟子，故能受到良好的教育。陈临与郑愚的经历表明，儒家文化已经辐射至处于帝国边陲的香山地区。

唐代科举以诗赋取士，考科举者必懂诗歌，因此郑愚还是古代香山见诸史籍的第一位诗人。《嘉靖香山县志》载有郑愚走出香山之前写的诗句："台山初罢雾，岐海正分流。渔浦飏来笛，鸿逵翼去舟。"县志点评道："隐然有济川之志，识者知其公辅器也。"其实这首诗一共有十二句，《香山县志》与《全唐诗》都只收了四句。清人编《全唐诗补编·全唐诗续补遗》按照道光《广东通志》收入全诗。

> 此日携琴剑，飘然事远游。台山初罢雾，岐海正分流。渔浦飏来笛，鸿逵翼去舟。鬓愁蒲柳早，衣怯芰荷秋。未卜虞翻宅，休登王粲楼。怆然怀伴侣，徒尔赋离忧。

这是一首五言古体。首二句说作者身怀壮志离开香山，"此日携琴剑"表明作者风姿儒雅。"台山"指南台山，在古代是香山八景之一。"岐海"即石岐海，按《嘉靖香山县志》，当时香山"四围皆海"，石岐"高厚多石，直入于海"，说明当时的洲渚之间还有宽阔的海域。三、四与五、六句均寓情于景，"远游"之际凝望着故乡的山水风物，对故乡的不舍之情油然而生。七、八句则情景交融，"愁"与"怯"直接点出作者离开故乡之际的心情。九、十两句用典："未卜虞翻宅"，虞翻为三国时孙吴名士，因屡屡与孙权发生

[1] 甘建波等：《中山历史文物综述》，中山博物馆编：《中山历史文物图集》，1991年，第43页。

矛盾，于公元221年左右被贬谪到广州。在广州期间，虞翻在南越王旧宫殿基础上建起住宅。几度变迁，虞宅演为后来的光孝寺。“休登王粲楼”，“建安七子”之一的王粲曾避乱流寓荆州，登当阳城楼，作《登楼赋》抒发对国家政局与个人身世的感慨。这两句与“飘然事远游”呼应，表明郑愚踌躇满志，意谓自己不会像上述虞翻、王粲那样，走出香山之后会展示自己的才华、施展远大的抱负。末二句终究还是点出自己孤身一人离开家乡而感到“怆然”“离忧”，与诗中“鬓愁蒲柳早，衣怯芰荷秋”呼应。该诗歌寓情于景和描绘心情等方面的艺术手法，正是唐诗的特点。《全唐诗》收录此诗时题为《幼作》，结合县志记载，郑愚为“开成二年进士”[①]，则此诗应是作于公元836年之前。

《全唐诗》收录郑愚诗二首，除上述《幼作》，另有一首《茶诗》：

嫩芽香且灵，吾谓草中英。夜臼和烟捣，寒炉对雪烹。惟忧碧粉散，尝见绿花生。

唐代是我国茶文化形成与发展的重要时期，由郑诗可一窥当时文人墨客对制茶、煮茶的热衷。

郑愚应该还有诗歌不见载于《全唐诗》。北宋沈括《梦溪笔谈》记载：

朝士黄秉，少居长安，游骊山，值道士理故宫石渠。石下得折玉钗，刻为凤首，已皆破缺，然制作精巧，后人不能为也。郑（愚）[嵎]《津阳门》诗云：“破簪碎细不足拾，金沟浅溜和缨緌。”非虚语也。

《津阳门》全诗不见传，“破簪碎细不足拾，金沟浅溜和缨緌”却极有深意，意即破碎的玉钗凤首，虽然工艺精巧，但已经和系结玉钗的缨緌一样没有什么价值了。此意似乎与郑愚晚年学佛所得的思想痕迹一致（关于这一点，下面会谈及），则《津阳门》可能作于郑愚晚年。

进士及第后，郑愚先是担任秘书省校书郎，不久升为尚书郎。此后历任

---

① 开成为唐文宗年号，始于836年。

商州刺史、西川节度使、桂管观察使[①]、广州刺史[②]。既为官场中人，就难免应酬交际。唐人欧阳澥有《咏燕上主司郑愚》："翩翩双燕画堂开，送古迎今几万回。长向春秋社前后，为谁归去为谁来。"李商隐有《和郑愚赠汝阳王孙家筝妓二十韵》，表达的亦是宴席上主客欢乐的意思。这些都是当时的社会风气，与郑愚个人的本质无关。

县志中记载郑愚任桂管观察使期间，"所至廉吏弊，阖境肃然"。由此可见，在经历过"安史之乱"已走向下坡路的晚唐时期，郑愚不失为一名有所作为的地方大员。最能体现郑愚个性的是他的两首诗歌。一首是《醉题广州使院》：

数年百姓受饥荒，太守贪残似虎狼。今日海隅鱼米贱，大须惭愧石榴黄。

全诗以讽刺，甚至是指责的口吻写出。频年灾荒，官员只顾着搜刮民脂民膏，弃饥民于不顾；本来广州的米价是不贵的，只要官府肯拿出钱财赈济灾民，饥荒就会缓解，但官员只会吃喝宴乐，对民众疾苦没有一丝关心。

另一首是模拟打油诗开山鼻祖权龙褒的《拟权龙褒体赠鄠县李令及寄朝右》：

鄠县李长官，横琴膝上弄。不闻有政声，但见手子动。

这首诗意思很直白，对鄠县（今陕西西安鄠邑区）李长官予以辛辣讽刺。"横琴膝上弄"，描述李长官弃政事于不顾，"但见手子动"一语双关，既是说县令拨琴，也指斥其贪渎。《全唐诗》收录此诗时，标题中附有小字"李令因之休官"，说明郑愚这首诗歌发挥了作用，最终将李县令拉下马。这反

---

① 桂管观察史，唐代岭南道桂州（治所在今广西桂林市）的军政最高长官。观察使，又称观察处置使，实际为各州刺史的上级，权力仅次于节度使。

② 郑愚任广州刺史的时间，不同史书记载不一：《旧唐书》记为"咸通三年五月，以邕管经略使郑愚为广州刺史，充岭南东道节度、观察处置等使"；《光绪广州府志》称："郑愚，咸通九年广州刺史。"咸通为唐懿宗年号，始于860年，终于874年。

映郑愚是一个很关注民生的官员。《香山县志》谓郑愚“隐然有济川之志”，评价是很恰当的。

郑愚对不顾民生的恶官尽其讽刺之能事，对上级官员也不阿谀奉迎。宋人王谠《唐语林》记载了郑愚一件轶事：

> 郑愚尚书，广州人，雄才奥学，擢进士第，扬历清显，声称烜然，而性本好华，以锦为半臂。崔魏公铉镇荆南，郑除广南节制，经过，魏公以常礼延遇。郑举进士时，未尝以文章及魏公门。此日于客次换麻衣，先贽所业。魏公览其卷首，寻已，赏叹至三四，不觉曰：“真销得锦半臂也。”又以魏公故相，合具军仪廷参，不得已而受之。魏公曰：“文武之道，备见之矣。”其钦服形于辞色也。①

当时崔铉担任宰相，封魏国公，权倾朝野，后以使相出任荆南节度使。按照唐代官场规矩，崔为丞相时，郑愚应拜其门下，但他“未尝以文章及魏公门”，显示了郑愚以才自负的个性。郑愚在赴任岭南节度使的途中拜见老上司，本应以比较谦卑的姿态去拜访崔铉的，但他居然身穿锦衣且卷半臂见之，于礼节不合。关于郑愚与崔铉这次见面的细节，《唐诗纪事》还有较精彩的描写：

> 咸通中，愚自礼部侍郎除镇南海，时崔魏公在荆南，愚着锦褉子半臂，袖卷谒之，公大奇之。会夜饮，更衣，宾从间窃谓公曰：“应是惭其不称。”既而复易红锦，尤加焕丽，众莫能测。②

咸通初年，南诏侵袭广西，朝廷派左庶子蔡京经制岭南，本应加强战争准备，但蔡京忌惮他人抢得功劳，反而上书朝廷道：“南方自无虞，武夫幸功，多聚兵耗馈运，请还戍兵惜财用。”朝廷昏聩，准蔡京所请，并委任他为宣

---

① （宋）王谠撰，周勋初校证：《唐语林》卷三“赏誉”，中华书局，1987 年，第 289 页。

② （宋）计有功：《唐诗纪事》卷六十六，上海古籍出版社，2013 年，第 999 页。

尉安抚使、岭南西道节度使。当时郑愚亦在广西任职，与蔡京不同，他主张加强广西守备。蔡京为政苛薄残酷，他设置的炮烙之刑更招致全境之人的怨恨，终于为邕州（今广西南宁）军士所逐。史书没有明载郑愚是否参与驱蔡事件，但朝廷很快下诏让他接替蔡京为岭南西道节度使。郑愚正在安抚地方，南诏进略安南（今越南），安南都护蔡袭请朝廷增兵。岭南东道节度使韦宙上奏："南诏必然侵袭邕州，不事先预防而劳师远征，恐怕敌军乘虚阻断运粮道路。"于是朝廷命蔡袭屯驻海门，郑愚分兵防御。郑愚勉力支撑了半年，邕州得以幸免。鉴于邕州的重要战略地位，郑愚认为自己非将帅之才，建议朝廷派武将替代。可见郑愚既有临危受命的勇敢精神，亦有实事求是的态度。

公元 879 年，黄巢率军洗劫广州，曾经的东方大港几成废墟。后黄巢移师直指京城长安，郑愚再度临危受命，被召回京，官拜尚书左仆射。唐代尚书左仆射兼门下侍郎，行侍中之职，实为丞相。尚书左仆射是郑愚最后一个官职，在任三年，郑愚离世。

除诗歌之外，郑愚还著有《栖贤法隽》一卷。这是郑愚在西川节度使任上与汉州刺史赵璘、和尚惠明一起谈论佛学的著作。《栖贤法隽》已经失传，但由于此书的传播，郑愚在佛教界声名大盛。

咸通年间，有来自湖南大沩山同庆寺的僧人审虔，前来拜见郑愚，请他为在同庆寺圆寂的高僧大圆禅师撰写碑铭，以彰显大圆之功德。大圆禅师僧名灵祐，本是福建人，随江西百丈禅师学佛，百丈圆寂之后，灵祐潜心参悟禅理十一年，始到湖南大沩山传播佛教，后创立禅宗中一个重要的支派"沩仰宗"，从其修行者千余人。后唐武宗毁佛寺逐僧，灵祐流落民间继续传播佛理。到唐宣宗时释武宗之禁，裴休为湖南观察使，好佛事，亲迎灵祐返同庆寺，"沩仰宗"得以复兴。灵祐于唐大中七年（852）圆寂，年八十三，谥号大圆。面对审虔的请求，郑愚婉言拒绝："师之形，实无可赞，心或可言，心又无体，自忘吾说。"审虔竟不气馁，登门拜访凡十余次，认为只有郑愚才能刻画出大圆的精神。郑愚感于审虔之诚，终于答应为大圆作赞。《潭州大沩山同庆寺大圆禅师碑》是研究郑愚晚年思想和晚唐士人佛学思想的重要文献。因全文过长，兹不全录，以下摘取部分探讨郑愚的佛学思想。

首先，碑文表达了郑愚晚年贬道扬佛的思想。他认为：

> 天下之言道术者多矣，各用所宗为是。而五常、教化、人事，不外于性命精神之际。史氏以为道家之言，故老庄之类是也。其书具存。[①]

由上述言语，不难见郑氏对道家学说的态度。碑文接着谈到佛理：

> 然至于荡情、累外、生死，出于有无之间，熨然独得。言象不可以拟议，胜妙不可以意况，则浮屠氏之言禅者，庶几乎尽也。有口无所用其辩，巧历无所用其数。愈得者愈失，愈是者愈非。我则我矣，不知我者谁氏？知则知矣，不知知者何以？无其无不能尽，空其空不能了。是者无所不是，得者无所不得。山林不必寂，城市不必喧，无春夏秋冬四时之行，无得失、是非、去来之迹，非尽无也，冥于顺也。遇所即而安，故不介于时；当其处无，故不踽于物，其大旨如此。

这里对于得失、死生、有无、是非、来去等的议论，完全是对禅宗学说的阐释。

其次，郑愚认为对于禅理的理解和最高境界的追求，不是人人都能做到的。禅宗“其徒虽千百，得者无一二。近代言之者，必有宗，宗必有师，师必有传，然非聪埙瑰宏杰达之器不能得其传。当其传，皆是时之鸿庞伟绝之度也”，“道术之妙，莫有及此。佛经之说，益以神性，然其归趣，悉臻无有。僧事千百，不可梗概，各言宗教，自号矛盾”。郑愚认为只有禅宗才能表达佛经的要义，但要精通佛理，须是具备“鸿庞伟绝之度”的人才能达到。所以他特别认同和赞赏大圆禅师的作为，认其为“鸿庞伟绝”之人。碑文描述他“庵于翳荟，非食时不出，凄凄风雨，默坐而已，恬然昼夕，物不能害”，将大圆禅师传教、创宗过程中坚忍不拔、不屈不挠的精神凸显出来。

---

① 参见郑佳明主编：《历代名人记长沙文选》，湖南文艺出版社，1998年，第358页。

碑文亦透露出郑愚晚年的个人信息："若予者，少抱幽忧之疾，长多羁旅之役；形凋气乏，常不逮人，行年五十，已极迟暮。既无妻子之恋，思近田间之乐。非敢强也，恨不能也。"似乎是说他晚年状况并不太好，孤身一人，困于官场，因此有向佛之心。碑文作于咸通六七年间（865—866），则可倒推出郑愚生于元和十年（815）左右。881年，郑愚官拜尚书左仆射，终于884年。因为碑文只是笼统地说"年五十"，究竟多少似未确，故其年寿还需材料进一步论证。

纵观郑愚一生，虽然没有非常显赫的政绩，但也不是一个平庸的官员。从其诗歌和为官经历看，他还是一个正直和清廉、有所作为的官员。晚年虽学佛，但未遁入空门，且支唐王朝于风雨飘摇之中，在晚唐的历史上做过一些贡献。他不仅是古代香山立县之前的第一位进士，还是古代第一位登上中原政治舞台的香山人、古代第一个登上中原诗坛的香山人、古代第一个担任岭南最高行政长官的香山人。他在香山文化史上是一个值得纪念的人物。

邮票里的孙中山形象

梁文生[①]

邮票是邮政机关发行，供寄递邮件贴用的邮资凭证。邮票发行由国家管理，通常是国家主权的象征。象征功能是邮票一大功能，它属于布尔迪厄所指的象征资本。象征资本“就是任何资本通过感知类别而被感觉时，它所得到的形式”[②]。换句话说，象征资本仅仅是一种中介，通过此中介人们可以感知其背后所指向的实际资本。邮票的象征功能又可分为符号象征、意识形态传播和文化认同三大功能。邮票与孙中山的形象关系密切，孙中山成为邮票图案里的主角，通过象征功能将其形象广为传播。可以说，邮票对孙中山伟岸形象之塑造功不可没。

一、象征符号：卡里斯玛形象的确立

当孙中山头像成为邮票图案，邮票通俗化的力量不仅遍及全中国，还越洋过海传播至全世界，使孙中山的魅力型形象无形地、一点一滴地累积起来。

将孙中山头像作为邮票图案的第一人，正是孙中山本人。1912 年 1 月，

① 梁文生，电子科技大学中山学院讲师、博士后。研究方向：法制史、法理学、民法学、法律文书学、法律文化、香山文化。

② ［法］皮埃尔·布尔迪厄著，秦岩译：《实践理性》，生活·读书·新知三联书店，2007 年，第 96 页。

孙中山就任中华民国临时大总统。他曾召集会议，专门讨论邮票的设计和发行。会上决定先印发两款邮票：一款是以飞机为主图的航空邮票；另一款则是中华民国开国纪念邮票，图案采用孙中山的头像。袁世凯当上总统后，欲以其头像取而代之，但遭到反对。在国会内几经争议，最后改为同时发行两套纪念邮票，即“光复纪念”邮票用孙中山像，“共和纪念”邮票用袁世凯像。发行时间均为 1912 年 12 月 14 日。

“光复纪念”邮票采用孙中山头像图案，确立了孙中山作为中华民国象征的地位，也为孙中山的“国父”地位奠定了基础。国民政府时期，执政者以皮里阳秋之态度对待孙中山的不乏其例，然而他们表面上仍奉孙中山为精神领袖，也都发行过孙中山头像的邮票。即使是伪满傀儡政权，可能出于笼络人心之目的，也发行过孙中山邮票。日伪政权发行的孙中山邮票更是多达 582 种。

在北洋时期，孙中山邮票偏重于符号象征功能，因为孙中山俨然成了中华民国的代表符号。待到国民党政府成立，孙中山邮票则成为宣传的工具。仔细对比国民党政府建立前后的孙中山邮票，可以看到在政权建立后发行的邮票上，无一例外地印有国民党政府的“青天白日旗”；邮票中的孙中山形象也趋于多样化，从政治家到军人领袖，不一而足。此时，孙中山不仅是民国符号，还是党国事业的代言人。孙中山的卡里斯玛[①] 形象已经完全确立。

合法性通常指一个政权有权作出指示和提出要求，而被民众所接受的状态。[②] 马克斯·韦伯提出三种合法性政权。一是法治型，二是传统型，三是卡里斯玛型。法治型的合法政权奠基于人们对于法律的信念，统治者权威的根据就是法律，而这种法律的颁布必须符合一定的程序。韦伯认为这种形态的政权的最后根据是理性。传统型政权则奠基于人们对一直存在着的事物具

---

① “卡里斯玛”（Charisma）是源于基督教背景的一个概念，用来表明某人所具有的非凡的人格特质。

② Robert Weatherley, *Politics in China since 1949: Legitimizing Authoritarian Rule*, Routledge, 2006, p3.

有神圣性这个信念上，在这种政治秩序中的权威也因此得以证立统治权。卡里斯玛型政权的合法性则来源于领袖具有的非凡的品质，而这种品质被认为是神所赐予的，因此人们认为他应该拥有统治权。①

清政府无疑属于传统社会，社会稳定主要通过情感、习俗等力量维持。以辛亥革命为代表的现代化运动，打破了原有的平衡，将传统社会拖入革命时代，国家政权相应由传统型转变为卡里斯玛型。②卡里斯玛型合法性在中国有着悠久的历史传统。首先，卡里斯玛型来源于个人崇拜，虽然说个人崇拜现象在不同时代、不同国家普遍存在，但在像中国这样的国家中尤为突出，因为个人崇拜与农业社会有着密不可分的关系。③其次，卡里斯玛型逐渐成为一种价值体系，构成了集体意识的原型。马克斯·韦伯提出卡里斯玛型的原意，乃指具有创新精神的人物的某些非凡品质，并被大众所接受。爱德华·希尔斯在韦伯的基础上进一步研究指出，社会上的“卡里斯玛”不一定来自“卡里斯玛”的个人创造，而是作为一种核心价值体系，赋予人们行为、作用、制度、符号等物质客体一种终极意义，并从中产生权力秩序。④正因深受集体无意识的影响，无论在传统社会，还是在革命时代，卡里斯玛型合法性作为一种价值信仰，一直存在于社会大众的心里，只不过在革命时代卡里体现得更明显。

在近代中国走向共和的道路上，孙中山扮演了革命时代的卡里斯玛形象。孙中山的强国抱负，为革命献身的精神，个人的革命经历，无疑是卡里斯玛形象形成的基础。一个人的缺陷不能掩盖其伟大，所谓瑕不掩瑜也。然而，

① ［德］马克斯·韦伯著，林荣远译：《经济与社会》，商务印书馆，2004年，第241页。

② 费孝通把传统型合法性称为长老权力，卡里斯玛型合法性称为时势权力。见费孝通：《乡土中国·生育制度》，北京大学出版社，1998年，第65—68、81—86页。

③ 《马克思恩格斯选集》（第一卷），人民出版社，第677页。又见［美］莫里斯·迈斯纳著，张宁、陈铭康等译：《马克思主义、毛泽东主义与乌托邦主义》，中国人民大学出版社，2005年，第166页。

④ ［美］林毓生著，穆善培译：《中国意识的危机》，贵州人民出版社，1986年，第38—39页。

人们往往忽略了孙中山作为凡人应有的局限，反而把他视为圣徒，将他完美化。这种卡里斯玛形象的塑造与大众媒体的传播密不可分。邮票正是这些颇有影响力的大众媒体之一。邮票的符号象征功能，以孙中山图像为符号中介，最终指向了以孙中山为代表的革命精神和孙中山本人的魅力人格。邮票还是传播最广的媒介之一，这种广泛传播具有通俗化的作用，可以将颇为高深的思想精神扩展至普罗大众的日常生活圈子，从而在不知不觉中影响大众的观念。这正是邮票的意识形态传播功能的体现。国民党政府自觉地利用了邮票的意识形态传播功能，一是将邮票中的孙中山加以美化，塑造出孙中山政治家、革命家等多样化的魅力形象，点缀在国民党“青天白日旗”下，结合报纸、书籍、广播及讲演等载体，形成铺天盖地的广告效应。二是大量发行邮票，把邮票通俗化的力量推广到极致。1931 年，国民政府开始发行伦敦版邮票，至国民党政权撤离大陆前夕，共发行 19 套 215 种，普通加盖改值邮票达 603 种之多。

二、意识形态：孙中山形象的传播

邮票发行覆盖面广，为意识形态传播的普及化和通俗化提供了有效的途径。在第三次国内革命战争时期，很多解放区由于物资缺乏，将部分国民党政府发行的邮票加字改值作为解放区邮票使用，其中孙中山的邮票多达 356 种。孙中山在中国俨然成为独一无二的符号，象征着中国的整体性，军阀割据地区亦不得不服膺此原则。

邮票可以通过统一收费形式，将信件运送至别处。当贴上邮票的信件跨越国界时，邮票的传播功能立即得到了扩展。有学者将技术媒介缩短时间和空间的作用称为“效能扩展”①。即人与人之间面对面的交流模式，在技术媒介的作用下，可以改变为不同空间的“在场”，并且时间缩短或得以保存。

① ［英］约翰·B. 汤普森著，高铦等译：《意识形态与现代文化》，译林出版社，2005 年，第 186 页。

邮票的跨国传递正是“效能扩展”的体现，也成为邮票背后的意识形态传播的有效途径。民国时期，孙中山邮票已广泛应用于跨国信件。孙中山在国际上的形象，与其本身富有传奇的经历（如伦敦蒙难事件）、注重宣传、广交国际友人等因素密不可分，而小小的邮票也曾在其中发挥过重要作用。

随着孙中山邮票的流通，邮票蕴含的意识形态所起的作用也越来越明显。当国内的孙中山邮票日益传播至国外，许多国家渐渐接受了将孙中山作为中国的形象代表这一事实，也接受了孙中山的卡里斯玛形象。孙中山的卡里斯玛形象广为传播时，他不仅仅是中国的，而且是世界的。孙中山接受世界的价值观，随之又将中国的价值观展现给世界，无疑为中国与世界联系起来架起了桥梁。孙中山本人也成为世界的卡里斯玛。当孙中山的世界性得到广泛认可时，美国、苏联、罗马尼亚、阿根廷等国家也相继发行了印有孙中山像的邮票。美国邮政总署于1942年7月7日发行的面值5美分的邮票，是第一枚出现孙中山肖像的外国邮票，这也是美国历史上第一枚用外国文字组成中心图案的邮票，还是美国第一枚印有中文的邮票。这枚邮票以中国地图为背景，左边是林肯头像，右边是孙中山头像；在两者头像下，分别印有林肯总统倡导的“民有、民治、民享”的英文“OF THE PEOPLE、BY THE PEOPLE、FOR THE PEOPLE”，以及孙中山先生倡导的“民族、民权、民生”的中文。作为背景的中国地图上，印有中华民国国徽，国徽中央印有“抗战建国”的中文字样。这枚邮票主要意义在于纪念中国抗战五周年与加强中美之间的抗日同盟，但是将孙中山作为中华民国代表与美国的林肯总统并立，一定程度上说明孙中山形象在世界范围内确立。苏联分别在1966年和1986年发行了1枚纪念孙中山的邮票，虽然时间较美国要迟得多，但从中可以看出，孙中山卡里斯玛形象随着时间推移，越来越深入民心。纵使当时中苏两国交恶，苏联与孙中山的理念分属不同的意识形态，依然阻隔不了世人对孙中山的推崇。

毋庸置疑，孙中山卡里斯玛形象的塑造离不开邮票的贡献。邮票通过其不同的功能打造孙中山形象。邮票的符号象征功能首先起了不容忽视的作用。

邮票作为符号中介，本身象征着国家主权的统一。更为重要的是，当孙中山像被当作邮票图案，孙中山的形象便成为一种符号，不仅是中华民国的象征，更象征了中国的独立，象征了中国从封建迈向共和，从传统走向现代。其次，将邮票符号象征功能推广开去的是邮票的意识形态传播功能。传播功能是利用邮票开展宣传的最佳途径。正因孙中山邮票本身蕴含着国家的意识形态，当它通过信件或物件广告等方式，扩散至全国每个角落，甚至世界各地时，意识形态犹如流感，不可避免地感染到每个人。这种普及化、通俗化的力量，为确立国家意识形态起着关键的作用。孙中山邮票与国家意识形态的关系如一个硬币的两面，孙中山形象的符号象征加深了国家意识形态的确立，同时国家意识形态又推动了孙中山形象的塑造。本尼迪克特·安德森在《想象的共同体》中指出，民族的概念往往“是一种想象的政治共同体”，主要通过观念传播、语言模仿、人口调查、地图、博物馆等媒介方式，慢慢被构建和想象出来。[①] 诚如前述，邮票属于大众媒介之一，通过传播功能，孙中山形象在原有的坚实的基础上逐渐被想象出来。

三、结语：孙中山邮票的文化累积

时至今日，孙中山邮票的文化累积仍在持续着。中华人民共和国成立后，每逢孙中山先生的诞辰、忌日及辛亥革命纪念日，政府总要举行纪念活动。相较而言，邮票虽然无法做到年年发行，但其加强文化认同的作用仍是不容忽视的。新中国成立后的第一套孙中山邮票发行于1956年11月12日，题为“孙中山诞生九十周年”，画面为孙中山像与题词。这是第一次出现孙中山题词手迹的纪念邮票，题词内容为“今后之革命非以俄为师断无成就”。此后，除“文革”时期，每逢孙中山诞生和辛亥革命逢十的纪念年，邮政部门都会发行纪念邮票。根据《人民日报》（海外版）的报道，截至2001年12月，新中国发行的印有孙中山光辉形象的邮票及邮资片共9套23枚。台

① ［美］本尼迪克特·安德森著，吴叡人译：《想象的共同体》，上海人民出版社，2005年。

湾从 1949 年至 1989 年共发行孙中山邮票 24 套、105 种。据统计，1929 年至 2003 年，全球共设计发行以孙中山像为主图案的邮票 177 套、1462 种。与其他国家领袖相比，孙中山邮票数量遥遥领先。美国从 1847 年开始发行华盛顿像邮票，至今也不过 248 枚；加上尼加拉瓜等国发行的，也不过 300 种。苏联和 45 个国家发行的列宁邮票，总数也仅 582 种。

孙中山邮票不仅在中国邮票发展史上占有重要地位，在世界邮票发展史上也开创了中国伟人成为不同社会制度、不同文化传统、不同国家和地区邮票设计的人物题材的先例。如果把历史比喻成一张邮票，孙中山的形象不正是烙印在历史上的图案吗？

孙中山的共享思想及其意义

张晓辉[①]

孙中山的经济思想与民生观念密不可分。《三民主义·民生主义》开篇即明示："'民生'就是人民的生活"，"民生主义就是社会主义，又名共产主义，即是大同主义"，"民生问题，今日成了世界各国的潮流。"民生思想是孙中山思想中最具特色的部分，极富前瞻性和创新性，"共享"乃其中极为重要的内容之一。

中共十八届五中全会提出了创新、协调、绿色、开放、共享五大发展理念，并明确提出"共享是中国特色社会主义的本质要求"，共享发展成为关乎社会主义本质的最新认识成果。共享发展要坚持发展为了人民，要做到人人参与、人人尽力，做到发展成果由人民共享。通过共建共享的价值引导和政策支持，让人民有更多的获得感，将社会发展成果与个体命运有效地衔接，这是对孙中山提出而未及实践的共享主张的延伸和发展。

一、孙中山共享主张的提出及演绎

孙中山高度重视国民"共享"理念。1906年秋冬间，孙中山在东京主持

---

① 张晓辉，暨南大学历史系教授，博士生导师。研究方向：中国近现代社会经济史及粤港澳区域史等。

制订《军政府宣言》（即“同盟会宣言”），其中“平均地权”是布告天下的四纲之一：“文明之福祉，国民平等以享之。当改良社会经济组织，核定天下地价。其现有之地价，仍属原主所有；其革命后社会改良进步之增价，则归于国家，为国民所共享。”

民国建立后，“共享”一词在孙中山的著述和演讲中频频出现，既包括“生产之成果”的共享，也包括“自由平等”的共享。前者如“愿全国人民皆享受其生产之结果”；后者如“合全国人民，无分汉、满、蒙、回、藏，相与共享人类之自由”，“民生主义，则排斥少数资本家，使人民共享生产上之自由”，“（军人）退伍后即可与一般国民共享自由平等之幸福”。

孙中山在两次护法运动期间所完成的巨著《建国方略》中，虽未直接涉及“共享”之主题，但在《民权初步》序言中解释何为民国时，引用了美国总统林肯的“民之所有，民之所治，民之所享”。在1921年3月的演讲中，孙中山将之表述为“民有、民治、民享”，谓其三民主义“是集合中外底学说，应世界底潮流所得的”，与林肯所说的民有、民治、民享主义是相通的。

1912年4月17日，上海中华实业联合会正式成立，孙中山被推举为会长。他在欢迎会上发表演说：“仆之宗旨在提倡实业，实行民生主义，而以社会主义为归宿，俾全国之人无一贫者，同享安乐之幸福，则仆之素志也。”

孙中山辞去临时大总统一职后，游历国内，纵论全国铁路计划和民生主义，谓：“吾新中国之民，今得生息休养于开明政治之下，凡千百年所受专制之压力皆已扫除净尽。用敢一言以告之：此后吾人自当同享幸福，其要点在戮力同心而已。”

1912年12月9日，孙中山在杭州各界欢迎大会演说民生主义，谓：“须知此后国为民有，应人人负担义务。目前之同心协力，即将来同享幸福。”1920年11月28日，孙中山在广东省公署欢迎宴会上演说道：“所谓民之所有、民之所治、民之所享，这一个民主主义的格言完全实现，然后方算是我们革命成功。”

1921年11月，孙中山在梧州发表演讲，谓“民生即民享也。天下既为人人所共有，则天下之利权，自当为天下人民所共享”。同年 12 月 10 日，孙中山在桂林粤滇赣军欢迎大会上演说道：“革命事业，在十年以前，虽已推倒满清，成立中华民国，然以言成功，则犹未也。武昌革命而后，所谓中华民国者，仅有其名，而无其实，一切政权，仍在腐败官僚、专横武人之手，益以兵灾、水、旱，迄无宁岁，人民痛苦，且加甚焉！此即革命未竟全功，因而难收良果也。此次革命，将以补足前此未完成之事业，继续为之。”他对未来作了美好的描绘：“革命云者，扫除中国一切政治上、社会上旧染之污，而再造一庄严华丽之新民国。”“新世界国家，与以前国家不同，通常国家仅能保民，而不能教民、养民。……今日所抱改造新世界之希望，则非徒保民而已，举凡教民养民，亦当引为国家之责任。”届时“孔子之理想的大同世界，真能实现，造成庄严华丽之新中华民国，且将驾欧美而上之”。

国共合作时期的 1924 年 2 月 23 日，孙中山视察驻广州湘军。他在演说中提到：我们有救国救民的责任，“国家改造好了，人民得以安居乐业，不是一代可以享幸福，是代代可以享幸福的”。同年 7 月 28 日，孙中山在广州农民党员联欢大会上发表演说，“民生主义如果能够实行，人民才能够享幸福，才是真正以民为主。……民生主义，就是要人人有平等的地位去谋生活。人人有了平等的地位去谋生活，然后中国四万万人才可以享幸福。……我们要为人民谋幸福，便要为大多数人谋幸福。”“大家知道，民国是要人人得安乐的。”

孙中山晚年曾总结道：“我们三民主义的意思，就是民有、民治、民享。这个民有、民治、民享的意思，就是国家是人民所共有，政治是人民所共管，利益是人民所共享。”

二、孙中山共享主张的丰富内涵

（一）追求公平，分配社会化

孙中山把社会公平放在十分重要的地位，他在 1919 年春所著《三民主义》

一文中强调道：“人者皆同类也；既为同类，则人人皆当得平等自由也。其特出之聪明才智者，不得以诈以力，以夺他人应有之自由权利而独享之也。其占据人类之优等地位而号为君主、王侯与及一切贵族，夺民以自享，皆为不平等者也，故当推覆之，而平人类之不平。”他认为农民和工人没有土地和生产资料，受地主和资本家的剥削，是很不公平的。而“革命的始意，本是在打破人为的不平等”。“照欧美近几十年来社会上进化的事实看，最好的是分配之社会化，消灭商人的垄断，多征资本家的所得税和遗产税，增加国家的财富”。“民生主义，目的就是要把社会上的财源弄到平均”。围绕此目的，孙中山提出“平均地权”和“节制资本”的主张。在孙中山看来，民生主义与西方资本主义有很大的不同：“资本主义是以赚钱为目的，民生主义是以养民为目的。”“我们要完全解决民生问题，不但是要解决生产的问题，就是分配的问题也是要同时注重的。分配公平方法，在私人资本制度下是不能够实行的。因为在私人资本制度之下，种种生产的方法都是向着一个目标来进行，这个目标是什么呢？就是赚钱。”而民生主义“所注重的分配方法，目标不是在赚钱，是要供给大家公众来使用”。

（二）反对私人垄断和独享

孙中山推崇社会平等，反对弱肉强食的丛林法则。他对资本家素无好感，指责“资本家者，以压抑平民为本分者也，对于人民之痛苦，全然不负责任者也。一言以蔽之：资本家者，无良心者也”。

辛亥革命时期，民生主义的主要内容是平均地权。具体而言，就是要做到核定地价、照价纳税、照价收买、涨价归公。很明显，这是要解决平民的土地问题和防止土地所有者独享由经济发展带来的地价上涨的成果。

在1908年改订的《军政府宣言》中，孙中山对“平均地权”的解释包括：“肇造社会的国家，俾家给人足，四海之内无一夫不获其所。敢有垄断以制国民之生命者，与众弃之。”

1912年4月1日，孙中山在南京同盟会员的饯别会上发表演说：求平均地权之法，“最善者莫如完地价税一法”。而防止资本主义之弊，应“一面图国家富强，一面当防资本家垄断之流弊”。1924年，孙中山提到：“把以后涨高的地价收归众人公有的办法，才是国民党所以主张的平均地权。”

民国建立后，孙中山经常提醒人们防备大资本家对经济的独占及其垄断之流弊。1912年4月16日，他在上海同盟会员欢迎茶会上演说道：“民生主义者，即国家社会主义也。”至国民党一大“宣言”正式提出节制资本的认识，即：“凡本国人及外国人之企业，或有独占的性质，或规模过大为私人之力所不能办者，如银行、铁道、航路之属，由国家经营管理之，使私有资本制度不能操纵国民之生计，此则节制资本之要旨也。”

孙中山说，“若夫民生主义，则为打破社会上不平等之阶级也。”因此，“国民党对于民生主义定了两个办法：第一个是平均地权，第二个是节制资本。”“土地价值之能够增加的理由，是由于众人的功劳，众人的力量，地主对于地价涨跌的功劳是没有一点关系的”，不能让他们坐享其成。

（三）防止贫富两极分化

西方发达国家因贫富不均而引发激烈的社会矛盾及冲突，孙中山对此有深刻认识和警惕。1912年10月中旬，他在上海中国社会党党员大会上就社会主义问题发表专题演讲，谓实业革命即以机器代人工，“资本家既利用机械而增加产额，又以贱价雇用良工，坐享利益之丰，对于工人饥寒死亡之痛楚，漠然视之……宜乎富者愈富，贫者愈贫，阶级愈趋愈远，平民生计遂尽为资本家所夺矣。”

1921年3月6日，孙中山在广州国民党本部特设办事处成立会上直接指出，“所谓要实行民生主义，缘因于贫富不均”。

国共合作时期，孙中山说：“民生主义是什么用法呢？是用来对大富人打不平的。……民生主义是对于贫富争平等的，不许全国男女有大富人和大穷人的分别。要人人都能够做事，人人都有饭吃。”他对民生主义作了进一步的阐释，并将其与三大政策联系起来。除平均地权外，又增加了“耕者有其田”，即由国家授田予农民，使“农民得到自己劳动的结果，要这种劳动的结果不令别人夺去了”。在工人问题上，孙中山提出了“节制资本”的构想，就是要遏制资本家的个人垄断，进而抑制贫富差距的扩大。孙中山明确指出，要解决中国的社会问题，“目标就是要全国人民都可以得安乐，都不致受财产分配不均的痛苦。”

（四）天下共有，实行人民公有化

孙中山倡导共享，前提保障是国家对基本生产资料实行公有制和社会发展的成果属人民共有。

1912 年 4 月 4 日，孙中山在上海回答《文汇报》记者提问时说道：“民国政府拟将国内所有铁路、航业、运河及其他重要事业，一律改为国有”。同年 10 月中旬，孙中山在上海宣称：“鄙人对于社会主义，实欢迎其利国福民之神圣，本社会之真理，集种种生产之物产，归为公有，而收其利。实行社会主义之日，即我民幼有所教，老有所养，分业操作，各得其所，我中华民国之国家，一变而为社会主义之国家矣。予言至此，极抱乐观。”

1920 年 11 月 21 日，孙中山在上海机器工会成立会上发表演说，提出防备“强有力资本家”出现的办法，即将全国所有机器和土地都归为公有，由“良好可靠”的政府管理经营。次年底，孙中山在桂林粤滇赣军欢迎会上宣称：“中华民国国家者，为四万万人民共有之国家，此种事业（指国有资本），既为国家所有，即为四万万人民所共有，不至操纵在少数资本家之手，始可谓之国利民福也。”

关于土地的时效价值，孙中山说：“地价定了之后，我们更有一种法律的规定。……就要以后所加之价完全归为公有。”

1924 年 3 月 10 日，孙中山在广州对军队演说道：“国家是人人都有份的，好象一个大公司，人民便是股东。”“国家有了利益，大家可以共享。”4 月 4 日，孙中山参加广东第一女子师范学校校庆纪念会，演说道：“现在的中华民国，就是大家的家产，大家都是这个家产的主人。”“国家太平了，开辟财源，所得的利益不许少数人独享，要归多数的人共享，国家的利益大家可以均沾。少年的人有教育，壮年的人有职业，老年的人有养活。全国男女，无论老少，都可以享乐。”

孙中山认为："民生主义就是社会主义，也就是共产主义，不过办法各有不同。"民生主义的"大目的就是要众人能够共产。不过我们所主张的共产，是共将来，不是共现在。"孙中山解决中国社会问题的目标，"就是要全国人民都可以得安乐，都不致受财产分配不均的痛苦。要不受这种痛苦的意思，就是要共产。"

（五）国家和政府担当责任

孙中山以民生为本，表现在民生为上，民生主义的终极关怀就是"人民的生活"。所谓"'民生'就是人民的生活——社会的生存、国民的生计、群众的生命便是"。对此，国家与政府应予以高度重视，并负有不可推卸的责任。

孙中山说：我们要解决民生问题，不但要把衣食住行这四种需要"弄到很便宜，并且要全国的人民都能够享受。所以我们要实行三民主义来造成一个新世界，就要大家对于这四种需要都不可短少，一定要国家来担负这种责任"。为此，基层政权要掌握和利用公共资源，为民谋福利。孙中山指出："每县开创自治之时，必须先规定全县私有土地之价，其法由地主自报之，地方政府则照价征税，并可随时照价收买。自此次报价之后，若土地因政治之改良、社会之进步而增价者，则其利益当为全县人民所共享，而原主不得而私之。""土地之岁收，地价之增益，公地之生产，山林川泽之息，矿产水力之利，皆为地方政府之所有，而用以经营地方人民之事业，及育幼、养老、济贫、救灾、医病与夫种种公共之需。"

孙中山相信，将全国所有机器和土地都归为公有后，"政府既有如许之收入，当负教养人民子女之责任。少者教之，老者养之，均当由政府负担。若此，即所谓民生主义之实现，亦即孔子之所谓大同世界也。"

（六）建设发展为共享奠立物质基础

民生事业离不开雄厚的经济基础，共享同样不能脱离建设发展的支撑。孙中山所谓"节制资本"具有发展国家资本和节制私人资本的双重含义，两者相互补充。他说：中国实业之开发应分两路进行，一是个人企业，一是国营企业。“凡夫事物之可以委诸个人，或其较国家经营为适宜者，应任个人为之，由国家奖励，而以法律保护……至其不能委诸个人及有独占性质者，应由国家经营之。”可见孙中山不是一般地限制私营企业发展，而是明确地要节制大资本家。

孙中山所谓发展国家资本，实际上包含了由政府“干预经济”和“调控经济”，加快经济发展的大思路。他说：“中国今日单是节制资本仍恐不足以解决民生问题，必要加以制造国家资本方可解决之。”交通、矿产和工业三大实业“假若是由国家经营，所得的利益归于大家共享，那么全国人民便得享资本之利，不致受资本的害”。

孙中山主张多征资本家的所得税和遗产税，增加国家的财富，“更要用这种财富来把运输和交通收归公有，以及改良工人的教育、卫生和工厂的设备，来增加社会上的生产力”。

（七）让绝大多数人享受幸福生活

孙中山说：“社会主义的范围，是研究社会经济和人类生活的问题，就是研究人民生计问题。”“社会主义中的最大问题就是社会经济问题，这种问题就是一班人的生活问题。”“我们国民党所提倡的民生主义，不但是最高的理想，并且是社会的原动力，是一切历史活动的重心。”

民生主义是三民主义中的社会革命纲领，也是孙中山毕生之所求。民生主义以为民谋福为宗旨，孙中山对民生主义的阐释，多以解决农工问题为中心，体现了对社会底层的现实关怀。

孙中山欣赏法国革命的“博爱”口号，认为“当中的道理和我们的民生主义是相通的。因为我们的民生主义是图四万万人幸福的，为四万万人谋幸福就是博爱”。“现在我们讲民生主义，就是要四万万人都有饭吃，并且要有很便宜的饭吃。要全国的个个人都有便宜饭吃，那才算是解决了民生问题。”

1921 年 12 月 7 日，孙中山在桂林军政学界欢迎大会发表演讲，谓：“三民主义是使中国造成新世界的工具”，“我们既有了土地和主权，自然要想一个完全方法来享受，才能够达到生活上圆满的幸福。怎么样享受生活上幸福的道理，便叫做民生主义。”他认为即便发达的欧美各国，“二百余年来，只晓得解决民族、民权两件事，却忘记了最要紧的民生问题。到现在全国的权力，都操在少数资本家的手里，只有少数人享幸福，大多数人还是痛苦。”故欧美“只能说到民有、民治，还说不到民享”。平民受资本家压制，穷人受富人压制，以致生出贫富不均的大问题。孙中山宣称三民主义是“救种种痛苦的药方”，“这三个问题，如果同时解决了，我们才可以永久享幸福。如果达到了民有、民治的目的，不管民享的问题，二三十年后必定再有一种痛苦发生”。

在 1924 年 7 月 28 日广州农民联欢会上，孙中山坦言：“一般农民所处的境遇，都是最艰难和最痛苦的，没有幸福之可言。”8 月，他在演讲时指出：“中国的人口，农民是占大多数，至少有八九成，但是他们由很辛苦勤劳得来的粮食，被地主夺去大半，自己得到手的几乎不能够自养，这是很不公平的。”要保障农民的权利，“农民问题真是完全解决，是要‘耕者有其田’，那才算是我们对于农民问题的最终结果”。

（八）和谐是共享的社会基础

孙中山不赞同马列主义主张“用革命手段来解决一切政治、经济问题”，认为“用革命手段解决政治问题，在俄国可算是完全成功。但是说到用革命手段来解决经济问题，在俄国还不能说是成功”。因此，孙中山宣扬：“社会之所以有进化，是由于社会上大多数的经济利益相调和，不是由于社会上大多数的经济利益有冲突。社会上大多数的经济利益相调和，就是为大多数谋利益。”

三、新时期中国共产党的共享发展理念

（一）中国当前存在的问题与挑战

自 1978 年改革开放以来，我国生产力获得极大的解放，人民收入普遍

增长，生活质量有了很大改善，民生建设取得显著的成效。但也应当看到，与经济高速增长相比，共享发展相对滞后，还存在不少短板，同人民期待的美好生活还存在很大的差距，社会民生领域所积累的一系列问题、矛盾开始凸显。舆论认为，这主要体现在以下四个方面。（1）收入差距问题。有数据显示，2014 年中国基尼系数为 0.469，远高于国际公认的警戒标准。这虽不能完全表明我国的收入分配情况，但基本能够说明收入差距仍然较大。在不同区域、不同行业之间，劳动收入差距还比较大，而由财产占有上的差别形成的收入差距更为突出。（2）社会保障问题。近年来我国的社会保障制度日趋完善，但不可否认，社会保障体制还不健全，流动性与可持续性问题依然明显存在，农村社会保障制度比较滞后。截至 2014 年底，全国还有 7000 多万农村贫困人口。（3）教育就业问题。就业是民生之本，教育是强国之基。当前我国基本实现了义务教育全覆盖，但教育质量不高、教育资源分配不均的问题比较突出。而教育质量也从源头上影响了就业的水平，结构性的就业矛盾成为困扰就业最主要的问题。（4）公共服务问题。我国的公共服务供给总量存在不足，不同地区、不同人群之间并不是同等地享有公共服务，配置不合理的问题比较明显。

民生无小事。如上所述，当前我国收入差距过大、分配不合理现象还比较突出，以大学生为主的青年就业形势趋于紧张，社会老龄化速度越来越快，数千万贫困人口越往后脱贫攻坚会越难，保障和改善民生关乎改革发展全局，也是发展和改革的重要命题。

从更深层面看，目前我国多元主体社会的雏形已基本形成，已进入全面建成小康社会的关键时期，社会主义市场经济深入而快速发展，使得都市化、工业化日趋成熟，整个社会处在激烈的转型和变革中，各种社会矛盾日益复杂，各个领域发生着深刻的变化与调整，原有的利益格局正不断被打破，利益诉求凸显多样性，利益主体呈现多元化。按照共享发展的理念，必须坚决冲破利益樊篱。

中共中央总书记习近平指出："如果不能给老百姓带来实实在在的利益，

如果不能创造更加公平的社会环境，甚至导致更多不公平，改革就失去意义，也不可能持续。”民生改革要勇于打破固有利益格局，充分回应百姓的公平诉求；要打破制度樊篱、促进公平正义，更加强调共享，强调获得感，让普通老百姓更多分享到经济增长的成果。发展绝不是最终目的，而是为实现更高层次的共享提供物质基础。当今只有破解共享路上的拦路虎，让全体人民共享改革发展成果，才能真正体现社会主义制度的优越性。

（二）中共中央及时提出共享发展理念

共享发展，是中共十八大以来治国理政新实践重要的一环。十八届五中全会审议通过了《中共中央关于制定国民经济和社会发展第十三个五年规划的建议》，围绕全面建成小康社会的奋斗目标，首次提出了“创新、协调、绿色、开放、共享”五大发展理念。将共享列为必须牢固树立并切实贯彻的五大发展理念之一，并明确为中国特色社会主义的本质要求，是全会在民生领域的最大亮点。全会提出，坚持共享发展，必须坚持发展为了人民、发展依靠人民、发展成果由人民共享，作出更有效的制度安排，使全体人民在共建共享发展中有更多获得感，增强发展动力，增进人民团结，朝着共同富裕方向稳步前进。按照人人参与、人人尽力、人人享有的要求，坚守底线，突出重点，完善制度，引导预期，注重机会公平，保障基本民生，实现全体人民共同迈入全面小康社会。增加公共服务供给，从解决人民最关心最直接最现实的利益问题入手，提高公共服务共建能力和共享水平。

中共十八届五中全会及其通过的《建议》为我们勾勒出了新时期民生发展的新蓝图，指明了民生发展的目标与方向，作出了更有效的制度安排。在共享发展的理念下，一系列与百姓密切相关的民生举措将推出：实施脱贫攻坚工程，提高教育质量，实现家庭经济困难学生资助全覆盖，促进就业创业，缩小收入差距，实现职工基础养老金全国统筹，推进健康中国发展，建立更加公平的更可持续发展的社会保障制度，促进人口均衡发展等。这些措施抓住了当前社会存在的主要矛盾，也呼应了广大人民群众的心声诉求。

工农等广大社会弱势群体的状况，日益受到高度关注。中共十八届五中全会及其通过的《建议》，提出要加大对革命老区、民族地区、边疆地区、贫困地区的转移支付。习近平在2016年1月29日中共中央政治局第30次集体学习时强调，经济社会发展中的短板特别是主要短板，是影响如期实现全面建成小康社会目标的主要因素，必须尽快把这些短板补齐。脱贫开发工作是我们的一个突出短板，要举全国之力抓好，确保到2020年农村贫困人口全部脱贫。据《2013年全国农民工监测调查报告》显示，新生代农民工达到1.2528亿人。他们的收入影响因素，成为中国城镇化进程中一项重要的研究议题。

现在，“共享”成为最基本的发展要求。改善民生不是一时一事的政策安排，而是中国道路的本质要求。中共中央提出共享理念，与坚持人民主体地位的首要原则和增进人民团结的时代要求前后响应，揭示了改革开放以来长期奉行的鼓励部分人先富起来的政策取向，将真正转向以共同富裕为追求目标的共享发展新阶段。这对于化解以往发展进程中客观存在的失衡、差距以及由此导致的各种社会矛盾与社会问题，将是从源头开始进行的深刻调整。有了共享的发展理念，共同富裕的道路才可能变得清晰，相关制度安排才不会迷失方向。

四、孙中山共享主张的当代意义

孙中山形成了以民为本的社会发展观，民生观的基本精神就是经济的平等，民众可以共享社会资源和发展的成果，他曾把民生主义称为“民享主义”。从民生主义的宗旨、所有制、主要内容及分配办法来看，无不体现了公平正义的价值取向。所提倡的“平均地权”“节制资本”“耕者有其田”“发达国家资本”“公平分配”等办法，都是试图从根本上解决社会财富占有的不合理状况，以实现社会财富的“人民共享”“利益均沾”，确保财产公有、分配公平，人人生活丰衣足食，最终达到“天下为公”理想目标的实现。

孙中山的民生观与当今我国提倡的“以人为本”的科学发展观价值取向

是一致的。科学发展观的核心就是以人为本，具有很强的针对性，尤其是针对分配不公、社会贫富差距不断扩大问题提出来的。建设社会主义和谐社会的六大目标之一，就是“公平正义”，努力使全体人民共享经济社会发展的成果，避免发生两极分化。

民生保障，是共享发展的前提，应该说这也是从孙中山到如今党和国家领导人的共识。2016 年新年伊始，习近平视察重庆时说：“在整个发展过程中，都要注重民生、保障民生、改善民生，让改革发展成果更多更公平惠及广大人民群众，使人民群众在共建共享发展中有更多获得感。”

人人共建、人人共享，是经济社会发展的理想状态。中共中央提出的“五大发展理念”，把共享作为发展的出发点和落脚点，指明发展价值取向，把握科学发展规律，顺应时代发展潮流，是充分体现社会主义本质和共产党宗旨、科学谋划人民福祉和国家长治久安的重要发展理念。以共享发展理念引领我国发展，维护社会公平正义，保障发展为了人民、发展依靠人民、发展成果由人民共享，这对实现更高质量、更高水平的发展提出了目标要求和行动准则，必将为全面建成小康社会、实现中华民族伟大复兴的中国梦凝聚最深厚的伟力。

当今中国的发展面临机遇和挑战，急需从前人的智慧中汲取经验和营养，以实现我们的理想和目标。作为中国早期现代化的先驱，孙中山很早便提出共享的主张。尽管其中的某些内容由于时代的局限性已不合时宜，但不可否认的是，这种共享的理念于今仍极富现实启迪性。

郑观应与盛宣怀关系简论

曹天忠[①]

1878年，37岁的郑观应与盛宣怀因筹办义赈公所而相识于上海。[②]由此开启两人近40年的交往史。对郑观应而言，盛宣怀是他“商战”主张的践行者；对盛宣怀而言，郑观应则是他经营近代工商业的得力帮手。两人的交往，涉及洋务、政治、社会、日常生活等多个方面，今仅摘取个别事例，以此管窥两人的亲密合作关系。

1893年，郑观应与盛宣怀联手，提出以开源节流为主要内容的《整顿招商局十条》，不久又作《上北洋大臣李傅相禀陈招商局情形并整顿条陈》上书李鸿章。[③]1895年4月，盛宣怀利用自己丰沛的人脉关系，向朝廷推荐郑观应的代表作《盛世危言》，并打算将此书“分送都中大老”，以提高郑之声誉与影响。二人不仅在实业、商事上有合作，在政治方面也试图联袂行动。1909年2月，郑观应拟向朝廷上书“请速行立宪”。其间郑观应及时去信与关心时局的盛宣怀沟通，信中表达了自己早开国会、颁布宪法、预建议院的立场。[④]

---

① 曹天忠，中山大学历史系教授，博士生导师。研究方向：晚清民国文化史、中国近现代教育与社会变迁（侧重教育与政治）、中国近现代区域社会史、中国历史文献学等。

② 夏东元编著：《郑观应年谱长编》，上海交通大学出版社，2009年，第86页。

③ 夏东元编著：《盛宣怀年谱长编》（下册），上海交通大学出版社，2004年，第397页。

④ 夏东元编著：《盛宣怀年谱长编》（上册），上海交通大学出版社，2004年，第380页。

1892年6月间，盛宣怀致电在广东的堂弟盛宙怀，后者即请正在总办开平粤局的郑观应赶赴烟台，商议轮船三公司和局一事。郑观应致书盛宣怀说："辱蒙鲍叔知我，不弃瑕瑜，何敢自外，即当勉竭驽骀，图报知己。"1892年八九月间，郑观应从广州前往烟台、天津与盛宣怀等招商局同事进行会谈。会谈过后，盛宣怀认为郑十分熟悉当时的商业情况，禀请李鸿章委派郑为招商局帮办，专管揽载、修舱、煤料、翻译等业务。而盛宣怀如此执意延揽郑观应入股招商局，自有他的考量。在当时，太古轮船公司[①]对招商局的威胁很大，而"太古所恃潮帮生意彼所独有"。招商局要赢得这场商战，必须得揽载潮帮生意。而且"汉口生意向以粤帮为大宗"，汉口太古拉拢粤人为之揽载，因此盛宣怀认为招商局"必宜兼用粤人"以与太古争载。郑观应不仅是粤人，而且与潮帮商人的关系深，手段也灵活，所以盛宣怀说，"陶斋进去可能稍用奇兵"以战胜太古。因此，盛宣怀不顾别人的劝阻，认为郑观应入招商局"必于商务有益"，叮嘱心腹黄花农"再三相邀"郑入局。盛宣怀在推荐郑观应时，目的很明确：一方面是因为"上海总局居中驿外，尚少精熟轮船交涉及总司各口揽载之人"；另一方面"拟复与各国轮船公司调和，彼此获益，以助职道材力所不逮"。1896—1898年，郑观应以总办身份与作为督办的盛宣怀联手整顿张之洞在汉阳铁厂遗留的各种难题，如原材料供应价格过高、人才不足、管理不到位、洋匠干扰等，终于克服重重阻力，取得了不错的成绩。[②]可见，盛宣怀的确是把郑观应看作事业上的重要帮手。

1896年9月，郑观应建议盛宣怀将亏损的各厂矿找人承揽，转让出去。此举受到盛的赞赏，认为这不仅是"宗敛字老诀"，而且为"颠扑不破之道"。[③]1897年1月，郑观应密电盛宣怀，招商局要在上海吴淞深水处购地

---

① 太古轮船公司：1872年于伦敦注册设立，以航运为重心，后成为与怡和洋行、旗昌洋行齐名的大洋行。

② 曹天忠：《郑观应、盛宣怀交谊与晚清洋务实业——以汉阳铁厂为例（1896—1898）》，《澳门研究》2014年第3期。

③ 夏东元编著：《盛宣怀年谱长编》（下册），上海交通大学出版社，2004年，第531页。

建筑码头，与怡和洋行竞争，“实塞漏厄，广利源远大利……勿动声色”。1898 年 6 月 10 日，鉴于“事关大局”，郑观应致盛宣怀密电，要紧抓轮船招商局、上海电报局督办要职，“宜早设法，勿再迟疑”，以免他人谋夺。1899 年 7 月，郑观应献计，强调保路权就是保铁路权，要重视各省铁路经过百里所有矿产的开采，认为“此系救铁路第一要义”。1896—1899 年四年间，郑观应在实业和生意上每年都有密电建议盛宣怀，涉及经营、人事管理、对外竞争等诸多方面，并为后者所重视和采纳。由此可以说，郑观应是盛宣怀在实业方面的最主要幕僚和出谋献计者之一，盛宣怀对郑观应的信任非比寻常，后者提出的建议，盛基本上都接纳、照办。

在郑观应遭遇逆境时，盛宣怀不时伸出援助之手，包括直接的经济援助、为其家人介绍工作等。1884 年，郑观应因上海机器织布局亏欠赔款，请盛宣怀“垂怜苦况”，后者则“慨允”为之，“力挽危局”。正因为盛从中帮忙和斡旋，“慨助”银两千两，[①] 问题最终得以解决。1885 年夏，杨桂轩亏欠公款，[②] 连累郑观应被太古拘禁于香港五个月。事情解决后，郑观应经济和身体大受影响，遂闭门养病。在此期间，盛宣怀对他伸出援助之手，帮助他解决生活上的难题。1886 年 4 月，盛宣怀赠郑观应洋元 300 元，使后者“不胜感谢之至”。[③] 1915 年，盛宣怀病重之际，仍不忘为老友郑观应筹款养老，更有意把自己新购的招商局股票和花红一二万两送给郑观应作为养老之资。郑观应表示“感激无已”，同时执意退回股票，建议将这些股份的余利拿来办幼儿园，自己只受职拿花红。

在澳门隐居期间，虽然郑观应“欲息影蓬庐，潜心邱素，（但）迫于家贫亲老，欲罢不能”，也只能重新出来工作以维持家庭生计。因此，他一再致书盛宣怀，请求其委派一个工作。1886 年，盛宣怀委派郑观应去云南办理

① 夏东元编著：《盛宣怀年谱长编》（上册），上海交通大学出版社，2004 年，第 190 页。

② 杨桂轩，郑观应在太古洋行的同事，郑辞去太古总买办一职后，推荐杨桂轩为继任者。后杨桂轩亏空公款，郑作为保人，背上了 4 万余元的债务。

③ 夏东元编著：《盛宣怀年谱长编》（上册），上海交通大学出版社，2004 年，第 263 页

电务。后者回话说："回忆在沪诸荷栽培，周旋捍御，今又蒙不遗葑菲，垂念寒微，代为策画，委赴云南，虑深致远，弥笃风义，感激之私，沦肌浃髓，敢不勉竭疲驽，仰副盛怀。"最后，虽因故未能成行，但不管怎样，对盛宣怀如此"俯念拮据之况"，郑观应还是"不胜感谢之至"。①

1895年7月，盛宣怀被政敌弹劾，郑观应及时去函鼓励，说这就像"千年宝剑，愈磨而精光愈出，无损隆名"。②1902年11月22日，郑观应自澳门郑家大屋写信给盛宣怀，鼓励后者要排除人事干扰，为国效力。"我宫保为中兴伟人，外交之功胜于文忠，理财之业高于南皮。因念时艰，不忍言退，鞠躬尽瘁，欲与诸葛武侯把臂入林。惟当此事杂言庞，内外交哄，如有关系国是之大者，还坐以去就争之，流芳百世。"③辛亥鼎革后，盛宣怀作为清政府的替罪羊被迫逃往日本。沦落天涯的盛宣怀甚至打算代出川资请郑观应东游日本共叙衷曲："现于海滨买山种菜，不愿再闻故国兴亡事。惜太孤寂，无可与谈。阁下抱才未用，信道素深，倘能乘此闲暇命驾东游，海上神山虽属缥缈，但须磨舞子，不亚罗浮。数十年老友纵谈身心性命之学，亦晚暮难得之境也。到此游资及归国川费当代筹措。"④

当然，郑观应和盛宣怀的关系也不永远都是蜜月期，当中也出现过一些不和谐的小插曲。郑观应在反省自己遭忌的原因时，说过这么一句话："赋性愚，不合时宜，处处认真，则处处招怨。"1897年3月15日，《苏报》上发表题为《总办得人》的文章，对郑观应进行人身攻击，说他任职上海机器织布局、轮船招商局期间，账目不清，徇私舞弊，更谓其1892年重入招商局任帮办，是"百计逢迎而得"，并借郑观应的家庭私事作人身攻击，企图将其搞臭。郑观应一怒之下本想辞去招商局总办、帮办之职，并打算不惜时间与金钱，到日本领事署控告《苏报》诬陷之罪，"总期冤洗而后已"，

---

① 夏东元编著：《盛宣怀年谱长编》（上册），上海交通大学出版社，2004年，第262页。

② 夏东元编著：《郑观应年谱长编》，上海交通大学出版社，2009年，第400页。

③ 夏东元编著：《郑观应年谱长编》，上海交通大学出版社，2009年，第620—621页。

④ 夏东元编著：《郑观应年谱长编》，上海交通大学出版社，2009年，第754页。

但又恐“一经官讼，结案无期”。盛宣怀一面劝郑观应“包以大度”“一笑置之”，一面由自己领衔，联合经元善、严芝楣、梁纶卿、唐茂枝、黄铨卿、卓子和、梁焕南等好友署名，发表了《不平则鸣公启》，对《苏报》毁谤案进行驳斥，以正视听。

然而，盛宣怀一方面领衔为郑观应登报辩白、澄清，一方面又指责他“何足共事，误我勋名”，并说其所以要辞职，是“必欲弃而之他，就邓帅（广东顺德人、安徽巡抚邓华熙——引者注）做官”。郑观应深感委屈，为此与盛宣怀进行了小小的笔战。他对引为知己的盛宣怀“不察官应之本心”深感“悚愧”，更“梦想不到”盛宣怀会说出“何足共事，误我勋名”这等言语[①]。即使如此，两人除后来在是否主张君主立宪制度上有分歧外，[②]总体上合作良好。

总体来说，盛宣怀把郑观应当作得力助手，给予信任、帮助，给他施展拳脚的机会。“士为知己者死”，盛宣怀的胸怀和信任，的确让郑观应感念不已。也正由于郑观应珍惜这来之不易的信任，进而约束自己的秉性，因此能忍得下老友的误解，这才使得两人在友情受到考验时能够安然度过危机。

两人均视对方为最重要的知己之一。盛宣怀说：“宣怀从事轮、电、路、矿垂数十年，与陶斋共事最久，相知亦最深。”郑观应成为盛宣怀最好的朋友，其友谊甚至超过老乡、姻亲唐廷枢，这从他婉拒唐廷枢之邀，而就盛宣怀所请之职一事可知。1890年下半年，郑观应因病在广州就医期间，唐廷枢等人曾邀请他总理广州造纸局，后者以“才力俱拙，精力亦衰，不敢再为冯妇”而拒绝。但在1891年2月，郑观应在广州见盛宣怀时却表达过“报效之忱”，在其后给盛宣怀的信中，更明确表示：“如阁下于粤处有事查委，尽可效劳。每念鲍叔高谊，不悉何以报之。”而早在此之前，盛宣怀已经向李鸿章推荐郑观应代理总办开平煤矿粤局销售煤炭的有关事宜。盛宣怀认为郑在办理轮

① 原载盛宣怀档案，转引自易惠莉：《郑观应评传》，南京大学出版社，1998年，第532—533页。

② 夏东元编著：《郑观应年谱长编》，上海交通大学出版社，2009年，第621页。

船招商局、上海电报局时“颇著勤劳，商情信服。至织布局因公受累之款，概已筹垫清还”；更因为“该道办事勤慎，并熟悉中外商情，于地方亦颇合宜”。[①] 因此委派他办理开平粤局是非常适合的。同年4月，郑观应收到了总办开平煤矿粤局的委札，任务是购地建厂、填筑码头、购备轮船两艘，把开平煤炭运往广东推销，再从广东“装客货回津”。郑观应立即着手招股购轮，兴筑码头栈房。

1916年4月，盛宣怀去世，郑观应有一副长挽联：

忆昔同办义赈，创设电报、织布、缫丝、采矿公司，共事轮船、铁厂、铁路阅四十余年，自顾两袖清风，无惭知己。

记公历任关道，升授宗丞、太理、侍郎、尚书官职，迭建善堂、医院、禅院于二三名郡，此是一生伟业，可对苍穹。[②]

上联是两人一生相识相知、合作共事的写照，下联是对亡友主要事功的称颂。所以，郑观应研究权威夏东元认为“郑观应与盛宣怀是中国近代在办实业上配合得最好，相知也最深的企业家”。[③] 此外，从上海图书馆藏盛宣怀、郑观应档案中两人来往书信量，也可以看出两人关系密切。两人的档案里，致对方的信函，远比其他人的为多，其中大部分是关于代表近代实业的汉冶萍公司和轮船招商局的。[④]

盛、郑两人交好，除了共同的利益诉求、互相欣赏外，实业理念比较接近，当为要因。郑观应和盛宣怀对中国很多社会问题的看法大同小异，尤其是有关创办和发展中国资本主义工商业的基本观点相同。在实现“商战主张”这一目标层面上，他们具有相互依靠、相互利用的一面，因此他们的关系自

---

① 上海图书馆藏盛宣怀档案，转引自夏东元：《郑观应》，广东人民出版社，1995年，第125页。

② 夏东元编著：《盛宣怀年谱长编》（下册），上海交通大学出版社，2004年，第974页。

③ 夏东元编著：《盛宣怀年谱长编》（下册），上海交通大学出版社，2004年，第112页。

④ 王宏：《上海图书馆馆藏郑观应资料综述》，王杰、邓开颂主编：《纪念郑观应诞辰一百六十周年学术研讨会论文集》，澳门历史文物关注协会、澳门历史学会，2003年9月，第362页。

然显得十分紧密。首先，他们两人都有比较强烈的兴办电报、轮船和其他轻工业等近代企业的愿望。例如19世纪70年代中期到80年代初，盛宣怀大力勘查长江中游和山东等地煤炭五金矿产，郑观应极力支持，并多次要求盛宣怀联名禀请有关督抚批准集股开采，并雄心勃勃地“拟一手揽尽，不为他人所得”。其次，郑观应、盛宣怀基本上是商本商办的主张者。郑观应是商本商办近代企业的坚定奉行者，在集商股创办矿物、电报、纺织等企业上，郑观应与盛宣怀的意见都是一致的。1872年筹建轮船招商局之初，盛宣怀因极力提倡招集商股而与“领官项”主张者朱其昂发生矛盾，盛宣怀说“朱守意在领官项，而职道意在集商本，其稍有异同之处”。1909年3月，盛宣怀为反对将招商局收归国有，请郑观应在广东找“同志兼同股”，得到郑从澳门“郑慎余堂谨缄”的积极响应，并补充新加入者三人。19世纪90年代初，两人均反对张之洞官办汉阳铁厂联合企业的举措，而主张商股商办。最后，两人一致认为应“与洋商争利”。郑观应、盛宣怀在企业的创办上均有抵制洋商经济侵略的意图。例如，郑观应甚为反感洋船在长江“喧宾夺主”，认为“招商局与各国轮船公司争利，连年亏耗颇巨，若不早日维持，恐难自立。我国无轮船往来各通商口岸，更为外人所欺侮”。[①]盛宣怀也认为轮船航运，“与其听中国之利权全让外人，不如藩篱自固”。[②]防止利益外流的民族情感，使他们的关系更加紧密。

---

① 《致招商局总办唐景星观察书》，夏东元编：《郑观应集》（下），上海人民出版社，1988年，第780页。

② 上海图书馆藏盛宣怀档案，转引自夏东元：《郑观应》，第123页。

清末民初郑观应与潘飞声的交往

——以《盛世危言后编》为中心的文本解读

张道有[①]

一、潘飞声其人[②]

潘飞声（1858—1934）是近代著名诗人，字兰史，号剑士，广州番禺人。早年就学于乡贤和私塾，勤作诗词，是广州十三行同文行（嘉庆年间改名同孚行）的后人。

潘飞声于1887—1890年出任柏林大学东语学堂广东教习，几年下来，甚得学堂师生的好评与敬重。在任教期间还受聘于柏林人类博物馆，鉴定来自中国的藏品。说到这一点，当然离不开潘飞声独特的收藏家世。广州十三行商家在迅速积累财富的同时，在艺术收藏方面亦做大量的投资，这成为广东在18世纪后期以来出现书画收藏高峰的主要原因。而潘家先后有潘有为的“看篆楼”、潘正炜的“听帆楼”、潘仕成的“海山仙馆”，在岭南收藏圈内堪称翘楚。前辈亲族在艺术上的精研，成为潘飞声从事艺术鉴赏的先天

---

① 张道有，中山市孙中山故居纪念馆宣教部主任。

② 关于潘飞声的介绍，本文受益于洪再新《艺术鉴赏、收藏与近代中外文化交流史》一文（载《故宫博物院院刊》2010年第2期）甚多，在此表示感谢。

优势。

潘飞声在柏林期间还结识了几位日本的文化巨人，例如著名哲学家井上哲、“日本现代教育之父”日高真实、近代文学大师森鸥外。1889 年，井上哲、日高真实、千贺鹤太郎等倡议组织“兴亚会”，有印度、泰国和中国的知识精英与外交家参加，潘则担任秘书。

德国的任职经历，使潘飞声看待时局有一种纵横捭阖的全球观念。他通过世界列强在亚洲的利益，估衡中德关系，并提出了“防俄论”主张。继而有《德意志学校说略》和《德意志兵制兵法译略》，从教育和军事两个方面对德意志帝国的崛起加以考察和分析。在《德意志学校说略》一书中，他强调了全民普及教育对于德意志成为近代强国至关重要的作用，指出：“德意志国向以学术推重，故有‘无地无学、无人无学’之称。”在具体说明了德国的制度特点后，他这样概括道：“威廉第三广兴学校，独立工入肆、秀入学、兵入伍之制，故人才辈出，其后卒能挫强邻，反侵地，混众部，称富强。国之治乱盛衰，系乎人才，学校之设，岂不尚哉。”1888 年夏天，潘飞声和学生一道翻译德国兵制总揽及其特长，希望把现代军事战略和技术介绍给中国读者。他注意到，德国的教育包含军事知识和训练在内。在由欧洲回国的海船上，他还结合德国人准备向李鸿章销售“克鹿卜炮”之事，向推销商包尔讲述了中国制炮和火药的历史，甚至拟作《炮考》一篇，请包尔代为翻译，以增进西方人的了解。[①]

甲午战败，中国处于空前的危机之中。1895 年，潘飞声应聘到香港进步报纸《华字日报》和《实报》主笔政。《华字日报》坚持开放的办报方针，经常发表带有新思想的文章，潘飞声在担任《华字日报》主笔期间，以“独立山人”等笔名撰写大量的时评、政论，介绍德国社会的方方面面，可见德国的现代化模式对他思想认识的影响。他仗义执言，力主为民办报，如吴仲

① 参见《艺术鉴赏、收藏与近代中外文化交流史》，载林正杰、朱万章主编《广东绘画研究文集》，岭南美术出版社，2010 年，第 279 页。

《续诗人征略后篇》云：“（潘飞声）遇涉华人事，力与西政府争，名著海外。戊申抵制日货事起，港官欲放兰史出境外，以箝各报之口，商家愤争，卒得无事。”[①]可见，潘氏在社会上甚具声望，他很快成了香港报界知名人士，《华字日报》也成为香港最有影响力的华文报刊。

二、郑观应与潘飞声的书信交流

《盛世危言后编》收录郑观应、潘飞声二人文章16篇，诗8首[②]，可见两人来往沟通频繁。就目前所见，两人的书信来往开始于1906年前后，截止于1918年前后，所谈论问题包括政治立宪、教育、社会风俗、官督商办企业等，涉及改良一代知识分子所关心的主要层面。

郑观应、潘飞声两人私交甚好。郑观应与潘飞声交往的最早记录在1898年前后。1903年后郑观应主要在广东活动，与潘飞声的关系趋于密切。清廷宣布预备立宪后，二人在立宪问题上有频繁的交流。相同的政治立场，使潘飞声成为郑观应晚年政治问题上最重要的对话者。1906年，郑观应被广东商民推举为广东商办粤汉铁路有限公司总办，主持募股集资工作。由于公司内部权力争斗和香港绅商界的抵制，不久便发生了以倒郑观应为目的的粤路风潮，郑观应任职三月便辞职。面对反对者的恶意诋毁，尤其是香港股东对选举的质疑，郑观应致函潘飞声，力陈选举之公正公开[③]。1908年，潘飞声在澳门郑家大屋与郑观应朝夕相处讨论编著《盛世危言后编》事宜，“与山人朝夕讨论时局，尽读丛稿十六册”。1910年，《盛世危言后编》正式刻印出版，潘飞声为此书作序，详细回顾了郑观应兴办实业、发展教育、政治参与等亦官亦商的经历：“举凡四十余年，殚精竭虑，以期不负所学。……平生

---

① 转引自程中山：《香江诗话：潘飞声与香港》，《香港文汇报》，2006年1月17日。

② 郑观应与潘飞声往来书信应不止于此，上海图书馆存有未刊的两人往来书信，仍待进一步查检。

③ 《复香港潘兰史征君书》，夏东元编：《郑观应集》（下册），上海人民出版社，1988年，第746—748页。

所蓄条陈、上书、论说、序跋，稿本丛积，可束牛腰。”[①]

目睹国内“百货腾贵，民不聊生，政府征税敛财，不暇为穷民代筹生计”[②]的局面，郑观应希望潘飞声留心世故，探求救世良方。潘飞声的留德经历使他对中国的前途和面临的弊病有超出时人的认识。潘飞声期盼朝廷改革时弊，遂上万言书，最终杳无音讯。正如郑观应所言：“公自欧西归来，游历京师，痛中国积弱非一朝一夕之故，著书万言，亦复无补”，原因在于“专制政体上自君主，下至臣民，上行下效，无不各为其私，无公益心，无爱国心，风俗习尚无论官商，所有家财罔计多寡，皆欲遗其子孙……此盖私之一字所深印于各人之脑筋而不可解者也”。特别是执政当局缺少推动改革的魄力和具体举措，“以畏难苟安之故，每以不宜急切，须从稳健、次第而行为循例之批发以了之”[③]。郑观应认为，中国弱、外国强归根结底在于“礼教不同，中国以家族主义，外国以国家主义”。基于此，郑观应向潘飞声详细介绍杨度于1910年12月5日在《帝国日报》发表的《论国家主义与家族主义之区别》一文。文章认为中国“既以家族主义治民，即不能以此等行为为耻也。此等人在社会虽或加以贪官污吏之名，而在家庭实有慈父令兄之德，家族主义之社会岂能与慈父令兄而加以毁辞耶”[④]，“故我国不欲变政则已，如欲变政，亟须先立宪法；欲立宪法，先设各种学校教育人才储为世用”。[⑤]

在立宪一事上，郑观应一直认为“立宪利于国，利于君，利于民，不利于官。何谓利于国，利于君，利于民？盖宪法立则上下无偏，君民共守，而酷吏不得假君上之权，任意虐行，下民感激，咸知爱国，则本固邦宁是也。

① 《盛世危言后编》潘序，夏东元编：《郑观应集》（下册），上海人民出版社，1988年，第419页。

② 《致潘兰史征君书》，夏东元编：《郑观应集》（下册），上海人民出版社，1988年，第640页。

③ 《致潘兰史征君书》，夏东元编：《郑观应集》（下册），上海人民出版社，1988年，第419—420页。

④ 《致潘兰史征君论中外强弱由于礼教不同书》，夏东元编：《郑观应集》（下册），上海人民出版社，1988年，第402—404页。

⑤ 《致潘兰史征君书》，夏东元编：《郑观应集》（下册），上海人民出版社，1988年，第420页。

何谓不利于官？既设议院，即举议员，遇有奸官墨吏，是处议员可以布告径请政府公黜，各日报必为之指摘，势难掩塞”。郑观应鼓励潘飞声在报纸上对立宪诸事加以呼吁推动：“鄙见非立宪不足以救亡，尚冀执事登诸日报以醒当道。”[①]1910年10月底，多省发生大规模的国会请愿活动，17省督抚联名奏请清廷“立即组织内阁，定期明年开设国会”。清廷严词拒绝，并下令镇压学生的请愿运动。郑观应发出了“真立宪耶？假立宪耶？是真立宪，何拂逆民情？若是假立宪，不惧蹈土耳其之覆辙耶？”的感叹。面对群情激昂的国会请愿运动，郑观应指出“非开国会不能固结民心而保商务，御外侮而靖内讧。认国会为出险之上策原非直接之策，而直接之策仍在政府，国会不过立于监督之地位，以收间接之效而已”；“专制之政以力服人者，君不爱民，民亦不爱国，上下睽离，惟利于官。官藉此以剥民，民穷而国蹙”；“今观政府之对待资政院，各省督抚之对待咨议局，轮船招商局部委各员之对待董事会，岂开诚布公、与民更始、上下一心、变法自强之意乎？”[②]立宪开国会，“务宜慎重。须先定人格，有品行、有学问、有历练方合选格。”选举议员不得人，“非立宪之咎，实金钱主义选举人才不善之咎也。”如此判定，源于郑观应在商办公司多年的经验：“国民程度尚低，选举与被选人章程均须严定耳。”[③]

1910年，郑观应阅读《宪志日刊》《读鄂督电奏根本政策感言》等文，文中提出“夫立宪之制，其所以必设责任内阁者，诚以君主为神圣不可侵犯，必有政府代君主受议院之责”，清政府“目前最要者，莫若确定皇室经费及皇室典制”。郑观应致函主笔《中国商务日报》的潘飞声，认为这是“言人

① 《与潘兰史征君论立宪书》，夏东元编：《郑观应集》（下册），上海人民出版社，1988年，第300—302页。

② 《与潘兰史征君感论时局书》，夏东元编：《郑观应集》（下册），上海人民出版社，1988年，第304—305页。

③ 《致潘兰史征君书》，夏东元编：《郑观应集》（下册），上海人民出版社，1988年，第303—304页。

之不敢言，可谓救时良药。因此“特节录于下，请登日报普告同胞”。[①]

至于教育一途，面对欧风美雨一波波的冲击，中国社会原有的儒家意识形态的地位逐渐位移，原有整合社会及道德秩序的意义资源也在逐渐流失，从而危及了传统道德和社会秩序，反映在教育方面就是经学教育在学校中的变迁。面对此种情形，潘飞声认为今日各校不读经书，导致出现“离经叛道，乖弃人伦”。郑观应答书中表示，在学校教育中“经不可不读，经尤不可不解。……叩其义茫然不解，则亦盲读而已”。而“今日政界、商界人心之坏者，不尽归咎于不读经，亦由于政治不良，上下交征利，只图富贵，不讲品德，只爱其才，不慕其德”。[②]同时郑观应将马相伯在考察日本学务后撰写一文寄赠潘飞声。马相伯在文中提出：“我国与其使学生出洋后乃聚各省于一堂拉杂教授，不如在国内先聚各省于一堂而娴习之，使一国子弟皆有相扶相助之谊，然后各按程度学问，分遣出洋学习。”郑观应在文末指出“马君所论皆切要之言”，切中时弊，面对时局艰难，“强邻日逼，我同胞各宜卧薪尝胆，发愤自强也”。[③]

谈及国家富强之策，郑观应认为根本在于“仿照日本维新，广学校，开国会，立宪法”。当时盛宣怀、唐廷枢等人创办轮船招商局、开平矿务局、通商银行、汉阳铁厂等实业企业，利于国家，但“各官绅有贬无褒，商务何能振兴？”同时像广东粤汉铁路公司，“原拟招股四百万，竟招至八百余万股，邮传部与农工商部不饬公司从众议决，亦不彻底查究有无弊端，分别严办以息谣诼，致风潮至今未止”。郑观应非常重视报纸舆论监督的作用，希望潘飞声在主政的报纸上“议论正直，心存救世”，并提出“吾辈立言，无论大篇、

① 《致〈中国商务日报〉总编辑潘兰史征君书》，夏东元编：《郑观应集》（下册），上海人民出版社，1988 年，第 311—313 页。

② 《答潘兰史征君论读经书》，夏东元编：《郑观应集》（下册），上海人民出版社，1988 年，第 249—250 页。

③ 《致潘君兰史述马君相伯考察日本学务书》，夏东元编：《郑观应集》（下册），上海人民出版社，1988 年，第 223 页。

短札，或诗或文，必有关世道、人心、学术、事功者方可下笔，乃不蹈于空言”。[①]

对外关系方面，1882 年美国国会通过“排华法案”，结束了华工自由赴美的历史。有感于学生、商人在美入境遭遇的苛刻规定，以及荷兰属葛罗巴苛待华侨，郑观应致函潘飞声，请他在《实报》上刊登“荷属土苛待华侨”条款内容，鼓舞各地同胞努力争取平等地位。[②]

民国成立后，政局动荡，乱象丛生，军阀丛立，国家几陷于四分五裂的局面。对此，郑观应认为“军阀虽为大患，然议员亦难辞其咎也”。“自民国以来，每逢选举，无一不由于运动。遂至珍重有才之士，则鄙薄之而不屑为；而桀黠者流，则相争而靡已。”在国会选举中，议员“党同伐异，意气用事，各争权利，假公济私，所议国律经年不成，要求公费则争多论寡，首先赞成”。议员个人品行与能力备受质疑，“此皆因无道德之故”。郑观应认为“议员固贵有新知识、新学问，博通中外，法洞古今，而道德尤为可贵也”。[③] 面对民国乱局，郑观应援引美国前驻华大使芮恩施提出的四点建议：一、将宪法条列简要，实行立国大法；二、中国采取联邦制，使各省皆有自治之权；三、建设铁路和马路，增进全民福利；四、政府用公平制度解决争端，保障人民生存发展的权利。郑观应认为上述建议牵涉到中国自身的国情和风俗习惯，“未尝不确凿”，但建设铁路和马路的事情，则尚难以办到，只有各省竭力筹办，由近及远，不可畏难而中止也[④]。

1917 年，康有为将写于 1909—1910 年间的《共和平议》长文发表，引发社会舆论热议。郑观应认为此文“畅论各国兴革，君主立宪、民主立宪治

---

① 《致潘兰史征君书》，夏东元编：《郑观应集》（下册），上海人民出版社，1988 年，第 383—384 页。

② 《致香港〈实报〉总编辑潘兰史征君书》，夏东元编：《郑观应集》（下册），上海人民出版社，1988 年，第 583—593 页。

③ 《与潘君兰史、何君阆樵论选举参议院议员宜先注重道德》，夏东元编：《郑观应集》（下册），上海人民出版社，1988 年，第 322—323 页。

④ 《与潘兰史征君感论时局书》，夏东元编：《郑观应集》（下册），上海人民出版社，1988 年，第 314—315 页。

乱盛衰，并痛言中国非民主立宪之时，指陈利害，洞若观火，欲醒当道，共挽狂澜于既倒，勿蹈朝鲜、印度覆辙”；并将《共和平议》简要摘出寄赠潘飞声、何阆樵两人，信中郑观应指出：“共和国余谓非不能自强，惟立法善，总统与总理须有轩辕黄帝等内圣外王之学，方能富强，长治久安。”[1]终其一生，郑观应都坚持立宪救国的政治理念，认为：“立宪法设上下议院，礼别君臣情父子，大同世运庆升平。”[2]

回顾20世纪最初20年里郑观应与潘飞声的交往，我们发现，救亡图存的信念贯穿了他们的一生，在变革主张上，他们始终未能跳出以“现代化”已经成功的强国为榜样和参照系。同时深入他们的思想世界和表达理念使用的话语，我们会发现民国初年的他们始终未能与19世纪90年代的改良理念挥手告别。

---

① 《致潘兰史、何阆樵两君论共和书》，夏东元编：《郑观应集》（下册），上海人民出版社，1988年，第324—335页。

② 《与潘兰史典籍论泰西专制共和立宪三政治演而为诗》，夏东元编：《郑观应集》（下册），上海人民出版社，1988年，第1345页。

郑观应的新教育观及其价值

宋德华[①]

在《盛世危言》这部中国近代早期维新思潮的代表作中，郑观应以赤诚高昂的爱国热情、锐意进取的改革精神和广博深厚的文化底蕴，率先提出了很多富有创意和远见的新思想。非常突出的一例，就是形成了居于提纲挈领之位、思虑独辟蹊径的新教育观。这一观念与以议院为核心的新政治观、以商务为核心的新经济观、以西学为核心的新文化观等一道，构成了全书的主干，对随后而起的戊戌变法产生了重要影响，至今仍具有可贵的借鉴价值。

对此新教育观，学界从不同角度作过具体论述，[②]但总体把握和深入揭示似尚存不足。作为一种取得了根本性突破的新教育理念，郑观应的教育观并不等同于对学校、人才、学问、技能等个别问题的见解，而是对整个教育的基本定位、指导思想和价值取向等皆作了不同以往的解读。这些解读散见于《盛世危言》各篇章之中，需要发掘、归纳和阐释。

---

① 宋德华，华南师范大学历史文化学院教授，研究方向为中国近代史和岭南近代思想史。

② 近期论文，有李长福的《简论郑观应的教育思想与实践》、徐文泽的《郑观应教育思想的现代性及其当代价值》、万伟平的《郑观应职业教育观刍议》、赵伟明和容晖的《略论郑观应教育思想的历史地位》、申群喜和肖飞的《论郑观应人才观的时代特色》等，载于尹绪忠主编：《郑观应思想与当代中国社会》，广东经济出版社，2010年。

一、兴学重教关乎国家强弱存亡

对教育的重要性重新定位，将其提升到决定国家前途命运的高度，这是郑观应新构建教育观的出发点和中心点。传统教育，只是科举制的附属物，受到专制王朝的严密控制。科举取士虽受重视，教育本身却无足轻重，既无独立性可言，更囿于“学而优则仕”一途。由此造成的严重后果，就是士人出路的逼仄和各种人才的奇缺，国家之所以贫弱，此实为一大祸根。郑观应对此深有感受，特别是对比西方，思想震动更大，因此当他为国家谋求发展大计之时，对教育的高度关注和重新定位，便显得尤为突出。

（一）将兴学育才定为西方富强之本

兴办学校以培养人才，是教育的基本内涵和主体依托。郑观应在探求西方富强的根本原因时，非常明确地将兴学育才列为其中一项主要内容。他于《盛世危言》自序中这样写道：通过对西方“察其习尚，访其政教，考其风俗利病得失盛衰之由”，于是“知其治乱之源，富强之本，不尽在船坚炮利，而在议院上下同心，教养得法。兴学校，广书院，重技艺，别考课，使人尽其才；讲农学，利水道，化瘠土为良田，使地尽其力；造铁路，设电线，薄税敛，保商务，使物畅其流。凡司其事者，必素精其事，为文官者必出自仕学院，为武官者必出自武学堂，有升迁而无更调，各擅所长，名副其实，与我国取士之法不同”。[①] 又引用曾任两广总督的张树声的一段话，作为上述论断的补充：“西人立国具有本末，……育才于学堂，论政于议院，君民一体，上下同心，务实而戒虚，谋定而后动，此其体也。轮船火炮，洋枪水雷，铁路电线，此其用也。中国遗其体而求其用，无论竭蹶步趋，常不相及，就令铁舰成行，铁路四达，果足恃欤！”[②]

① 郑观应著，王贻梁评注：《盛世危言·自序》，中州古籍出版社，1998年，第50—51页。引者对引文标点有改动。

② 郑观应著，王贻梁评注：《盛世危言·自序》，中州古籍出版社，1998年，第51页。引者对引文标点有改动。

仔细分析，便不难发现“议院上下同心，教养得法”这两句话，是郑观应所总结的西方富强之本的纲领。前一句是指议院政治制度，后一句是指作为国家大政的教民养民之策，而其中之“教”，指的就是教育。教育以兴学育才为载体，与“养”并称而列其先，比“养”显得更为重要。此外，管理“教养”等事的各级官员，亦必须受过正规学历教育，终身以所学专业任职，不像中国科举制那样学用判然两途。也就是说，要真正学到西方富强之政的精髓，就要抓住政治、教育和经济这三大要政，尤其要优先注重政治上的君民一体和教育上的人才培养。对教育如此重视，超越了当时一般人的眼光，是郑观应学习西方的最大收获之一。

（二）深度阐释学校的大本大原作用

兴学育才何以成为西方富强之本，郑观应围绕学校这一中心，作了进一步的论述。他认为：“学校者，造就人才之地，治天下之大本也”，[①]“国于天地，必有与立，究其盛衰兴废，固各有所以致此之由。学校者人才所由出，人才者国势所由强，故泰西之强强于学，非强于人也”。[②]也就是说，有学校才有人才，有人才才有国家的强大；西方之强，并不是因为人种强，而是因为学校强和人才强。由此，学校就称得上立国、强国乃至“治天下”的根本所在。

他追溯历史，指出早在上古时期就已建立了作为本原的学校制度，“古者家有塾，党有庠，州有序，国有学，比年入学，中年考校。一年视离经辨志，三年视敬业乐群，五年视博习亲师，七年视论学取友，谓之小成。九年知类通达，强立而不反，谓之大成。而又教以弦诵，舒其性情。故其时博学者多，成才者众也”，“先王之意，必使治天下之学皆出于学校，而后所设学校非虚，其法始备，此学所以为养士之要，而上古人才所以出于学校者独盛也”。这就不仅展示了中国古代学校的完美，而且将其重要性提升到“先王之意”

① 郑观应著，王贻梁评注：《盛世危言·学校上》，中州古籍出版社，1998年，第60页。
② 郑观应著，王贻梁评注：《盛世危言·西学》，中州古籍出版社，1998年，第76页。

的高度来加以肯定。可惜的是，学校制度在后世遭到破坏，结果就使得国家无有用之学和可用之才。

他清楚地看到，中国丢失的学校制度，在西方却得到传承和发展，其宏大精深，远超中国上古，如英、俄、法、德、美等国，小学各有数万所，中学逾千所，大学虽数量少而规模大，各国对学校皆投入了巨额经费，这都是值得学习的榜样。他迫切希望中国能像西方一样，尽快建立起发达的学校制度以培养人才，因为“中国二十三行省，地土之大，人民之多，当此之时，需才之急，较泰西各国犹众”，“如我国能仿俄国或日本，衰弱之时痛除积痼，幡然一变，各省亦援照西法，广开学堂书院，认真讲求……则各艺人才何患不出？自足与泰西争强竞胜矣”。[①]可见中国后世失传、漠视的学校制度，其实非同小可，只有办好学校，中国改变旧貌、赶超西方才有可靠的保障。

（三）将重振“教养之道”作为国家强盛的关键

在郑观应看来，教育不仅是西方富强之本，而且从“教养”这一更宏大的视野来说，更属于君主和国家最为重大的责任：“夫天生民，以教养托之于君，故有国家天下者，其责无过于教养。”

为了证明这一点，他将当时世界上的两类国家进行比较：一类是因“教养有道”而勃然兴盛的英、德、法、美等国，它们“崛起近世，深得三代之遗风，庠序学校遍布国中，人无贵贱皆有所教。凡天地万物之理，人生日用之事，皆列于学校之中。……其所教由浅而深，自简及繁。故人之灵明日启，智慧日积，而人才济济，国势以强也。是故才众则百事兴，举凡机器、制造、轮船、火车皆巧夺天工，日新月盛，而农政、商务亦日增新法，日为推广，市无游民，廛皆食力。如是则士得教而民有养，甚至疲癃残疾、贫老孤婴亦皆有院以周恤之，无一夫不得其所”。一类则是因“教养失道”而沦亡的印度、越南、缅甸、泰国等国，这些国家“上失教养之方，下无奋兴之士，繁法严刑，横征暴敛，无异虐秦。贿赂公行，买官鬻爵，奸恶诈伪，上下相蒙，

---

① 郑观应著，王贻梁评注：《盛世危言·学校上》，中州古籍出版社，1998年，第60页。

加之河渠不治，田畴日芜，士无所学，民多好闲，农工废业，商贾乏资，百姓流离，盗贼遍野。此其教养失道，国势凌替，而先后沦亡如出一辙也”。这里所说的“教养”，含义相当宽广，它以民生为主体，涵盖了教育、经济、社会乃至刑法、吏治、赋税等领域。与此同时，在诸领域中，教育的地位和作用尤为突出，正是由于学校培养了众多的人才，各行各业才得以兴旺发达，各种民生问题也得到妥善解决。因此，在很大程度上，办好教育是落实教养之道的前提条件。

对照中国，郑观应不禁产生严重的危机感。他回顾人类教养之道的起源，指出中国文明本来在世界上出现最早，尧舜三代之时教养之道已臻于极盛。但三代之后，由于群起争雄、人各自私，特别是暴秦“焚书坑儒，务愚黔首”和明代科举制对天下人才的“锢蔽”，中国教养之道便“渺矣无闻，政治民风江河日下”。时至今日，重振教养之道就成了一个十分紧迫的任务：“方今时事日非，国势益促，外有强邻环视，内有伏莽堪虞。倘仍因循苟且，粉饰欺蒙，而不上下一心，力为图治，亟行教养，则他日之事岂忍言哉！夫以上古游猎之时，犹尚教养，况于今日地球之中已患人满，弋猎固无以为粮，而耕牧犹虞不给，教养讵可废乎？”[①] 这几乎将中国所有的问题都聚焦于“教养”之上，教养成了治国、救国的头等大事。基于前述教与养的关系，可以说，对教养的高度重视，也就是对教育的高度重视。

二、格致为本方能顺应时代转换

兴学重教既然如此重要，那么要将这一崭新而宏伟的事业办好，就不能没有作为基本方针的指导思想。换句话说，就是学校学什么，教什么，培养什么样的人才，都需要制定整体方略，这样教育才能落到实处。过去在科举制度下，教育只为培养专制王朝所需的各级官员服务，所教所学深受传统经义的束缚，学问与自然之理、社会生活之理严重脱节。针对这一状况，郑观

① 郑观应著，王贻梁评注：《盛世危言·教养》，中州古籍出版社，1998 年，第 220—221 页。

应高瞻远瞩，另辟蹊径，就如何办教育提出独特的见解，这就是要顺应时代潮流的变迁，将“格致”作为学校育人才、求学问的根本。

在中国近代思想文化用语中，“格致”是西方自然科学的代名词。[①] 当时不少中外学者已在介绍和谈论格致，但大多限于对科学知识本身的评说。郑观应非常敏锐地察觉到格致的时代意义，将格致与教育方针联系起来，作了两方面的论证。一方面侧重于理论分析，提出“学校者人才之本，格致者学问之本”“西人广求格致，以为教养之方”的命题，并解答这是“世运”变迁所致，“盖世界由弋猎变而为耕牧，耕牧变而为格致，此固世运之迁移，而天地自然之理也。顾格致为何？穷天地之化机，阐万物之元理，以人事补天工，役天工于人事。能明其理，以一人而养千万人可，以一人而养亿兆人亦无不可。我中国生齿四万万人，人民甲于五大洲，子此元元，可不亟图教养之方哉”。另一方面，立足于现实变革，主张以格致改革科举，“今日之计，宜废八股之科，兴格致之学，多设学校，广植人才，开诚布公，与民更始。庶百王之弊可以复起，而三代之盛可以徐复还也。不然，则天生斯民而托以教养之责，不独不能行，反暴敛以困之，势利以诱之，而犹欲以空名自跻于三代之隆，则吾谁欺”，直言中国旧教育的害处在于“士子于诗文小楷而外，罕所讲求。一旦得中科甲，遂目空一切，其实不知国家利弊如何，格致工夫如何，徒有虚骄之气：贱视工商，鄙视武夫，傲视西人。纵见西人教养善法心悦诚服，亦不肯悉心仿办，必改头换面，以为因地制宜。其实吝啬小费，或经办从中渔利，以致所授不全，所学不精也”。[②]

这些论述篇幅不长，却包含了深刻的思想内容，对于了解郑观应的教育观而言，极为重要，值得细加分析。

其一，郑观应将“格致”的重要性提升到了一个前所未有的高度。它与

① 格致一词源于儒学典籍，最早在《礼记·大学》篇中，有格物、致知、诚意、正心等语，后世注解甚多，莫衷一是，以朱熹的格物致知说较为流行，大意为穷究事物之理，以获透彻之知。近代西学传入后，中西学者多以格致一词代指自然科学。

② 郑观应著，王贻梁评注：《盛世危言·教养》，中州古籍出版社，1998年，第222页。

“世运”联系了起来，像“弋猎”（渔猎）、“耕牧”（农耕）一样，成了一个大历史时代的称号。[①] 这对于格致的意义来说，是一个很有深度的拓展，本来纯属自然科学的格致，被赋予了极高的社会科学和人文精神的价值。它与天地万物的根本之理联系了起来，被视为洞悉造化、破解万物的精深奇妙之物，这不但彻底摒弃了守旧者的“奇技淫巧”之说，而且使人对其不能不怀有仰慕敬畏之心。它还与“千万人”乃至“亿兆人”的生计联系了起来，只要掌握了“格致”之理，人类的生养这一头等的难题就迎刃而解。郑观应可能没有意识到，他在无意之中，对科学伟力做了一次最具想象力的赞颂。

其二，正是基于格致的重要性，郑观应将“兴格致之学”当成了振兴中国的一大枢纽。要实现起“百王之弊”、复“三代之盛”这些极为宏伟的文化理想和政治目标，首先都要从“兴格致之学”及采用“西人教养善法”做起。由兴格致以奠学问之基，到办学校以育所需之材，再到振工商农兵以求国家富强，济贫扶困解难以完善民生，形成了一条相当完整的思路。这种“格致”为本的思想，在某种程度上开了后来“科学救国”思想的先河。单靠“格致”或“科学”当然不能救国、富国、强国，但相对于当时中国学习西方大多还停留在器物的表层，对西方格致之学及教养之法还极为忽略的现实，郑观应对注重“格致”的大声疾呼是很有必要的。从长远看，后来“新文化运动”的纲领性口号之一就是“科学”，此后科学思想不发达也一直是中国难以实现现代化的一大瓶颈。郑观应较早就对“格致之学”如此重视，显示出一种难得的远见卓识。

格致为本的指导思想，还进一步落实到引进西学的主张之上。对于西学，郑观应作过这样的概括：“今彼之所谓天学者，以天文为纲，而一切算法、历法、电学、光学诸艺，皆由天学以推至其极者也；所谓地学者，以地舆为纲，

① 今人通常将“农耕”之后的社会称为工业社会，郑观应则将其称为“格致”社会，其含义已颇为相近，因为工业社会对于“格致”有很大的依赖性。郑观应的说法不但抓住了工业社会的关键，甚至还有点超前的意味。

而一切测量、经纬、种植、车舟、兵阵诸艺，皆由地学以推至其极者也；……所谓人学者，以方言文字为纲，而一切政教、刑法、食货、制造、商贾、工技诸艺，皆由人学以推至其极者也，皆有益于国计民生，非奇技淫巧之谓也。”又说：“论泰西之学，派别条分，商政、兵法、造船、制器，以及农、渔、牧、矿诸务，实无一不精，而皆导其源于汽学、光学、化学、电学，以操御水、御火、御风、御电之权衡，故能凿混沌之窍，而夺造化之功。”[①] 所谓“极者”，就是说达到了最高境界；而能“夺造化之功”，则充满了神奇的意味。这对西学而言是极高的评价，等于对包括“政教、刑法”等政治性学问在内的西学，做了全盘肯定。格致既是这些西学的一部分，又独居本原或根源的地位（所谓“皆导其源于……”），所以显得尤其重要。

他特别强调臻于极致的西学来之不易，是西方“萃数十国人才，穷数百年智力，掷亿万兆资财而后得之”的文化硕果，因此值得中国大力引入。如果能将“西国有用之书”一一译为中文，颁行国内各书院，使人人得而学之，那么，“以中国幅员之广，人才之众，竭其聪明才力，何难驾西人而上之哉”。翻译西书时，切不可粗心草率，“译书者不但深通中西文字，尤必于所译一门，精求博考，言之方能透达。若非融会其理，必至语多费解，仅称述皮毛而已”。这些“有用之书”当然不限于格致的范围，但格致之书为其重头之作，格致精神为其内在精髓，是显而易见的。若能真正做到以格致为本，学校就能培养真正适应时代需要的人才，则不仅可与先进的西学接轨，而且还要赶超西人。

三、注重工艺，力求去虚务实

与格致为本的指导思想紧密相连，郑观应对教育的价值取向，也有自己独到的见解，这就是要力戒虚理，重视实学。本来在格致之学中，就已内含了戒虚重实的精神，格致之所以能够为本，就在于能将新（代表先进）、深（揭

① 郑观应著，王贻梁评注：《盛世危言·西学》，中州古籍出版社，1998 年，第 73—74 页。

示本原）、实（讲求实证）三者集于一身。郑观应论格致之时，已涉及戒虚重实的话题，而更多的阐释，则集中在教育体系中，应以何种态度看待历来备受漠视的工艺。

工艺也称为技艺，相当于科学技术中的技术部分。在中国的传统观念中，工艺被视为“器”，地位极低，与国家富强谈不上有何关系，更难入主流教育的殿堂。针对这种偏见，郑观应十分明确地指出，不论是在西方各国，还是在中国上古，工艺都是国家富强的根本，受到高度的重视。

他介绍西方说：“夫泰西诸国富强之基，根于工艺。”如英国，在西方各国中堪称技艺“最精”。该国设有“工匠学堂”，令学工艺者读工程专书，研究机器之理，然后各就所业，结果就能“变化神明”，使工艺巧夺天工，“小可开工商之源，大可济国家之用”；特开“艺术大会”，对技艺出类拔萃者皆给予文凭以证其学问，对“能造灵妙机器有利于人”者则奏准朝廷奖其才艺，从而使“各人乐从，皆自出才力心思以博荣名”；实行专利制度，凡能创新法有益于世者，皆准其享专利若干年；筹集巨款，专为扶掖、奖赏工艺人才之用，“如心思灵巧能制新物，或累于家贫未能竟业者，并资以经费助其成功”，其厚待人才如此，就使得“民风国运……隆然兴起”。又如美国，也像英国一样注重工艺，“艺院日多，书物日备，制造日广，国势日强。凡有新出奇巧之物，绘图帖说，进之当事，验其确有实用，即详咨执政，予以专利之权，准给执照，并将名姓图说刊入日报，俾遐迩周知。所以有美必彰，无求不得，殚精竭虑，斗巧争奇，莫能测其止境也”。

他还根据西方报刊所载资料，列举了英、俄、德、法、奥、美等六国富强的概况，以具体数据证明六国之富强，工艺发达是主要原因之一，而“其工艺之多，土产之盛，国人之富，亚洲远不及也”。这些评介极有说服力，完全颠覆了将工艺视为末务末学甚至“奇技淫巧”的陈腐之见，为国人重新认识工艺的作用打开了眼界。

谈及中国上古，郑观应同样充分肯定“工艺一道，为国家致富之基，工艺既兴，物产即因之饶裕。中国文明早启，向重百工”。这在《周礼》《考工记》等典籍中都有明确记载，由此促成了三代之治，国家兴隆富足，“蒸蒸日上”。可惜后世“固步自封，罕有竭耳目心思以振兴新法者，何怪乎国中贫惰而外侮日乘也”。因此，“欲救中国之贫，莫如大兴工艺”。

他对中国后世丢掉上古重工艺的传统尤为痛惜，对此段历史专门作了批判性的回顾总结：“自《大学》亡《格致》一篇，《周礼》阙《冬官》一册，秦汉以后，佛、老盛行，中国才智之人皆驰骛于清静虚无之学，其于工艺一事简陋因循，习焉不讲也久矣。夫制器尚象，古圣王之所由利用而厚民也。日省月试，既禀称事，劝工之典，并列九经。乃后世概以工匠轻之，以舆隶概之，以片长薄技鄙数之。若辈亦自等庸奴，自安愚拙，无一聪明秀颖之士肯降心而相从者。无惑乎器用朽窳，物业凋敝，一见泰西之工艺而瞠目咋舌，疑若鬼神也。”①

这些论述以“古圣王”的名义，重新定义了工艺利国厚民的重大作用，并将其置于经典教义的崇高地位；对中国“才智之人”和“聪明秀颖之士”皆不愿研习工艺，以致中国工艺日渐衰落，表示了极大的不满。这种富有远见性的反省，已在一定程度上触及了文化的根底。

郑观应如此注重工艺，不仅源于他从学校育人层面对中西得失所作的比较，更源于他从价值取向层面对中西差异所作的深入辨析。在此方面，他作过多段有代表性的论述。

一是侧重于事与理的角度。中国上古本有“实征诸事，非虚测其理”的传统，可惜后世完全丢弃，“自学者务虚而避实，遂以浮华无实之八股与小楷试帖之专工，汩没性灵，虚废时日，率天下而入于无用之地，而中学日见其荒，西学遂莫窥其蕴矣。不知我所固有者，西人特踵而行之，运以精心，持以定力，造诣精深，渊乎莫测”。②这就是说，中国之学在科举制的束缚下，由古代优良的实征之学，变成了“浮华无实”的虚理之学，而西学却在中国

① 郑观应著，王贻梁评注：《盛世危言·技艺》，中州古籍出版社，1998年，第389—394页。

② 郑观应著，王贻梁评注：《盛世危言·西学》，中州古籍出版社，1998年，第75页。

古学的基础之上，进一步发扬光大。一方面是中学的荒废，另一方面是西学的精深，两者之间形成极大的反差。

二是侧重于道与器的角度。中国圣人之学中，本来既有论道之学，又有论器之学，两者本末一体，虚实相宜，完美无缺。其时“我务其本，彼（指西方国家）逐其末；我析其精，彼得其粗；我穷事物之理，彼研万物之质”。但后来论器之学（“形器之学”或“名物象数之学”）流入西方并得到很大发展，在中国却反而失传。于是原本浑然一体的圣人之学就一分为二，论道之学与论器之学在中西两地分途演变，出现了道器割裂分离，圣人之学无端被肢解的局面：“秦汉以还，中原板荡，文物无存，学人莫窥制作之原，循空文而空谈性理。于是我堕于虚，彼征诸实。”如今西学所长者在“器”，中学所长者在“道”，而西学东渐正可视为“西人由外而归中”，中西结合就可以做到“本末具，虚实备，理与数合，物与理融”，如此再过数百年，“其分歧之教必寝衰，而折入孔孟之正趋；象数之学必研精，而潜通乎性命之枢纽，直可操券而卜之矣”。[①] 将道器之学都视为圣人之学，对中国“堕于虚”的论道之学多有批评，而对西方“征诸实”的论器之学多有赞赏，虽仍奉孔孟为“正趋”，性命为“枢纽”，其价值观取向的轻重，还是可以看得很清楚。

三是进一步强调道器必须结合的重要性。一方面，道是器的本源，“器固不能离乎道”，“器非道则无以资其生”；另一方面，器是道的体现，“道又寓于器中矣”，“道非器则无以显其用”。两者是并立互存、相互一致、缺一不可的关系。他批评道器分离是中国文化的大弊：“溯自三代以上，君师合一，政教并行。三代以降，君师判位，政教殊途，不讲精一执中之旨。名曰教师孔孟，政法唐虞，实则徒托空言，未能躬行实践，岂但失《周官·考工》之政而已哉！”[②] 中国不仅丢失了工艺之“器”，而且剥离了其他各类之“器”，从而使中学只剩下了“道”的“空言”，这与前面说的“循空文而空谈性理”

① 郑观应著，王贻梁评注：《盛世危言·道器》，中州古籍出版社，1998 年，第 57 页。

② 郑观应著，王贻梁评注：《盛世危言·道器》，中州古籍出版社，1998 年，第 58 页。

是同一个意思，不过把话说得更重，对中学之虚的批评也更加直截了当。

综上所论，对教育基本定位、指导思想和价值取向的重新认识，构成了郑观应新教育观的主要内涵。他在师法西方近代教育优长、反思中国科举弊端的基础上，将教育的革新与国家的前途命运紧密联结起来，与跟上科学进步的时代潮流联结起来，与去虚务实、道器结合、中西融会的价值取向联结起来，不仅在当时意义重大，而且对后世影响深远。当今国际竞争的核心之一，也还是兴学育才的比拼；时代前进的方向之一，也还是科学的持续发展；文明演化的趋势之一，也还是中外之间的深度交融。尽管今昔变化很大，重温郑观应当年的思想主张，仍能给我们许多新的启发。

美籍华人企业家和慈善家周崧[①]

何海地[②]

周崧（Joe Shoong，1879—1961），美籍华人，原名华崧，字毓彦，中山市沙溪龙头环村人，父周简廉，母周黄氏。出国之前在家乡做小生意，19岁前往美国经商，1903年创办中兴公司（China Toggery），后创办连锁商店National Dollar Stores，成为身家达一千二百万美元的巨富。1938年美国《时代周刊》刊文，称周崧是最富有的著名华裔商人，也是当时美籍华人中知名的企业家和慈善家。

关于周崧先生在美国的创业经过及其兴办的公益事业，已经有学者撰文介绍[③]。笔者最近因为工作缘故，在中山市档案馆和国外英文资料中发现有关周崧先生的一些新资料，承蒙美国周氏家族成员周守衡（Douglas Joe）指导，以及参阅周崧的女儿周慧娟女士（Doris Shoong Lee）的口述资料[④]，得以对

---

① 本课题入选教育部中国高等教育文献保障系统（CALIS）三期专题特色数据库子项目“华侨与中山教育专题人物数据库”，项目编号：4401-GD-506。

② 何海地，电子科技大学中山学院副研究馆员，硕士。研究方向：图书馆学、华侨华人、文化产业研究。

③ 古次夫：《周崧在美国创业经过及其兴办的公益事业》，《中山文史》第20辑。

④ Doris Shoong Lee:Carrying on the Family Legacy of Chinese American Entrepreneurship and Philanthropy, conducted by Elizabeth Castle , 2006,Regional Oral History Office, The Bancroft Library, University of California, Berkeley, 2005.

周崧先生进行一些研究，以飨读者。

一、周崧及其家人

根据家谱记载，周崧出生于光绪六年庚辰年十二月二十九日子时[①]，出国前便在家乡收购鸡蛋到集市贩卖，1901 年在美国排华的背景下，以商人的身份成功申请移民美国。后娶司徒氏(Rose Elizabeth Soohoo,1892—1950)为妻。司徒氏出生在旧金山，受过高中教育，后育有二女一子，分别是长女周慧珍(Betty Shoong, 1916—2002？)、次女周慧娟(1919 年出生)、长子周伯谦(Milton Shoong，1922—2000 ）。

周崧没有受过正规的教育，通过自学习得一口纯正的英语，给人以受过良好教育的印象。他对子女的教育非常重视，两个女儿就读于美国一所教会女子高中（Holy Name Central High School），大女儿成绩名列前茅，多次得过学校的金牌奖，次女也多次获得银牌奖。后来两个女儿分别进入加州大学伯克利分校（University of California，Berkeley）和哈佛大学读书。周崧对女儿要求比较高，但不知出于什么原因对儿子的教育反而没有刻意要求。1936 年，周崧全家人回到香港居住，两姊妹则在广州岭南大学学习，校内小食部“八角亭”给她们留下了不少美好的回忆。1937 年暑假，两姊妹在河北定县参加晏阳初博士的“中国乡村平民教育实验区和乡村建设”计划。后因日本发动侵略战争，游学活动被迫中止，两姊妹从定县乘火车到上海，然后乘船前往香港，最后在香港登上柯立芝总统号轮船，历经惊险回到旧金山。当时两姊妹乘坐的柯立芝总统号轮船，从香港出发后又折返北上，途经上海时需要接驳客人上船，此时正值“八一三事变”爆发，轮船不能靠岸，两姊妹在船上目睹日本人攻打上海，事后她们才知道乘坐的柯立芝总统号是开战后离开中国的最后一艘轮船。不幸的是，周崧的母亲在从香港到澳门的船上被日本人炸死。

---

① 根据年历换算，光绪六年庚辰年十二月二十九日，应为公元 1881 年 1 月 28 日。

周崧先生当时家境富裕，聘请有司机、厨师和保姆照顾生活，每天早、午餐为西餐，但晚餐一定是中餐，而且家人必须在桌上说广东话。家里请的一名从中山来的厨师，为他们全家服务二十多年，后来回到中国。孩子们最喜欢他做的面条，还有石岐乳鸽（roasts quab）。周崧在美国交际广泛，曾在家中分别宴请过蒋介石的特使、美国银行行长 Mr. A. P. Gianinni，以及国民政府财政部长宋子文等贵客，周崧夫人与宋子文夫人张乐怡则是好朋友。

1961 年，周崧先生病逝，后安葬于美国加利福尼亚州奥克兰 Mountain View Cemetery 公墓。

二、周崧独特的经营管理方式

周崧经营 National Dollar Stores 有一套独特的方法。Dollar Store 类似现在的一元店，针对普通大众销售日常用品。周崧还采用一种特别的管理方式笼络人才。他担保中山的乡亲来到美国，让他们在商店工作，当他们熟悉业务后，就会从中提拔优秀的人才作为各分店的经理。对身处异国他乡的乡亲，周崧像一位家长一样，甚至将他们的孩子当作自己大家庭的子女一样资助他们上学。这种管理模式，在顺利地培养管理团队的同时，还可通过乡谊这层关系来保证员工对周崧的忠诚。事实上，他们中的许多人终身为周崧服务，极少有跳槽成为商业竞争对手员工的情况出现。时隔多年，周崧的女儿在夏威夷访问时，还遇到一名素未谋面者，向她感谢周崧先生当年送他进医学院学习。

除了商铺的生意，周崧还投资于不动产和股票，他较早意识到这能让他真正地在美国积累财富。购置不动产是和他在各地开设连锁店分不开的。1928 年后，他开始在亚利桑那州比尔特莫开设分店，然后是内华达州拉斯维加斯。为了解股票行情，他在卧室安装了股票行情机，成为穆迪投资公司的大客户。1929 年周崧夫妇和股票经理一同去纽约，火车横跨美国足足开了三天半。路上周崧突然觉得有种不祥的预感，就在从旧金山到纽约的火车上，每到一个站他就叫股票经理发电报卖掉股票。最后，他幸运地逃过美国 1930

年的股市大跌，回到家时等待他的是一张 100 万美元的支票。

周崧工作认真、勤奋，每天早上 9 点半他从奥克兰去旧金山的商场上班，晚上六点回到家。在他的连锁商店，一楼的店员均为白人，二楼的经理则全是中国人。这在当时的美国社会是很有意思的现象。

1938 年，公司位于旧金山唐人街的一家制衣厂，108 名华人女工以“抗议不公平劳动行为”为由发起了为期 15 周的罢工，成为旧金山唐人街历史上最大的一次罢工。当时有白人工会人员来制衣厂组织工人成立工会，周崧判断是白人工会来华人社区制造麻烦，因为他的工厂只雇佣华人，而且他认为自己是一位好老板。最后他关闭了这家制衣厂。有分析认为，白人工会希望这个只对中国人开放的社区也对白人开放是此次罢工发生的直接原因。

National Dollar Stores 一直持续到 1996 年，其间经历了周崧病故，1965 年美国南加州沃茨的大规模种族暴乱事件中数间店铺被抢劫烧毁，以及管理团队的更迭。

三、周崧的慈善事业

National Dollar Stores 发展到最鼎盛时期有 54 家连锁店、700 名雇员。有了一定的财富积累，周崧开始了他的慈善事业。1931 年，周崧捐资给华人中心高级学校；1938 年，周氏捐资 6 万美元，在加州大学伯克利分校设置奖学金，资助贫困好学的华人青年。随后成立周崧基金会支持在奥克兰的华人学校与乐居镇（Locke）[①] 的周崧学校。1953 年，由周崧领导各界侨领慨捐巨金兴建的屋仑市中华文化院经过四年建设正式启用。由创校之始，文化院大部分经费由周崧基金会赞助。周崧希望年青一代的华人不要忘记中文，因此这些学校都采用当时国内的教材开设课程。学校一般在下午 4 点到 8 点以及周末提供服务，一定程度上为上班族解除了孩子无人看管的后顾之忧。

---

① 位于美国加利福尼亚州，旧金山东北约 160 公里处。1971 年这里被列为古迹，理由在于它是全美唯一的乡下中国城。

周崧的慈善事业涉及面相当广泛，还包括支援国内革命和抗战，赞助剧院、教堂和文化社区组织。此前已有学者专文介绍，此处不赘。

据周慧娟女士介绍，周崧投身慈善事业，特别关注教育，除中华传统文化的影响，还与他对时局和教育的看法有关。当时世界并不太平，华人移民到世界各地，可以通过勤劳积累财富，当他们富有的时候也可以建立华人社区，但是一旦遭遇排华或暴乱事件，华人只能逃离，而能带走的只有自己的智慧和头脑。因此，周崧认为投资教育最有安全保障。无独有偶，犹太人也有类似的做法。

周崧在美国期间专门为家乡中山市沙溪镇捐赠了一所周崧学校。据文献记载，1928 年秋，周崧致函族人在家乡觅地建设新校舍，兴办完全小学。1929 年春季，新校舍尚未建成，先借刘光祠和周氏大宗祠作临时教室，招生开学。学校位于村中半月池旁，占地 1200 平方米，建筑面积 576 平方米，校舍门前有大操场，校内设有课堂、礼堂、教导室、展览室、仪器室、音乐室、体育室、会计室、教职工宿舍等，并由沙溪镇光明米机供电照明。学校配有校歌，歌词为："崧校侧，凤岭巍峨兮，钟灵秀，树森茂，苍松环绕，兮年依旧，育材此地，无限春秋，荷池荔圃风光好，努力早潜修，渺渺期深造，日增月迈断长增高。"周崧学校以校董会主理校务大计，历任负责人有周合、周守愚[①]、周霭云、周克明等。开办至 1934 年时，学校经费已达 14 万多元。据中山市档案馆收藏的周崧学校校刊（1949 年校刊），至 1949 年，学校学生激增至 359 人（男 208 名，女 151 名）、7 个班，教师共 10 人（6 男 4 女）。中山县县长孙乾（孙中山侄孙）专门为学校题词：作育菁莪。

四、周崧留给世人的物质与精神遗产

周崧先生的慈善事业惠及海内外华人，留给人们的不仅有物质财富，还

① 周守愚（1900—1952）：沙溪龙头环村人，越南归侨。1951 年被错定为"反动官僚"，1952 年 6 月被判处死刑。1986 年 7 月 4 日，中山市人民法院为其平反。

有精神遗产。

中山沙溪的周崧学校如今还在发挥育人的作用。1992 年 2 月中山市沙溪镇周崧学校改名为中山市沙溪镇龙头环学校，2003 年春该校复名为“龙头环周崧学校”，培养的学生遍布世界各地。当年周崧先生为家乡捐资兴建的长约 4 千米、深约 4 米的下水道，今天仍然在发挥作用。沙井盖仍有 52 个，其中 28 个生铁所铸的沙井盖的面上，仍可见“盗卖私买，严拿重罚，龙头环乡建委会置，民国贰拾六年陈村宏兴厂造”的字样；同时设置的水泥钢筋建造的垃圾箱约 100 个，规格是 120cm × 80cm × 80cm，外模凸出有“民国廿六年”文字样，现仍存有少量。

位于乐居镇的周崧学校现已成为博物馆。奥克兰的华人学校更名为 Shoong Family Chinese Culture Center，仍然在对外服务。周崧先生的女儿事业有成，在美国经营着酒店、赌场和博物馆等。更加可敬的是，子女继承了父亲的慈善事业，在加州大学伯克利分校的捐赠人名墙（The Donor Wall）上，不仅有周崧先生的名字，现在更增加了他女儿与女婿（Doris Shoong Lee and Theodore Lee）的名字。2011 年 10 月 13 日，内华达大学拉斯维加斯分校（University of Nevada，Las Vegas）收到了有史以来数额最大的一笔捐款，这笔 1500 万美元的捐款就是来自于周崧的女儿及其家人。为了纪念父亲周崧，女儿和女婿还专门在拉斯维加斯将一座公园命名为周崧公园。

风俗民情

古代香山县的疍民

吴建新 ①

在不同历史时期，香山疍民的来源和经济活动方式各有不同，因此有必要予以厘清。从先秦时期的海洋捕捞生产，本文仅就此问题作一探讨。

一、先秦以前的水上居民和经济活动

从新石器时代到先秦，香山是先越族的活动地区之一。先越族是上古时期活跃在今江苏、浙江、福建、两广等地的百越族的祖先。当时这些地区的居民普遍善于造船操舟，住干栏式建筑，以水产为主食。

考古人员在环珠江口发现多处沙丘遗址、贝丘遗址，生态环境都是沙堤—潟湖类型。所出遗物多见软体动物躯壳，鹿、牛、鱼、龟遗骨，骨哨、骨锥等骨器，网坠、蚝蛎啄和石球等石器则较少。陶器上有波浪纹、圈点纹等装饰图案，都与当地生态条件相吻合。② 海产资源如软体动物、节肢动物、脊索动物等异常丰富，大多数可供人类食用；另外，藻类植物也种类繁多，可供食用的也不少。③

① 吴建新，华南农业大学历史系教授。研究方向：中国农业科技史、华南农业史等。

② 李果：《环珠江口新石器时代沙丘遗址的聚落特色》，《考古》1997 年第 2 期。

③ 商志谭等：《环珠江口史前沙丘遗址的特点及有关问题》，深圳博物馆编：《深圳考古发现与研究》，文物出版社，1994 年，166 页。

香山地区的贝丘是海岸型贝丘遗址，遗址多咸水生长的贝类，居民采集以为主要食物，并在贝丘遗址的山冈上采集野生蕉类、野生甘蔗等野生水果为食物。贝丘中较少发现渔网、网坠，而是尖长的双肩石器，以蚝蛎啄为最典型，与当地以贝类蚝等为食物有关。贝丘、沙丘遗址的居民还可能从事盐业。珠海沿海的遗址中，“出土陶釜数量特多并有排列密集的灶坑出现”，朱非素怀疑是煮盐的灶坑。

海岛型的遗址中渔网捕捞以珠海宝镜湾遗址为最典型。在这个遗址中，出土网坠1096件。综合宝镜湾出土的网坠、沉石、石锚的分析，发掘报告认为在当时出现了围网渔业。珠江口渔场海底平坦，冬季多北风，夏季多东南风，经济鱼类很多。宝镜湾所在的高栏岛，是万山群岛中的一个小岛，这一带自古以来就是鱼群活动的重要场所，丰富的鱼类资源是先民充足的粮仓，为大规模的海洋捕捞提供了良好的自然条件。在珠江口地区，与宝镜湾遗址年代相当的香港涌浪遗址，还有另一处年代稍晚的珠海平沙棠下环遗址，出土的网坠数量均在800件左右。可见先秦时期环珠江口地区的海洋捕捞生产已经有了相当的规模。除此之外，草堂湾遗址、前山南沙湾遗址、横坑仔遗址、香洲棱角咀遗址、东澳湾遗址、东澳岛南沙湾遗址、拱北西瓜铺、中山张家边珊洲遗址、香港马湾东湾仔北遗址等均有网坠发现。可见宝镜湾遗址这种规模的渔网捕捞不是个别的现象。宝镜湾遗址没有出土古船遗存，但岩画上有船只的形象。先人用石斧、石锛、石凿等工具将粗大的树木刳成独木舟，将两只独木舟固定连接在一起并行，称之为“方舟”。这种独特的船，可以用于围网作业。可以说，宝镜湾遗址代表了新石器时代环珠江口造船和围网渔业的最高水平。这是环珠江口新石器时代先越居民的重要创造。

二、汉唐到宋元的水上居民和经济活动

从汉到唐的漫长时代里，如今珠三角地区的居民经历了从南越族到俚、僚、蛮、蜑的演化。这里的“蜑”不一定是明清时期水居的“蛋”，而是泛

指岭南的某一土著。这一时期文献上的俚、僚、蛮、蜑，处于迁徙不定的状态，陆居或水居也只能据生态环境和社会环境而定。

汉唐时期，在以石岐为中心的香山地区，已经有来自中原的移民居住，并发展为人数较多的农业聚落。《嘉靖香山县志》称：本地大族，“汉唐称陈梁”。晚唐时期，香山出现了此地最早的进士郑愚，此人官至左丞相，从侧面说明来自中原的文化在香山已经发生作用。据此推测，北方移民的挤压，加之石岐为中心的地区并不具备发展渔业所需的丰富的河流，当地土著只能在五桂山、黄杨山等山地从事刀耕火种，或在沿海从事渔业，早期的水居人群大致在唐宋之间开始固化。宋代周去非的《岭外代答》记载岭南有“鱼蜒”“蚝蜒”“木蜒”。笔者已撰文证明宋元时期珠三角的确有这三类“蜑”。在新石器时代香山就出现以宝镜湾遗址为代表的围网渔业，而明清之前，香山“四围皆海”，则当地居民继续从事渔业是很有可能的。这些早期从事近海渔业的人群，或是宋代海洋“鱼蜒”的前身。近海打鱼离不开渔网和船，而五桂山、黄杨山在明嘉靖时尚有大片的原始森林，则汉唐时期这两处的林木不会少于明代，因此有专门从事伐木和造船的“木蜒”。

香山之名始于宋代，或与当地居民对五桂山、黄杨山檀香资源的大量开发有关。宋代对檀香的追求远远超过以往朝代。当时粤西南的檀香资源开发殆尽，海南优质檀香资源受黎族的限制而开采有限，而五桂山、黄杨山野生檀香资源非常丰富。香山的“木蜒”或参与这一经济活动。

唐代在海边采集生蚝为食的人群，被称为“卢亭”。唐代刘恂《岭表录异》卷下：“每潮来，诸蚝皆开房，见人即合之。海夷卢亭往往以斧揳取壳，烧以烈火，蚝即启房。挑取其肉，贮以小竹筐，赴墟市以易酒。肉大者，腌为炙；小者，炒食。肉中有滋味，食之即能壅肠胃。”虽然这一史料并不特指香山，但考虑到新石器时代香山就有以采集贝类为生的活动，汉唐时期当地居民采集海蚝为生也是很有可能的。

这一时期的“蜑”，其职业可能随生活环境的改变而转变。渔盐并举便是很常见的一种。大奚山（今大屿山、香港岛和珠海万山等岛屿的合称）在宋代一向是此类人群活动的地方。宋宁宗庆元三年（1197）夏，“广东提举茶盐徐安国遣人捕私盐于大奚山，岛民遂作乱”。同年八月“知广州钱之望遣兵入大奚山，尽杀岛民”。宋理宗淳祐年间，有谏官“欲请大奚山垦田”，广东参议官潘舟伯认为此地“多盗”，难于管理，此事遂不了了之。

唐宋之间，香山还可能有来自粤西方向的壮、瑶等少数民族迁入。《嘉靖香山县志》记载香山有“畲田”。傅衣凌认为：“唐宋以后，汉人来者益多，越民之强悍者被迫入山，因得峒寇、峒獠之名，又以其烧山地为田，种旱稻，刀耕火种，因名为畲，赣粤两省则写为畬，即种畲田之人也。”唐宋时，来自粤西的土著沿西江南下珠三角。北宋淳化年间，端州（今肇庆）行政长官冯拯建议“尽括诸路洞丁，更制版籍，于是岭西之僚多为良民”。当时一部分“岭西之僚”不服“更制版籍”，沿西江直下珠江三角洲分散于各县。《嘉靖香山县志》所载之畲田，则有始于唐宋的可能。一部分习惯了“火耕水耨”的部落，则散处沙田区耕种，或从事运输业，成为亦耕亦渔的“蜑”。

宋神宗元丰五年（1082），在香山进士梁杞建议下，广南东路转运判官徐九思上书朝廷请立香山县，提到香山“侨田户主、客共五千八百三十八，分隶东莞、南海、新会三县。凡有斗讼，各归所属县办理。”说明立县之前，主要是新会、东莞、南海的大族到香山开发沙田。徐九思提到的“侨田户”其实就是《嘉靖香山县志》上提到的“寄庄”，这些在香山开发沙田的“外来人员”富有势力，却不一定向国家交税，只在发生纠纷时才与官府打交道。

南宋时期，“番禺以南，海浩无涯，岛屿洲潭不可胜计……（在浮虚山建寺庙，官员）请于常平卖其山及四畔水潭数百顷。”其路程“未至于香山半程许”。“番禺以南”的浮虚海，即香山北部沙田区，南宋浮虚山周边有大片滩涂，浮虚山周边也已经浮露不少洲岛，开成田者不少。绍兴二十二年（1152），香山广阔的沙田引起政府注意，为了控制沙田米谷，朝廷顺应当地人要求，准予香山立县。宋代香山的“侨田户”为主户，而为主户耕种沙田的，就是游走于各洲岛、漂浮在水上的“蜑”。宋代始称长期水居而不住陆上者为“蜑”，笔者已有专文，此处不赘。明代方志称，香山海边“其民皆岛夷也”。将这些人称为“岛夷”，并不始于明代而始于宋，也显示居陆者和水上人之间在风俗文化方面的区别。

宋代，“蜑”亦多从事渔业，故香山“渔课始自宋，至道间除之”。元代增鱼油和鱼鳔等杂课，方志上说收的税很轻。尽管如此，沿海的“蜑”生活十分艰难，明清方志中所说疍户浮家泛宅，居处疍艇中，所得鱼不足食，衣不蔽体的凄凉困苦状，宋元已然。宋神宗熙宁八年（1075），诏：“滨海富民得养蜑户，毋致为外夷所诱。”“先是，广西转运司言：‘乞边海州军许土著富民养蜑户，遇入海得珠，则约价以偿惠养之直。所贵蜑户不为外夷所诱。’从之。至是，又诏广西转运司备录前旨，榜于沿海州军。”这些记载也与后世文献说香山沙田区疍户穷困的记载一致。

三、明清香山疍家及其经济活动

明代建立了国家专权主义的里甲制度，这一制度也适用于漂浮水居的疍户。洪武年间，朝廷将广东全省疍户纳入里甲制。洪武二十四年（1391），政府分香山疍户为六图，“里甲如县制”，同时设河泊所收渔课。按照疍民的渔具类型，此项税收分为大罾、小罾、手罾、罾门、竹箔、篓箔、滩箔、大箔、小箔、大河箔、小河箔、方网、辏网、旋网、布箩、竹箩、鱼篮、蟹篮、大罟、竹箕等不同名色，“二千六百二十户，每岁县差甲首一户赴所办纳各色课程”。如此多的图甲，势必给甲首赴县纳粮造成很重的负担，故成化八年将疍户并作一百八十一户。这是纳渔课的户，户首代原甲首办渔课。黄萧养之乱后，疍户多逃亡，官府将疍户并为“一百二十户，业户三十四图，实在二千五百三十四户”。“业户三十四图”，可能是代“二千五百三十四户”疍民渔课的纳税户，各疍户归属“一百二十户”的户籍管理。疍户逃亡和户籍、纳渔课制度的变更，根本原因是疍户要缴纳的税赋很重。以嘉靖年渔课和疍户实际户口计算，渔课额米一千二百四十二石余，疍户“实在二千五百三十四户”，每户负担渔课为 0.49 石米，等于 0.98 石谷，此外全体疍户还要负担鱼油（3268 斤）、鱼鳔（68 斤）、翎等杂税。经过换算，每户疍户大约要负担 1.5 石谷。沙田每亩单造禾在火耕水耨的农业形态下约年产 100 市斤稻谷，明代每石谷折合今量 130 斤，则疍户要负担相当于 195 斤谷的含杂税的渔课米，相当于二亩沙田的收获量，但是浮家泛宅的疍户哪来这么多田地？在沙田为业户耕沙，每亩只能得 10 斤的盈余（根据 1950 年广东省人民政府对万顷沙农村调查所得，中古时代的产量也大致如此）。特别是香山“四围皆海”，商业不如南海、顺德这些人口众多的地区发达，疍家要通过买卖获得货币，再买米来纳税，本身有很大的难度。故明代各地疍家多逃亡，香山亦如此。“成化年其数（鱼课）或减，或折钱”，但仍阻止不了疍户逃亡以摆脱户籍和赋税制度的束缚。沙田开发，俗例是连滩涂的“海利”归业户，“腴田各系别县寄庄，田归豪势。则田畔之水埠，海面之罾门，亦将并而有之矣”。疍户不能在已开发的沙田海畔作业，只能被迫脱离疍家户籍，为沙田业户采捕、种草、筑垦、种稻，过亦渔亦农的生活。这种生活虽然还是很艰苦，但至少不用向河泊所交渔课和杂税。故嘉靖年香山“岁办鱼油、翎、鳔料，口前项课额，历年无征”。嘉靖年知县邓迁想清查沿海疍户以便征收渔课，但是“大洋绝远之际，疍户多无户籍，课米不系收除，固官府之追征莫究，亦天地之形势使然”。

明代香山多于沙田区设置军屯，计有 20 个屯田点，耕地 472 亩。时至中期，屯田废弛，“军殁田遗，代种转佃，为豪右暨耕氓所夺者有之”。表明屯田或被豪强吞并，或被“耕氓”——疍户中有势力者所夺。

疍户的社会地位在清朝发生了一些变化。雍正七年（1729），朝廷发布了针对广东疍民的诏令。其主要内容是：第一，承认疍民的平民地位：“蜑户本属良民，无可轻贱摈弃之处。且彼输纳渔课与齐民一体，安得因地方积习，强为区别，而使之飘荡靡宁乎？”第二，准许疍民上岸居住，“并令有司劝谕蜑户、开垦荒地，播种力田共为务本之人”。这在法理上否定了疍民的贱民地位，对后来广东地方政府对疍户的政策有很大的影响。乾隆、嘉庆年间，有屯丁向政府申请屯田内的涌滘的禾虫埠的捕捞权利，当局在核实禾虫埠不属于疍户之后，才批准了屯丁的要求。这事从乾隆四年（1739）一直拖到嘉庆六年（1801），既反映出清代地方官的怠惰，也反映出地方官在雍正的诏令下达之后处理疍户与岸人的关系时小心翼翼的态度。

雍正、乾隆年间广东当局还对明代沿袭下来的渔政制度进行改革："雍正十三年奉行一件，乞饬照例等事专以渔课米归蛋按船摊征，凡县属缯罗雷蚬等埠归疍采捕，良法也。"清代对疍民征收的渔课下降，疍民负担减少。但是由于沙田畔的"罾门海面"仍归拥有势力的豪家，或者是异县寄庄所有，疍户仍然只能租用本县豪家或异县寄庄的"罾门海面"，兼作沙田雇工，地位实际上变化不大。随着香山围海造田的面积越来越大，亦渔亦农的疍户数量越来越多。

清代渔业生产较明代有所发展。从《乾隆香山县志》记载可以看出，如"望门山……外舱艘舰，鱼樵蜎集"，"金斗湾……海物错出"，"叠石海……乡人置蟹簖鱼筒，采捕鲜物"。从这些粗略的记载，约略可以推断清朝中期香山县近海渔业的发达，渔疍的渔业活动活跃。但是由于沙田发展，渔业的总趋势是资源急剧减少。如"鲟鳇沥"，从名字看，此地曾经是一处渔场。清代后期，这处曾经的"海"变为西江正流，"沥以南卤渐退而田日美"——"鲟鳇沥"渔业从近海渔业方式变为内河渔业。香山南部的横琴海，也因为"豪民筑坝淤田"，海洋渔业资源大大减少，渔疍的活动范围缩小。金斗湾原是香山资源最丰富的盐场和渔场，"清末田庐渔户成一水国。同治初乡人建庙山椒，祀南海神，岁时报赛鱼龙百戏，杂遝烟波浩淼中"。呈现渔业活动和沙田生产结合的疍家群体的人文景观。清初香山还没有人工养殖蚝，蚝疍只是打海蚝。随着海岸线的退缩，咸淡水分界线的蚝始分布在香山南部。道光年香山县黄梁都崖口始有蚝塘，"各分疆界，尺寸不逾，逾则争"。

明清香山疍家的生计以耕沙为主。耕沙的情况可以从明清香山田地亩数的变化来说明。元大德年间香山田地山塘为3110.18顷，洪武二十四年（1391）为3902.4顷，永乐十年（1412）为4378.58顷，正统七年（1442）5415.5顷，景泰三年（1452）5163.26顷，天顺六年（1462）5256.73顷，成化八年（1472）

5562.63 顷，正德七年（1512）5769.16 顷，嘉靖元年（1522）5811.23 顷，嘉靖十一年（1532）5812.68 顷，到崇祯十五年（1642），耕地数为 7559 顷。明代香山县沙田数整体呈上升的趋势。清初香山县沙田数 7075 顷，到光绪年间实为 12884 顷，较崇祯年间增加了 5325 顷。这些数字包括不同的土地类型，而以沙田为多。其中，香山沙田承垦数居全省首位，应是无疑义的。民国初年，香山北部东海十六沙“北至顺德，南至本邑（香山）仁、良两都，东至东莞，东北至番禺，西至本邑榄都，广袤八十余里，沙田六千余顷”。东海十六沙在宋代就已经开发，明清时期属于大发展的沙田区，至民国初年有 15 个居民村，既有民田区宗族，也有不少是疍户组成的耕作聚落，“其余各沙因农成村，因村成市，已成村场者数十沙，已成墟市者十余沙。……所谓绝无居民者，只三江沙、田基沙、奄（鱼）仔沙、浪网尾沙、鱵标沙、海心沙而已”。到清末在中山沙田区亦渔亦农的疍户数达到或超过珠江三角洲疍家数的一半，是有可能的。

需要注意的是，明清时期在香山沙田耕作的不一定是本地疍家。《嘉靖香山县志》卷二“民物志”记载：“异乡逃匿，蝟寓村落者谓之流民。”流民中除大量的来自外县的疍家，也不乏岸人，他们或是因为流出地人口众多、耕地缺乏，或是大宗族欺负小宗族，不得不易地而处。1950 年对万顷沙的调查表明，农户中有来自民田区宗族的岸人。他们来到沙田区，有的还能享受祖尝分给的“太公谷”。清代可能也有这种情况。明清时期疍家是有多个来源的，这在考察明清香山疍家来源时是需要注意的。

长期的耕种，降低了渔业在沙田区疍户生计中的重要性。明清沙田区普遍形成一田多主的状况。疍户中的一些人，成为熟习沙田耕作的“大青”。新中国成立初期的调查材料表明，“大青”代二路、三路地主管理沙田的情况甚是普遍，他们很熟悉沙田应何时耕作、施肥、除草、收割，在农时就雇用疍户代为操作。“大青”可能还自己佃种若干耕地以增加收入，算是专业化的沙田农民，不像疍民那样漂泊不定。拥有资本的“大青”还会向佃户或雇工放贷，十年八年下来，“大青”可能会投承沙田，成为二路、三路地主，或者是成为拥有田地的自耕农，成为疍户中的富户。但这类人只占少数，更多的是佃户，一般耕作八十亩沙田，拥有一只牛、一只船、若干农具。因为耕作田地多，只能实行粗放的耕作方式。农时开耕或收获，就需要请些雇工。这类农户与二路、三路地主实行分租制或分耕制，租金之外，还须缴纳名目繁多的杂项给地主，甚至在基围窦口抓鱼虾也要交租金。扣除上缴之物，佃农属于自己的谷物已经不多了。假如是在高沙田，佃农还可以通过种蚕养桑、种植果木，获得比种植稻谷更多的收入。但沙田区最多的还是贫苦的疍家雇农，这类人来往无定，看见耕户农舍挂着张网，就去"卖功夫"，就是耕沙。岸人称这类人为"水流柴"。

明代香山有砍山木和造船的"木疍"。明代前期，香山县五桂山和黄杨山还有大片原始森林，被称为"仙灵窟宅"，弘治年间开始遭到大规模砍伐："弘治以来，樵夫深入，斤斧以畀估客，编作筏行深湾中，然犹不能多得，巨材也往往弃置。"此"樵夫"或为木疍亦未可知。"嘉靖中，异县豪右，纠集乡氓，无所不到，其巨木以为材，其杂木悉以为炭，获利甚富，趋者益众。"此"乡氓"就不一定是木疍了。嘉靖以后，山地的森林基本被斩伐完毕，造船材料只能从外地运入，伐木的木疍没有了，但造船的木疍是存在的，因为香山的渔业、交通运输业和沙田耕作都需要大量船只。

从事运输业的香山疍家也是很多的。香山四面环海，风波险恶，非长期生活在海上者不能操舟楫行远途。香山处于环珠江口要地，海运发达，且与重要的贸易口岸澳门相近，从16世纪中叶葡萄牙人占领澳门之后，从事运输业的疍家为海外贸易运输业的主力。这从《粤海关志》记载鸦片战争前香山海关的货物出入情况可以看出。粤海关设在香山县的关口有大马头口、南湾口、关闸口、娘妈阁口。设在澳门的监督行署是粤海关监控从澳门出入口货物的机构。关口设置时间早于道光十九年，或在明代中期葡萄牙人租住澳门之后就有关口亦未可知，只是数量不及清代，这些关口在明清澳门与广州贸易中起着非常重要的作用。广州—澳门之间的出入口货物，必经香山。《粤海关志》所记出入澳门口岸的贸易船，有外洋洋船和本省洋船，这些船只不是疍户操作。其中的“广渡”指来往香山、澳门与广州之间的疍家船，此外还有“沙梨头渡”“前山渡”，均是香山本地疍家船。货物种类有米、麦、绸缎、瓷器、茶叶、白糖、木材、缸瓦等。清末香山县的贸易量很大，通过澳门进口的洋米三十万两，香山输出港澳的咸鱼和海品杂货分别有一百七十万两、八十万两，输入香山的砖瓦、木器杉料、竹器价值一百万两，经过香山到广州的洋货二十万两，布匹、绸缎六七十万两，输入香山的生熟烟二十万两。香山县输出的以米谷为大宗，沙田谷往陈村、江门的有五六百万两，乌榄、大蕉、荔枝、龙眼等水果三十万两，荷兰薯、椰菜等输出香港的三万两，输往各地的虾蟹、虾酱、咸鱼、药材、蚝油蚝豉、茧丝、夏布等杂货达一百余万两。这样数量庞大的贸易额，香山县的疍家承担了不少的运输量。

四、结语

古代香山县的疍家是人口数量很大的群体，其来源也很复杂。从经济史、文化史的角度看，疍家的历史活动无疑对香山的发展起过重要贡献。他们处在社会的底层，尽管历史文献对他们有负面的记载，但他们对开发香山的历史功绩是值得肯定的。

长洲仙艇民俗刍议

黄金湖[①]

一、长洲仙艇民俗分布区域及其地理环境

过去长洲四面环海，水网纵横交错，故当时的仙艇民俗在全境均可见。现今，长洲仙艇活动主要在境内北部的狮滘河上举行，分布较为集中、单一。

（一）自然地理环境

西区旧属石岐城区，属于中山市北部冲积平原与中南部丘陵相接地带，地势平缓；处于北回归线以南、热带北缘，光照充足，热量丰富，气候温暖，适宜水上作业。长洲村，地处石岐的西面，与石岐隔河相望，西邻溪角，南为岐江，北至欧涌。

（二）人文地理环境

长洲历史悠久、文化底蕴深厚，境内的烟洲书院、黄氏大宗祠为广东省文物保护单位。长洲醉龙舞于2008年6月被列入国家级非物质文化遗产名录。2016年，长洲仙艇申报为市级非物质文化遗产项目。

---

① 黄金湖，中山市黄圃镇宣传文体服务中心办公室主任、电视台台长助理。研究方向：非物质文化遗产传承与保育、特色小镇建设、区域文化产业战略等。

二、长洲仙艇民俗的历史起源及发展流变

据《长洲村志》载，过去长洲常遭海盗滋扰，村中百姓多有习武防御之俗，建村后，就有祭祀和龙图腾崇拜。特殊的地理环境和民间信仰为扒仙艇等民俗活动提供了实践基础。

长洲扒仙艇来源于我国传统龙舟文化，其历史可追溯到明代，《嘉靖香山县志·风土志》和《道光香山县志·风俗》对香山地区赛龙舟习俗及当时城乡龙舟赛事周期均有记载。另通过对长洲社区健在的多位年逾七旬的传承人进行访谈、普查得知，长洲仙艇这一民俗至少有着一百多年的历史。

生于1896年的黄锐超在儿子黄德九三四岁时便离世，但黄德九老人孩提时就常听母亲说起父亲有扒仙艇的喜好。他小时候在长洲村北兴社土地庙临时搭建的棚架（当时本村老人聚会的场所）里玩耍，常听人们谈起仙艇的来历：有年端午赛龙舟沉了船，选手全部罹难，这个灾难性事件让村族中人认为长洲不适宜赛龙舟，遂留下不赛龙舟的祖训。后来为了继续端午节的祀神活动，村里恢复了赛事，但比赛用船不称龙舟，而称仙艇，寄意当年罹难的亲人是升了仙的美好祝愿，且船只的用材、外形也有了相应的变化——用木质轻的杉木而不再用木质重的坤甸制作，外形方面去掉了龙头、龙尾，成了现在看到的两头尖、船身狭长的造型。可见，长洲扒仙艇除了是沿袭端午赛龙舟的传统习俗，还多了纪念历史上罹难的亲人，告慰先人之灵的内涵，以及祈求国泰民安、风调雨顺、大吉大利的民俗心理。

据现年74岁的黄少桐回忆，其父黄星友生于1904年，十来岁的时候便开始随村中族人参加每年端午的扒仙艇活动。现存于黄氏大宗祠的仙艇（也是长洲村现存最古老的一艘）就是黄星友于1942年发动乡民集资打造的。黄少桐还记得父亲每年端午扒仙艇是坐在艇尾这一主宰着整个艇只的稳定程度（控制其与艇头方向一致，不致左右摇摆）的重要位置。每次比赛完毕，父亲将艇上的20把“扒”（即用于划艇的船桨）统一收回并捆绑好，存放于家中，次年比赛时再拿出来用。《长洲村志》有载：“五月初五为端午节，

此时石岐附近农村龙舟出动，岐江河面热闹非常。因长洲没有龙舟，就以赛仙艇代之，其中以北村的仙艇最为活跃。”

过去人们赛完仙艇便会把它像普通艇只那样停靠于岸边，后来考虑到将仙艇长期置于户外会影响艇只的寿命，便将仙艇吊起存放于大角口街市、松柏林、祠堂、庙宇等公共场所。

1957—1960 年间，存放于公共场所的仙艇被拆装为拖泥船，存放于黄星友家中的 20 把扒也被征用。黄氏大宗祠里的古仙艇因村民黄锐斌挺身守护而得以幸存。由于全村仅剩一艘仙艇，长洲扒仙艇比赛的民俗活动一度中断。这期间，村民们偶尔会将存于祠堂的古仙艇抬出来扒，但仅仅是自娱自乐，没有比赛的意味。71 岁的黄仲钧回忆，他在改革开放前最后一次扒仙艇是在 1964 年。直到 20 世纪 80 年代，村人集资按照存于黄氏大宗祠里的古仙艇规格打造了五艘仙艇，长洲才恢复扒仙艇的民俗活动。

三、长洲仙艇民俗的工具制品与仪式程序

（一）工具制品

1. 材质

（1）艇：仙艇的主材为杉木，因为杉木木质较轻、浮水性好，制成的艇只行驶速度快，适宜竞技比赛。

（2）梡：艇的骨架，一般用直径 6—7 厘米的荔枝木打造。

（3）扒：用材以木棉木为上乘，因为木棉木质轻而韧，选手们长时间握着也不会感觉累，又能在竞渡中轻松地抵挡水流。但据长洲村的老人介绍，尽管现在木棉树很多，但要制作一支上乘的扒却不容易。一来因为现在采伐的木棉木都太嫩，树龄不够，原料有先天不足之嫌；二来过去的制作工艺已失传，找不到通晓木棉木特性的制扒师傅，只能用杂木去制作。

（4）钉：值得一提的是，仙艇用钉这一看似不为人注意的细节其实很考究。过去的仙艇用钉需要制艇师傅到铁匠家定造，在直径、钩长尺寸、钢

材规格等方面都有着严格的要求。就现存唯一一艘古仙艇来看，艇只上的用钉历经 75 年的岁月洗礼，虽也有生锈现象，但并未变形，称得上锈而不蚀。其坚固耐用程度绝非现在流水线上出产的通用版用钉可相媲美的。

2. 规格

（1）艇：仙艇的造型两头尖而长，中间宽而短，整体呈狭长状。一艘正宗的仙艇，艇身长约 13 米，宽 1 米（以中间最宽的一格计算）。全艇内置 20 格，每格可坐一人，格板厚度 3—4 厘米（隔板底部两侧有直径约为 3 厘米的圆孔，使得比赛过程中溅到艇里的水能在每格之间自由流动以平衡艇身），座位 80 厘米宽（首尾两格分别为 40 厘米宽）。一艘上述规格的仙艇需两位师傅联手耗十日之工方能完成。这种仙艇也是村内流传最广的。

村内曾制作过五人艇，不过这毕竟只是特例。长洲在十多年前还推出过“凤艇”——供女性村民比赛用的仙艇，艇身比传统的仙艇要小。但凤艇并没有流传开来，现在扒仙艇的选手依然是男性居多。

（2）扒：扒的长度有两种规格，分别为 1.3 米的长扒、1.18 米的中扒。根据船只的造型，不同位置的格配备使用的扒不一样。首尾使用长扒，中间使用中扒，这样就更加便于整齐划一地发力。

3. 储存保养

（1）存放场所：随着街市、庙宇的拆迁，新制的仙艇再也不能像以前那样找到合适的公共场所吊起放置，只能放置于翠景桥底以避日晒雨淋。为避免过往的小朋友因攀爬而造成摔伤的危险，西区办事处拨款购买铁丝网、铁门把仙艇放置之地保护起来。这样既可以保证仙艇享有通风透气、阴凉干燥的环境，让仙艇得到很好的保护，还可以让过往的人们透过铁丝网一睹“仙艇”的风采，起到了陈列、展示的作用，又避免了安全事故的发生。

（2）存放方法：因艇底是向下凹的弯曲面的，如果按照艇面朝上、艇底朝下的方式存放，长此以往将会导致艇只变形。如果遇上雨天，格内容易积水，更不利于仙艇的保养。因此仙艇是倒扣着存放的，即艇底朝上、艇面朝下，且用焊好的铁架架起来放置。由于倒扣的仙艇也不能平放，因此要在铁架上垫木块加以固定。村民们还定制了高度不一的木凳，以备下水仪式当天放置仙艇。

（3）保养方法：仙艇为杉木制，不同于龙舟的坤甸木，故无须像龙舟那样埋于泥土下。仙艇的保养办法相对简单，像一般的木制品那样定期上油即可防虫、防蛀、防腐。但用油大有学问：花生油遇水会散，所以不宜用作保养。过去多使用生猪油涂抹艇身，现在使用的是木油（经现代工艺制作的专门用于木制品维护的一种工业用油），由村民们专程到佛山一带购进。

（二）仪式程序

1. 比赛季节与地点

仙艇的比赛时间原来是定于每年的端午节，但作为一种娱乐活动，又不限于端午当天。据村里的老人回忆：在过去，村民有空就会扒着仙艇外出玩乐，但大多集中在夏季，端午前后最甚。“仙艇季”定在这期间，除了祭祀的遗俗和信仰使然，还与这个时期是农闲季节、水流相对适宜等客观因素有关。

扒仙艇是富有地方特色的民俗，因此活动也主要在村境内进行。过去长洲四面环海，水网纵横交错，加上以前的市政规划、河道管理等远没有现在这样规范、严格，又由于西区曾是石岐所辖之地，因此仙艇可从长洲的狮滘河扒到岐江河，乃至张溪，进行跨村较量，以赛联谊、以艇会友。但随着市政管理的要求和行政区划的变迁，长洲独有的扒仙艇民俗如今只能在长洲村境内举行了。

随着人民生活水平的提高和娱乐方式的多样化，扒仙艇作为一种日常的体育竞技和娱乐活动已经日渐式微。如今保留下来的，更多的是这一传统的民俗功能。人们也只有在端午当天才能看到长洲人扒仙艇。而且这天的盛会是政府主导和民间自发的共同结果，比赛的地点也仅定于横贯长洲北部的狮滘河。

2. 参赛队伍与选手

参赛者通常以村或集体经济组织为单位组队。每支队伍扒一艘仙艇出赛，每艘仙艇 20 名选手（俗称“扒仔”），设队长一名。值得注意的是，参赛仙艇上必须有其所代表的村落或组织里年纪最大的男性长者坐镇——不是象征性地出席，而是全程比赛均与队员同坐艇上。过去每艘艇上有一名小孩帮忙把溅到艇格里的积水舀出，以减轻艇身的重量。近年来，考虑到安全问题，小孩的角色被取消，只保留了长者坐镇这一传统。

为振奋士气，也为讨个“好意头”，参赛队伍都会起一个响亮的名号，多选择“腾”“飞”“仁”“龙”“麟”“气”等充满正能量的字眼。至2004年，长洲共有西村的“腾”字号，北村的“飞”字号，中心村的“仁”字号、“龙”字号、“麟”字号，集体公司的“集”字号等四支队伍、六艘仙艇。

3. 赛前的落水仪式

（1）赛前装点：出赛的前一天，选手用红花装束“扒”，艇底贴上书写着“进水大吉”的红纸，并用绸布缠绕船头，扎出一朵大红花，俗称“船红”，寓意红红火火、鸿（红）运当头等。标有繁体字写就的本艇字号的彩旗，将分别竖立在艇的首尾两端，既是标志，也洋溢着喜气。

（2）选手抬艇：如前所述，长洲村现存最古老的仙艇存放于黄氏大宗祠，其他仙艇存放在翠景桥脚。比赛前，参赛选手须将仙艇统一抬到举行落水仪式的翠景桥脚。

（3）主礼致辞：过去是村中德高望重的族长或有学问的读书人担任此项工作，现在主要是由当地行政领导致辞。

（4）祭祀酬神：事先准备方桌一张，以大红桌布铺盖，摆放好香炉、烛台。致辞完毕，点大香、燃红烛（香烛数量与参赛队伍数量一致）、斟茶酒、摆新牲等程序一气呵成。参赛队伍代表村民集体叩首跪拜，一来感恩过去一年的平安顺利，二来祈求来年风调雨顺、宗室兴隆、村族昌盛、国泰民安。祈愿完毕，焚化元宝、奠茶酒、辞神。

（5）蘸拂仙水：酬神过后，队长用象征吉祥的柚子叶蘸拂清水洒于艇只，往往伴随着口念祝福语这一动作。人们相信艇只让仙水滋润过之后，便是沐浴神恩，可得到神灵的庇佑，扒艇活动便能顺利进行。

（6）响鼓鸣炮：仙艇得沐“仙水”，便进入落水前的最后一个环节。随着鼓声响起，舞木龙和舞狮队纷纷上演“绝技”。这两项活动与扒仙艇一样对队员的体力与配合有着极高的要求。这天准备的鞭炮很有讲究：至少100万发以上的长炮，外加100盆小排炮。与致辞一样，现在主要是当地行政领导负责鸣炮开光。

（7）正式落水：以上仪式完毕，随着“炮仗一响，黄金万两”的吉语祝福，正式落水的程序也便开始了。理论上来说，这时正是当天水位最高、最适宜落水之时。队员们将各自的参赛仙艇抬到水中，放置平稳并入座。待选手们全部就绪，即可开赛。

4. 比赛规则与程序

长洲赛仙艇与小榄赛龙艇、东凤五人飞艇、黄圃龙船（武船）相比，共同点都是以速度快者为胜，但在赛程规则上又稍有不同。

（1）赛程与用时：赛龙艇和五人飞艇通常要3—4小时，长洲赛仙艇用时较短，1—2小时。赛程在500—1000米之间，整个赛事须完成往返双程。

（2）分号与立标：比赛当天，众选手在岸上集合，队长到比赛组委会指定地方报到，按报到时间先后分得号码牌（写有号码的小旗），即为艇号——各单位的艇、扒及其字号是不变的，但每年的艇号则因报到时间的先后而有所变化。

组委会在河中间立下的标记，既是赛程的起点，也是赛程的终点。标记与对岸的距离视乎赛程而定。假如赛事全程为2000米，那么，就需要在离对岸1000米的水面设立标记。比赛规则未对行驶线路作具体规定，但一般都是在两标记点之间作直线行驶。待一切仪式完毕，水位达到最高，已下水的仙艇以河中间的标记为界，一字排开，静候裁判发令。

（3）发令与开赛：坐在对岸的裁判挥旗，即意味着比赛开始。

（4）转艇：艇只驶到对岸后，须转艇回程。仙艇不像龙舟，没有艇头、艇尾之分。因此，在“转艇”这一环节，仙艇就显得更为灵活：既可以通过掉转艇身来完成，也可以通过选手集体转身调整座位的方向来完成。相较而言，前一种方法比较稳妥，但耗时较长；后一种方法省时省力，但存在一定的安全隐患，要求所有选手动作划一、速度一致，对团队的协调和默契有比较高的要求，否则就有艇身翻侧的危险。各艇往往会在转艇的环节拉开距离，这就需要选手们根据自身情况，选出适合的转艇方式。

（5）夺标。艇身达到所设定的标界（无须全艇越过）即为胜，裁判便会在对岸扬起写有艇号的小旗，示意此仙艇的获胜获得大会的认可。

5. 赛后分食与奖品

在过去物资紧缺的年代，赛后仅能用一种被当地称为“番瓜糊”的稀饭来犒劳选手。“番瓜糊”由磨碎的黏米、南瓜、肉末等混合熬制而成，食材也只能从村中筹集。“番瓜糊”看似简简单单，却凝结了村民们对扒仙艇比赛的认同与支持，对扒艇选手的敬重与爱护，显示了村中团结协作的良好风气。

如今，赛后的聚餐代替了过去的“番瓜糊”。本着丰俭由人的原则，每年经费（含政府拨款和民间筹资）不同，聚餐与否及餐标也有所不同，但一般都会有烧猪肉、烧酒等简单而又适合选手们的饮食习惯的奖品分发给参赛选手。通常每艘仙艇能分到一只 30 多斤的烧猪，每个选手能分到 1 斤多的烧猪肉。分烧猪也象征红红火火，有着猪笼入水、盘满钵满的美好寓意。

四、长洲仙艇民俗的主要特征及重要价值

（一）主要特征

1. 独特性

端午节包粽子、赛龙舟的习俗在全国各地大同小异，但扒仙艇这一由赛龙舟演进而来的民间习俗却为长洲独有，有着明显的地域特色。中山不少镇区存有类似的端午民俗或传统体育运动，但长洲扒仙艇与其他镇区有着明显的区别：首先是船只的叫法不同，如小榄称“龙艇”，东凤称“五人飞艇”或“小龙舟”，石岐称“龙舟”，黄圃称“龙船”（含文船和武船），只有西区长洲称“仙艇”。其次是选手人数不同，龙艇和飞艇都是 5 人，龙船是 55—57 人，

仙艇一般是20人。再次是比赛时长和竞技侧重不同，龙艇和飞艇赛程需3—4小时，比的是耐力；仙艇赛程只需1小时，比的是速度和技巧。最后，船只的保存和用材不同：龙舟的保存方法是深埋于河塘淤泥之中，用材是坤甸木；仙艇则是置于阴凉通风处，用材是杉木。

2. 延续性

无论是县志村志、民俗专著，或是当地长者的口述佐证，还是从地形地貌、社会经济发展等方面去研究，都为长洲扒仙艇这一源远流长的民间习俗提供了有力的支撑。长洲仙艇古已有之，尽管由于历史因素的影响而经历了由盛而衰的更迭，但总体来看，这一习俗总算坚持下来，在传承上没有严重的断层，制品和仪式程序等尚且保存完好，体现了延续性的特点。

3. 探索性

任何一种民俗既是一个对传统保留、传承的过程，又是自身不断发展、创新的过程。长洲仙艇同样经历了这样一个过程。首先，长洲仙艇的起源本身就是长洲先民因地制宜，探索如何继承既有的民间传统，又能不忘祖训，达到趋利避害、趋吉避凶目的的结果。其次，作为一种传统项目，长洲人民打破了性别隔阂，因应社会需求和时代需要，推出“凤艇”，让此项民俗活动更具参与性。尽管后期“凤艇”没能盛行（这也是民间自然选择的结果），但同样彰显了这种民俗的生命力、探索性和对民间自然选择的尊重。

4. 体系性

长洲扒仙艇不仅在用具和配件上均有固定的规格标准，在程序上也有一套充满原生态色彩的庄严仪式，体现了该项活动的体系性。

5. 全民性

长洲仙艇是一种民众参与度极高的民俗活动。每年端午，全村出动，大家有钱出钱、有力出力，从不计较。这是共同的信仰和价值精神使然。

6. 竞技性

扒仙艇同时也是一项竞技性赛事。仙艇由于赛时较短，讲究的是体力与技巧，以及团队的默契、协调。与龙舟赛相比较，龙舟赛是靠鼓点来控制节奏和助威，仙艇靠的是全体船员的齐心协力。

（二）重要价值

1. 凝心聚力维乡情，奋发有为催上进

长洲扒仙艇是一种凝心聚力、催人奋进、团结亲族、维系感情、敦睦乡谊的群体性竞技活动。村中素有“宁愿荒废一年田，不愿输掉半只艇”之说，可见长洲人的顽强意志和对这一赛事的重视、执着。扒仙艇既是一个光宗耀祖的展示机会，也是凝心聚力、维系乡情的重要载体，充满了催人奋发有为、积极上进的正能量。乡邻之间平日里的误会可以一赛泯恩仇，赛事中的小摩擦往往也能小事化无。过去长洲人还把仙艇扒到张溪、石岐等水域，通过展示、切磋收获友谊、交流和包容。

现今的扒仙艇比赛更是有利于促进新老中山人的融合、社会主义核心价值观的践行。也由于长洲扒仙艇是当地华侨乡亲的共同记忆和故土文化标签的识记，海外乡亲们对端午扒仙艇多乐意慷慨解囊。长洲扒仙艇的民俗成为村内外、国内外维系乡情、敦睦乡谊的重要纽带。

2. 寄意思念祝福，表达美好向往

据村中老人忆述，长洲扒仙艇含有对祖先亡灵的思念，并寄意沉船罹难的先人得道升仙的美好祝愿，表达了长洲人乐观积极的向上心态和对美好事物的向往。

3. 继承传统民俗，彰显地方特色

长洲扒仙艇既是对传统龙舟文化习俗的继承，也是独具特色的地方民俗中的瑰宝。赛仙艇体现了长洲人在遵循祖训和兼顾信仰的同时，想方设法规避风险和忌讳，趋吉避凶的灵活性，辟邪迎祥的民俗心理与功能追求，构成了当地民俗的多样性，进一步丰富了我国端午文化的内涵和体系。

4. 折射环境变迁，见证社会发展

长洲仙艇的盛衰，不仅是地理环境改变的结果，而且与社会经济发展息息相关。从某种程度上说，扒仙艇这项民俗活动的发展，折射了长洲的自然、人文地理的变化，见证了长洲经济社会的时代变迁。

疍民水文化水风俗研究
——以中山神湾疍民生活为主要对象

徐燕琳　胡伊萍[①]

疍民又称“水上人”，水是疍民生存的根基，深刻影响着疍民习俗、生产生活等方方面面，也是疍民研究中的一项重要内容。本文基于2016年年初的摸底调查及同年6—8月间对广东省磨刀门水道旁中山市神湾镇疍民文化和风俗的实地考察，结合作者对疍民生活的了解，探讨水与疍民文化和生活的关系。

本文反映的疍民情况来自神湾镇25名村民的口述实录。他们来自竹排村、外沙村、大排村、冲口市场，大部分为退休人员，受教育程度大都是小学和初中，少部分为在校大学生。

一、磨刀门水道神湾段及疍民分布情况

磨刀门水道位于广东省中南部，北起新会市大鳌镇百顷沙头，南至珠海市南屏镇企人石的磨刀门口。水道因口门名。磨刀门是珠江八大出海口门之

① 徐燕琳：华南农业大学人文与法学学院教授，华南师范大学岭南文化研究中心、广州大学广府文化研究中心研究员，加拿大英属哥伦比亚大学访问教授；胡伊萍：华南农业大学人文与法学学院中文系学生。

一。原口门在中山市神湾镇磨刀山与珠海市斗门区六乡镇小托山之间，两山夹峙如门。相传明代此处山上有驻军，将军磨刀镇海妖，故名磨刀山。

磨刀门水道是珠江三角洲主要的排洪和通航河道，也是旧时疍民的聚集区。神湾镇位于磨刀门水道的东岸，辖外沙、宥南、神溪、海港、竹排五个行政村及神湾社区。[①]其中磨刀岛和竹排岛均位于磨刀门水道上，竹排岛为泥沙堆积而成的岛屿，在人为堆积和流水堆积的作用下，两座岛屿面积不断扩展。这一带河网密布，填泥造地的情况很多，因而许多地名都以“某某顷”和“某某围”为主。“顷”是市制田地面积单位，“围”则反映出当地居民围垦滩涂的情况。

旧时神湾镇上的疍民主要分布在竹排村、大排村、磨刀村、渔业村、冲口市场周边街道以及外沙村部分街道。新中国成立后，以往备受歧视的疍民得以享受平等待遇和上岸安置等政策，许多疍民改变了以船为家的生活方式。因此，在我们的研究开始之前，需要对疍民进行身份认定。本研究主要依据两项原则：一是保留或部分保留疍民生活习俗和信仰，一是使用疍家方言。

疍民上岸后，住处由茅寮（即草屋或茅草棚）变为砖瓦房，但他们的生计往往还是离不开船与水。神湾镇的疍民群体中，虽然以捕鱼为生的不多，但大部分会选择承包鱼塘，偶尔出海捕鱼，或者在周边的河涌捕鱼捕虾，过着和传统疍民相似的生活。他们的生活习俗和文化信仰并没有发生大的改变，很多与水直接相关。比如，凡有岁时节日的祭祀，都必须祭祀渡头的水神；七夕这天天亮前，要用七仙女的洗澡水（即河水）洗身，祈求身体健康，等等。直到今天，这些疍民的传统文化信仰仍然作为疍民的文化特征保留着。

疍民的语言属于粤语的次方言，被称为“疍家话”“水上话”或“邓家话”，是疍民身份的重要标志，不同地方的疍家话也有着自身的特色。在神湾镇竹排村，不少疍民的祖辈为逃避战乱而从佛山顺德逃到中山，他们原先讲的顺

① 中山市志编纂委员会编：《中山市志（1979—2005）》（上册），广东人民出版社，2012 年，第 144 页。

德话受到中山本地方言的影响，已经和顺德话不太一样。疍民在历史上一直被视为贱民，疍家话也被当作粗俗、野蛮的语言。过去在神湾镇读书的讲疍家话的学生在学校里有时会被讲客家话和广府话的人嘲笑。现在人们已经不像过去那样歧视疍家话，但由于水陆交流、社会发展，疍家话使用呈现萎缩态势，不少疍民在教育孩子的时候不教疍家话，而是教广府话和普通话。作为疍家文化传统之一的语言传承也是亟待关注的一个问题。

二、神湾镇疍民对水的认知与相关水文化

疍民“以水为田”，直接靠水谋生，对水有着深厚的感情。他们将最直接影响生活的“钱”比喻为水，称收钱为“收水”，多少钱为“几多够水”，路费则称为“水脚费”。在他们的心目中，水的形态非常具体。比如粤语“冲凉”，即洗澡，疍家话读作“冲浪”，这是因为过去疍民居住在船艇上，空间有限，洗澡往往直接在河涌或者海中进行。大海上的潮涨潮落则分别叫作“水大”“水干”，很具体地表现了涨潮和退潮时水位起落的状况。

《太平寰宇记·卷一五七》“新会县”条记载，疍民“生在江海，居于舟船，随潮往来，捕鱼为活”。随着疍民上岸以及社会地位的提高，疍民的生产习俗也发生了变化。在外沙村后隆街，这里已经没有靠捕鱼为生的疍民，大部分人选择承包鱼塘、虾塘。冲口市场南商业街的疍民，是因为从前运送货物到冲口市场与陆上居民进行交易而逐渐在此定居的，他们除了语言和生活还保留疍民的传统习惯，已经改为从事商业活动。竹排村和大排村情况相似，部分疍民还出海捕鱼，但大部分都是选择更为安全稳定的承包鱼塘、虾塘的方式。渔业村顾名思义是以渔民为主的村子，但这里只有不到30户人家，而且政府有休渔期的限制，这里的村民也不能像过去那样完全依靠捕鱼为生。从捕鱼到耕种，这是疍民在物质生产方面发生的改变。无论怎样改变，疍民的物质生产始终离不开“水”，疍民“亲水”“依赖水”的生存方式还是没有改变。

“以船为家”是疍民的居住习惯。尽管上岸已久，但疍民对水依然有着深厚的感情。外沙后隆街、大排村、竹排村的疍民在选择居住地点时，仍然以水为先。大排村和竹排村居民分布十分相似。村子有一条河涌东西横穿，居民分布在河涌两岸，家家户户在河涌都设有渡头。原本生产、生活都没办法离开的船艇，如今只作为疍民出海捕鱼的临时休息场所。茅寮和水栏则一般会建在鱼塘旁边，作为存放饲料和守夜的临时住所。

三、中山市神湾镇疍民的水风俗

疍民的一生都贯穿着水，水对于疍民来说有独特的含义。婴儿出生以后，人们会把煲猪脚姜时刮下来的姜皮晒干，然后加入柚子叶煲水给孕妇和孩子洗澡。在疍民的认知里，姜皮对身体有益，柚子叶则有驱邪的作用，能够保佑孕妇和孩子都健健康康。姜和柚子叶水还会被用来清洁祖先神位、观音像等。凡是重大的节日祭祀活动，疍民都会把柚子叶和姜放在盆里，加上水（冬天用热水，夏天用冷水），用新毛巾擦洗观音像和祖先的神位。这种水在疍民看来是万能的，可以在祭祀和仪礼当中使用，也可以用于日常生活中。

因为敬畏水，疍民形成了不少用水方面的禁忌。洗头发即是一例。对于疍民而言，每月的初一和十五都不可以洗头，大年初一至初三、鬼节、家中有人生日时也必须禁绝此事。传统观点认为春节头三天洗头会把一整年的好运“洗掉”；而七月是一年当中最不好的月份，建房、结婚等都不会挑在此月；在家人生日当天洗头，则会对寿星造成不利。

还有许多习俗禁忌也与疍民长年在江湖海域出没的生活有关。比如处于本命年的人，在出海之前都会扔红包到海里作为奉献。在船上吃饭的时候，吃完鱼的一面后不能翻过来吃另外一面，因为这与翻船是同一个意思。同时，在船艇上禁止打火锅，因为火与水相克，在船上用火还可能造成火烧船。

神湾镇疍民祭祀的对象一般有观音菩萨、祖先、地主财神、灶君、土地（一个村子有一个位于主位的土地，另外在水闸附近也会有土地，是次级的土地，祭拜这一土地的一般是经常出海的疍民和住在附近的居民）、船头公、塘头公等。与一些地方信奉蛇神的疍民不同，这里的疍民不信奉蛇神，并且认为蛇不吉利。他们认为，如果孕妇看见蛇会生下畸形的孩子，应对方法只有两种：要么找神婆驱邪，要么把孩子打掉；普通人见到蛇，则可能会生病或有灾祸发生。形成这种地方禁忌的原因暂时无法查考，大部分受访者说蛇有毒，还会伤害人，祖祖辈辈都认为蛇是不好的，就遵循下来了。

神湾镇疍民家家户户都会供奉观音像。神台上观音像在前，祖先的牌位在后，以示对观音菩萨的崇敬。人们认为，海上风大浪大，如果遭遇灾难，只要诚心诵念菩萨名号，菩萨就会及时前来相救。疍民依据传统给祖先和观音菩萨上香，且会放一杯水在神台上，以供观音菩萨洗漱。这是因为观音是坐着的，不能“走动”，而祖先可以“自行走动”去洗漱。几乎所有的祭品中都需要加上观音衣，以示重视。在调查过程中，不少疍民表示，“文革”期间因要求破除封建迷信不允许摆放祖先神位，但不少人还会悄悄在家里供奉观音菩萨，观音信仰也一直没有断绝。

除了奉祀南海观音，疍民对船头公、塘头公、渡头水神也非常崇拜。疍民相信船头公会保佑他们出入平安并有好的收获。塘头公是掌管鱼塘的神明，没有固定的神位，疍民根据习惯在鱼塘头找一个位置进行祭拜仪式。每次“刮鱼”之前疍民都会祭拜塘头公，祭品中通常会有葡萄。葡萄亦称“提子”，寓意渔获丰富，钱财收入跟着提升。渡头水神的地位则颇为特殊，疍民即便在上岸居住以后也保留了渡头，以便停靠船只和上下船。除了节日祭祀活动，疍民每天的上香都是少不了渡头水神的，而船头公和塘头公则不需要每天上香。疍民在祭祀这三位神明的时候，一般使用鸡肉、猪肉、水果、冥币等，不会用鱼虾等海鲜、河鲜来祭祀。这是因为疍民认为鱼虾都是这些水神的“手下”，为这些神明服务，如果用鱼虾作为祭祀用品会被视为对神明的不敬。

还有一位重要的神明是河神。磨刀门水道这一带河网密布。虽然疍民没有祭祀河神的习俗，但对河神十分敬畏。特别是竹排村原竹排小学旁边的一条河，过去是村民把稻谷运往打谷场的重要交通河道，曾发生过多次溺水事件，而且多蛇出没，因而村民最为敬畏。

祭品一般会有鸡、鸭、猪肉、水果，香烛是必不可少的，而纸祭品根据不同的节日和祭祀的对象而略有区别。以下是经常用到的纸祭品：百解符，祭拜祖先之外的神明都要用到；贵人衣；金宝与冥币；土地衣，祭拜土地时才需要；观音衣，白色为主，上面印有观音像，祭拜神台的观音和祭拜天官的时候烧观音衣，特别是观音诞的时候；禄马扶持，绿色的纸品，寓意财运亨通；五色纸做的纸笼，圆柱形状，是鬼节特有的祭品。还有鬼节烧路衣，即烧给鬼的衣服的意思，也是鬼节特有的习俗；月光衣，中秋节祭拜月神所烧的衣纸；龙衣、土地衣都是祭拜鱼塘、冲口土地（即上述的水闸旁的土地公）时用到的。食物祭品在祭祀完都可以食用，但纸祭品能直接“送到”鬼神手上，鬼神能直接使用，代表疍民对它们的敬意，这也是疍民十分重视纸祭品并会在祭祀前早早做好准备的原因。由于疍民生活与各路神祇关系密切，疍民对在人与鬼神之间起沟通作用的“神婆”也十分尊敬。

疍民的节日风俗也与水紧密联系。除夕祭祀前，船头必须贴上“红钱”和“一帆风顺”等春联，家里春联也多用“风调雨顺”“一帆风顺”等祈求平安的词句。晚上一家人齐聚一堂吃团年饭，餐桌上必不可少的是鱼，而且鱼一定要吃剩，寓意“年年有余”。元宵节当天，除了热闹的祭祀仪式和丰盛的食物，疍民还会唱咸水歌，青年男女更在这一天对歌，以传情达意。

农历二月初二是主管云雨的龙王抬头的日子，疍民认为从此以后雨水会逐渐增多，因此这一天要祈求风调雨顺。农历三月二十三是妈祖诞，但因为神湾镇疍民比较少信奉妈祖，因而少有人进行祭祀活动。农历六月十九的观音诞、七月三十地藏王菩萨成道日，也有部分疍民进行简单的祭拜。七月三十被认为是地藏王返回人间的日子，这一天疍民在屋子的墙根和甬路一根根地插上香烛，因而也被称为“插香节”。时至今日，疍民对这些节日都是一切从简，改为在早上上香的同时给神明奉上茶水以表敬意。

端午节与水紧密相连，但神湾镇的疍民并不在这一天举办祭祀活动。这是因为农历五月被称为恶月或毒月，疍民认为这一天的河水、江水都是“不干净”“不吉利”的。但他们却相信“龙头水”是吉利的。这一天他们会打一桶河水，由上往下冲洗“龙头”（珠三角的龙舟多制成龙形，船头往往就是龙头），并接下这些冲过龙头的河水。旧时人们认为用这些水来洗澡能令身体健康。可惜由于历史和经济的原因，当地并不举办赛龙舟活动，而只是以包粽子、吃粽子的形式度过端午。

农历七月初七是七夕节，传说七仙女（疍民称其为“七姐”）会在这天下凡到人间的河流里沐浴。疍民会在七月六日将祭拜七姐的水果（一般是时令水果，无须鸡、鸭等肉类）摆好（当地称为“幕仙”）。第二天，妇女会进行祭祀仪式，烧纸祭品给七姐以示敬意。另外，疍民会在天未亮的时候打一桶河水，相传这时候的水是七姐沐浴后的水，存放一百年仍是甘甜的，而且还有“七月七，洗屎窟”等说法，人们相信用这水净身就不会得痔疮等疾病。有意思的是他们认为天亮以后的水就没有这样神奇的功效。七夕之夜，青年男女坐在船艇上互唱咸水歌，歌曲多以爱情为主题，与牛郎织女的爱情传说相呼应。

农历七月十四是鬼节。七月被称为鬼月，在这个月里很多活动都要避忌，例如嫁娶、搬家、建房、剪发等。疍民把鬼节放在仅次于春节的位置上，称过鬼节为“过节”，祭祀仪式为“做节”。妇女会提前准备好祭祀用品，鸡鸭、水果、五色纸笼、鬼仔衣、米饭、水煮的土豆片等，先在白天祭祀祖先和土地等，入夜的时候则在路边烧鬼仔衣和纸钱，米饭和斋菜等是给鬼食用的。晚上的祭祀被称为“烧路衣”，人们认为鬼节这天阴间的鬼会来到人间，只有让它们吃饱并拿走足够的钱财回到阴间才能够保佑家宅平安。疍民最忌讳的是水鬼，因而在祭祀与水相关的鬼神时会特别虔诚，纸钱和祭品都会相对加量。

水上婚礼也是水上生活的重要礼仪。水上婚礼的程序与传统婚礼相似，包括纳彩、问名、纳吉、纳征、请期、迎亲，但更突出水上环境的特点。以婚礼的重点——迎亲为例，新郎会把鸡、鸭、水果等聘礼放在新造的船上，去迎亲的队伍人数必须是单数，接到新娘以后返回男方家时则必须是双数，讲究成双成对。过去的疍民都是打赤脚的，在出嫁这一天新娘都会穿上鞋袜，发展到今天，新郎必须找到被藏起来的新娘鞋，亲自为新娘穿上才可以。新娘“出门”（吉时到，前往男家的意思）上了船就开始唱咸水歌，意在祝福并告知邻里新娘出嫁。神湾镇哭嫁的形式不多，人们认为婚礼是以开心为主，不宜哭，这与其他地区的疍民哭嫁的习俗不一样。迎亲成功后，便由船只载着新人返回男家。到达男家，新娘需要跨过火盆，意在驱邪。然后由新郎的妹妹（亲妹妹、堂妹、表妹均可）端上一盆浸有柚子叶和姜的水，让新娘洗脸洗手，意为洗去新娘路上沾的尘土，然后才可以拜祭祖先和给长辈敬茶。疍民上岸后，新娘除了要祭拜本家的祖先，还要祭拜土地和渡头。土地是保佑村民平安健康的，拜渡头则是敬奉水神。新娘会把祭祀的喜饼放在土地的祭坛面前，老人家会让小孩子捡起来吃，因为他们相信吃了土地公“吃过”的喜饼，孩子们会变得更加聪明健康。值得注意的是，除了新娘的喜饼可以吃，其他祭祀土地的祭品都不能拿来吃，因为那是对土地公的不敬。祭祀和敬茶结束后，便开始婚宴。这时候宾客们大唱咸水歌，既表示庆贺，也是未婚男女传情达意的良机，有时甚至会唱一整夜。水上婚礼是疍民的重要传统习俗，目前多有简化或变迁，但还有不少保留了下来。

疍民整日面对苍茫的江海，很少有娱乐活动，因此咸水歌成为他们抒发情感、互相沟通的好方式。咸水歌内容丰富，有的表达生活的艰辛，如“好天之时日又晒，落雨寮仔水瓜棚。住的是茅寮，破破烂烂，风吹雨打，人在里边，天晴时被日晒，下雨时又遭雨淋”，有的调笑打趣，如“你是钓鱼仔定是钓鱼郎罗嘀，我问你手执鱼丝咧有几多十壬长？几多十壬在海底，几多十壬在手上，还重有几多十壬在船旁”。咸水歌包含了疍民对现实和精神的态度和追求，深受神湾镇老一辈疍民热爱，他们大都推崇坦洲镇群联村的咸水歌歌手李容妹和坦洲镇同胜社区的梁三妹所唱的咸水歌。尽管今天能唱咸水歌的疍民不多，但承载着疍民历史和情感的咸水歌还是常在节日庆典、文艺表演中出现，有关部门和学校也做了不少努力，让咸水歌不断传承发展。

四、结语

疍民生活与水密不可分。疍民的水文化产生于疍民长期以来的生产生活，是历史积淀而成，也是疍民精神和现实生活的文化精髓之一[①]。中山市神湾镇磨刀门水道附近的疍民生活浸染在水中，也体现着疍民的水文化水风俗，其中既有疍民文化的共性，也有本地自己的特点，有待进一步深入研究。

① 徐燕琳：《水的精神与水的力量——从〈黄河大合唱〉谈冼星海音乐经典的形成》，《汕头大学学报》（人文社会科学版）2014 年第 3 期。

民国时期中山县政府禁止“酬神建醮”的考察
——以中山市档案馆馆藏为中心

漆德红[①]

一、序言

广东传统乡村信奉之神，向来种类繁多——北帝、天后、金花、洪圣、观音、龙王等，可谓“满天神佛”。村民除了平时烧香敬神，在神诞日更是倾其所有，以示虔诚。古代香山也不例外。《道光香山县志》说乡民“轻医术而信巫觋”。《嘉靖香山县志》则谓邑民“信鬼”，“三家之里，必有淫祠；岁时男衙女会，事必求祷；至于疾病，以求医服药为谬，以问香设鬼为灵”。《光绪香山县志》载：“遇神诞日，张灯歌唱，曰打醮；盛饰仪从，舁神过市，曰出游；为鱼龙狮象，鸣钲叠鼓，盛饰童男女为故事，曰出会景。金支翠旗，穷奢极巧。”可见，自明清以来，对“神灵”的民间信仰早已渗入香山（中山）县村民的生活方式中，演变为民间的风俗习惯。事实上，明清时期香山的神庙众多，各种酬神、迎神等活动接连不断。在这些传统节日里，一般由家族或宗族主导，或者以村为单位，举行一连串的庆祝活动，更会筹集资金聘请戏班表演助庆。

---

① 漆德红：孙中山故居纪念馆副研究馆员。

在这里，民间信仰是广大的乡村民间生活的一部分，民间庙宇在某种意义上已成为村民的公共生活空间。

旧时一般村民信仰的主要表达方式，有建造庙宇、供奉神像、岁时祭祀、举行庙会、看风水、讲禁忌等。这里流行的信仰缺乏经常性、宗教性的组织形式，多数是一种临时性、实用性的参与。民国成立后，村民每遇神诞或岁时节令，仍会举行相应的仪式（酬神建醮、延僧超度等），以祈求神灵的庇佑。这种定期的祭祀系统是非常完备的，并有相当繁复的祭祀仪式，它渗透到乡村社会生活的各个领域，影响和控制着乡民的日常生活。参加祭祀的人来自神灵的保护范围，可能是一个宗族，或一条村。这是一个大家耳熟能详的“祭祀圈”或者“信仰圈”的概念。乡村的祭祀活动，由“专业人士”主持其中的宗教仪式。

“醮”有多重含义，作为一种祷神的祭礼，专指僧道为禳除灾祟而特设的道场。从观音诞、北帝诞、龙王诞等节日的仪式流程看来，“打醮”具有强烈的宗教性质是不容置疑的。打醮的字面意思是祭祀，但包含了一连串的仪式，多为酬谢神明和祭祀亡魂。它也可被看成是某种形式的集体祛邪，但村民通常将之看成对生者和死者、神明和鬼物的施予。正如科大卫所说：“虽然打醮具有明显的宗教目的，但它没有显示出强烈的宗教意味，反而是以舒缓的节奏，让参与者感到置身祭祀之中，并且期盼更美好的明天。”

演戏筹神是乡村祭祀的重要节目。在广东，酬神戏泛指因神诞、庙宇开光、鬼节打醮、太平清醮及传统节日而上演的戏曲节目。当神灵安坐神场或祠堂受祀时，演戏是祭祀者欢娱神灵而安排的一种娱乐项目，旨在满足神灵的视觉和听觉享受，具有与祭祀者供献精美食物以满足神灵味觉相似的意义。

1927 年起，南京国民政府竭力开展“改革风俗，破除迷信”运动，积极取缔和铲除各种民间信仰（宗教）的活动及组织，对涉及迷信性兼营利性的宗教活动进行禁止和取缔，为此还颁布了多项法令。1928 年 8 月，国民党中央执行委员会秘书处转呈浙江省富阳县党务指导委员会函，要求各地查禁寺庙药笺。国民政府的这一决定，对广东省颇有影响。广州市于是年成立风俗改革委员会，嗣后举行“破除迷信大会”，大张旗鼓地倡导风俗改革运动。诸多沿袭已久的传统，被民众认定为乡俗、风俗的民间信仰，沦为禁止和取缔的对象，其中包括建醮演戏。

从20世纪40年代的档案看来，广东省政府对酬神建醮习俗严加管制，中山县政府则严格贯彻执行这一政策，乡公所、派出所、警察局采取责任承包制，禁止一切酬神建醮演戏的活动。在一定程度上，村民的信仰以及由信仰而延伸出来的节日、祭祀仪式，已为国家或地方社会控制。但宗族社会尚未完全瓦解，宗族力量依然不容小觑，村民对神灵的顶礼膜拜是乡村民间信仰的延续，并非一纸令书就会分崩离析。民间信仰作为一种平民的民俗文化将以不同的表现形式长期存在。

二、从内政部的咨文到广东省政府的训令：“酬神建醮”被禁止的历程

1928年9月22日，国民政府内政部制定《废除卜筮星相巫觋堪舆办法》，要求“各地方卜筮星相、巫觋堪舆及其他以传布迷信为营业者，应由各省市政府督饬公安局于奉文到后三个月内强制改营他项正当职业”。这里并没有指出酬神建醮是必须取缔或禁止的对象。1937年2月3日，内政部就广东“对于诵经、礼忏、修斋、建醮准予照旧执业等情，应否予以取缔”事回复咨文：“至修斋、建醮，各地方式不同，其属于宗教性者，似可无庸取缔。如其属于提倡迷信，惑众敛财者，自应由当地主管官署斟酌情形，随时予以纠正或取缔之。”其意即对民间建醮应区别对待，若非提倡迷信、惑众敛财，便无须取缔。

目前所见中山市档案馆藏1944年3月11日广东省政府颁布的取缔游神建醮的四项规定（“云民四礼字第30335号”），是以政府训令在全省禁止“建醮游神”陋习的先声。训令开宗明义：“本省各地游神建醮陋习……不特导人迷信，有碍社会文化进步，且良歹混集，而不肖之徒复乘机开赌，妨害禁政，影响治安”，“亟应严行禁止以正风俗”。规定：“（一）各县市局应即布告，严禁建醮游神，各区乡镇长如有擅准或徇情不报请上级制止者，

严予惩处；（二）县市局长应督同所属并发动有名望之地方人士及智识分子，广为宣传，切实开导，以破除人民迷信神权心理；（三）各县市局应体察情形，将荒诞无稽之神像次第予以毁灭，其导人迷信最深之社坛将之拨办学校，或设保办公处；（四）如有建醮游神基金者，应提拨办理当地公益慈善事业，嗣后不准借神醮募捐款项，以期彻底禁止。”训令中强调，县市局长负有移风易俗之责，对于以上各项规定，务须注意贯彻执行，毋稍怠忽。这“四项规定”为中山县政府广泛征引，用以强调酬神建醮对社会治安的危害，并在1947年的代电中全文引用，以资警戒民众。

1946年12月27日，广东省政府下达“民四礼字第19620号”训令，重申禁止游神建醮之举：“查各地对于游神建醮之举仍未能彻底革除，不特导人迷信且每借此开烟聚赌，实予歹徒活动之机会，现在冬防期内，年关将届，尤须加意防止”，并要求“遵照前令规定四项，切实执行，毋稍怠忽”。中山县政府很快转达了省政府的训令，表示将严格执行，并于来年1月29日再次转发该训令。

此后，中山县政府为增加宣传力度，令社会科起草了一份电文：“查乡俗酬神建醮、延僧超度等举动，不独提倡迷信，有伤风化，阻碍政令推行，亦借端敛钱，消耗人民经济，而其有碍治安，予奸匪以活动机会，影响尤巨。根据总动员戡乱法案，维持治安及节约消费办法，应予严令禁止，特拟具代电一则，通饬各乡镇公所切实遵照，并布告周知，严予禁止。”1948年5月25日，中山县政府在给警察局陆局长的一份电文中指出，酬神建醮、延僧超度等陋习，应予禁止，饬令该局切实查禁，并谓此禁令现“日久玩生，岐镇及各乡镇迭有该项陋习发现，不独有违禁令，抑亦有碍治安，予奸匪以活动机会，亟应重申前令，严加禁止，仰即切实执行查禁”。

三、档案中所见中山县民众呈请“酬神建醮”的案例

对于广东省政府、中山县政府禁止酬神建醮的各项规定，中山县的乡民

们反应如何呢？从中山市档案馆藏资料看来，乡民们认为在神诞、庙诞、节庆等特殊日子酬神建醮是本保（坊、村）的“俗例”“习俗”“农人之常规”而已，同国家法令并不冲突。但是，自政府颁布训令以后，这些以村、联保、联坊等社群名义开展的大型祭祀活动，需要政府批准才能进行。政府对有组织、具有号召力和凝聚力的民间宗教采取了防范和镇压的态度，但对在日常生活中无处不在的民间信仰活动却无法禁止。多数村民仍会在某些特定的日子（如初一十五、过时过节、神诞日、还愿日）到庙宇拜祭。这些村民自发的拜祭行为与仪式完全是个人的，因此并未受到政府的限制与打击。村民要保持对“神灵”的记忆和崇敬，需要祭祀活动来彰显，民间信仰也不可能用行政手段根除掉。

在政府严令禁止酬神建醮期间，村民仍会就某些特殊日子需要酬神演戏而向政府提出申请，在等待层层审批的间隙，村民甚至可能已经为仪式准备好了所需的一切。但是，政府往往并未因此而破例允许醮会进行。根据中山市档案馆所藏的相关文书，村民一般在以下场合申请酬神建醮。

（一）春初农余，建醮酬恩

1946 年农历二月二十九，沙岗乡乡长徐剑虹向第一区署长申请道：“窃职乡向例习俗于农历三月初一日建醮开演手托京戏，一连四天，由乡人自由参观，借以点缀升平，绝无别样企图存在，为此报告钧座，恳请批复照准。”对此，县政府第一区署给予准许的批复，并要求“该乡乡长于建醮期间，严密注意乡中歹徒聚赌，及扰乱治安行为，倘有发现，应迅予制止”。

（二）祭谱建醮

1947 年 11 月 18 日，旗鼓乡乡长郭文旷向中山县政府请示，乡内竹秀园郭族因重修族谱告成，“择定于本年十二月二日延聘高僧，设坛于竹秀园联保敝族从溪郭公祠门前，举行祭谱礼忏，得以告祀先灵”。可是，12 月 6 日第二联防办事处主任雷雄向县政府的报告文中称：“辖内旗鼓乡竹秀园联保于本月二日有开坛建醮及演戏等情，查冬防时期，建醮演戏系属抵触法令，业经钧府通饬切实禁止有案；该竹秀园联保建醮演戏，既未知会职处，究竟有无呈奉钧府批准，无案可查，理合将情呈报鉴核，敬候指令示遵。”

（三）神诞日

观音在民间被奉为大慈大悲、救苦救难、有求必应的菩萨。1948年7月17日，石岐镇城西联保二十保保长程官昌，观音庙建醮值理梁炳、谭棠等人呈文中山县警察局，以其保内梅基接源里观音庙，每年农历六月十七神诞之期，保民为表庆祝，例有建醮、演剧之举，但沦陷期内多年未能举行，“今日寇屈膝，国土重光，民等为提高民族精神、增进人民娱乐、点缀升平起见，拟于本年农历六月十七日至十九日建醮之期，开演戏剧助庆。在开演期内，民等赖负治安之责，并保证本保内并无开烟聚赌等情事。此乃我国人民之惯俗，在此戡乱时间，不敢擅行，理合备文呈请。”21日，警察局批复道：“查酬神建醮，迭经奉令禁止有案，所请碍难照准，仰即知照。”

1948年7月22日，后岗涌三圣宫庙值理黄容光等五人申请“于农历六月十九日观音神诞，在本坊后岗涌三圣宫庙内延僧诵，酬谢天恩，以便祈祷祝福两保平安”。次日得到批复：“查酬神建醮，迭奉命令严禁有案，所请碍难照准，批复知照。”中山县警察局陆局长在7月29日的批复亦表示明令禁止。

洪圣亦是中山民间信仰的海神，醮会中曾有“走洪圣”的仪式。1948年9月14日，新沙太平坊东南西北四保值理梁日等呈称：“本坊向供奉洪圣庙香火，习俗相沿，每年于诞辰，乘农隙之候，建醮社福，祝望丰登，以娱身心，为精神之慰藉，并以点缀升平，似未有厚非者，兹定期农历八月十二晚，惟国光剧团，演剧三昼连宵，以符向例，谨呈察核俯准，并饬警保护。”同日，大黄圃警察所在批复中说：“查乡村临时搭棚演剧，经奉令禁止，在未呈奉核准以前，不得开演，亦经明令规定有案，仰即制止，并饬呈县府候奉准后，方得开演，以重功令为要。”

（四）一般节日

除神诞日，村民在其他传统节日酬神建醮的事例不胜枚举。如妙灵宫值理邓兴朝等以农历七月十五为俗例中元胜会，习俗相沿，于是月十四、十五、十六三天举行建醮演戏、水陆超幽，届时群英男女剧团将义务演出一连四天，并表示为限制人数，将略收价款，所得收入除支出各种费用外，其余将全部拨充学校经费，要求税捐局准予豁免各种税捐。

（五）追悼阵亡烈士

20世纪40年代，中山县经历了日寇入侵的浩劫。抗战胜利后，民众在申请建醮时增加了新的内容，那就是追悼在抗日中阵亡的将士们，而以此为由的呈文大都能得到政府的允准。

1946年10月17日，港口乡乡长吴荣泰报告称，乡民梁海等拟于本月20至24日在东街庙前社设坛建醮追悼阵亡先烈。21日，政府对这一呈请进行批示："批复照准，并饬不得聚赌。"是年农历十一月初七，又有上栅醮务公所值理卢敬信、上栅保首席保长梁冠廷等呈请设醮坛追悼抗战以来一切阵亡将士、诸先烈。

1947年9月6日，小鳌溪联保首席保长林宝南呈称，将于9月19至23日建醮追悼阵亡将士。而后岗涌也以追悼抗战阵亡将士为名，申请建醮。该分驻所认为"建醮乃属迷信举动，本应阻止，惟其为追念抗战阵亡将士，足见其对殉国同胞之钦敬，亦可借以提高人民爱国家、爱民族之热枕"，似有批准建醮之意。

1947年3月4日，江尾头警察所所长程任民向县警察局梁局长报告崖口保申请设坛追悼阵亡将士并演剧助兴一事。他在报告中说："据崖口联保耆老代表谭家让等呈称，本保俗例，每于春初农余，向有建醮酬恩之举，借以庆祝升平；讵自日寇沦陷时，乡民颠沛流离，多有因救国而捐躯，或受压迫而殒命者，丁兹胜利复员，自宜礼忏追悼，藉慰忠魂，爰于本月七日在崖口立泉祖祠设坛修忏，以追悼阵亡将士暨死难同胞，并开演粤剧庆祝胜利升平。"

此次申请最后是否得到批准，在报告中并未体现。

以“追悼阵亡将士”为由的申请大都能得到政府的允准，不免生出鱼目混珠之事。1948 年 3 月 9 日，浪网乡北帝庙醮务办事人赵恒昌等向所在民众警察分驻所呈请：“以国土沦陷之时，本乡遭受倭寇肆虐，又复饥馑荐臻，乡民直接间接惨受死亡者，不知凡几。今国家光复，四境清平，地方耆老硕彦发起建醮超度，谨定于农历元月廿九晚启坛，借表追悼死难同胞及抗战烈士之意用。”13 日，警察所做出批复：“查乡俗酬神建醮、延僧超度……切实禁止，并饬所属彻底执行在案；查该赵恒昌等此次建醮，虽谓追悼死难同胞及抗战烈士，但出自浪网北帝庙建醮，不无有乖据示令，且事先未经曾报核准，而该分驻所遽予启坛，殊有不当，仰命制止，嗣后仍应切实查禁。”

四、结语

尽管广东省政府、中山县政府一再发文强调酬神建醮的危害性，中山县政府在执行力度上相当严厉，从中山市档案馆藏文书看来，政府对于一般民众申请酬神建醮的审批非常严格，通常以违背法令而不允许建醮演戏，但是，以追悼阵亡烈士为名义而行建醮之举的申请，又都为政府获准。这在一定程度上为中山民间的神灵信仰活动造成了可乘之机。由于村民家族、村社活动中很重要的一项内容就是在岁时年节敬神迎神，借此加强家族、村社成员之间的凝聚力，这就使得政府的一纸禁令并不能在本质上改变村民之间的交往方式及节日的狂欢，也使得政府训令对于村民认定为乡俗的酬神建醮处于禁而不绝的状态。如竹秀园加拿大归侨李祥，1949 年在沙恒四庙建醮时担任醮首，建醮期间其家门前高搭彩棚，每日均有道士来家参拜，且不惜多耗资金，在家内备素筵，广邀亲友，连乡公所、警察所、学校等地方机关团体均在被邀之列。是年，旗鼓乡沙涌、恒美联保亦建搭巨棚多座，大举酬神建醮，极尽铺张，该乡自卫队负责警卫醮场，日夜均派出武装队兵，在公路及车站、桥头附近放哨，遇有民众乘坐单车经过该处，则着令下车，情形颇为森严。

咸水歌：疍家人的精神文化载体

林凤群[①]

一、疍家人因生存环境而孕育了咸水歌

“对一个民族来说，每一个民族大都有自己特定的生活和活动的地域，该地域的自然环境对该民族有很大影响，进而会在此基础上形成该民族的文化特征。”[②]

宋元时期，大批北人为逃避中原战乱而向广东迁徙。经过南雄珠玑巷这一驿站后，人流沿着珠江流域继续向下游移动，直至珠江三角洲下游的中山、番禺、顺德、珠海等沿海地区。这些地区或者地多沙碛，土质贫瘠，水稻、杂粮产量甚低，或者有着悠久的渔业捕捞传统，久而久之，便出现了一个长年以舟楫为家，以捕鱼为业的群体。这些紧紧依存河流而生的人群有一个特殊的称谓——疍民。珠江流域的疍民这一群体还形成了自己独特的语言——疍家话。疍家话带有广府白话语调，因受到地方方言影响，各地之间的疍家话音韵也有所不同。[③]

宋末之前，珠江流域的大沙田多冲积滩涂，地域空旷寂寥，人烟稀少，

---

① 林凤群，中山市文化艺术中心副研究馆员。

② 王文章主编：《非物质文化遗产概论》，文化艺术出版社，2006年，第68页。

③ 甘建波：《中山民俗与民间艺术》，珠海出版社，2002年，第3页。

疍民生活艰苦而单调，为了抒发心中的苦闷和孤寂，减轻生活和劳动的压力，疍家人创作了咸水歌这一口头文化。据考证，在广东的珠江、东江、西江、北江、汕尾，广西的梧州、北海，海南的三亚，福建部分沿海地区，以及香港、澳门地区等水域流动的疍民，历史上都有传唱咸水歌的习俗。而中山咸水歌则是疍家文化中的典型代表。《嘉靖香山县志》中记载的“醮子女，歌唱以导其情，曰歌堂酒”等文字，均是记载香山地区疍家人唱咸水歌的情景。可见中山的咸水歌早在明代就开始流行了。

二、咸水歌是疍家人的重要口头文化

我国著名民俗学专家钟敬文在《中国疍民文学一脔》中这样描述疍家人：“以舟楫为家，以捕鱼为业，这差不多是他们生活的概况。但他们足以使吾人注意的，却是那种‘诗的生活’。这当然是一条通例：凡民族生活简单的，他们歌唱的生活，总要发达得多。”①

咸水歌是疍民为了抒发生活的孤寂和苦闷而创作的口头作品。后来，这种口头文化经过传承和发展，成为疍家人一种重要的精神文化生活的载体。疍民无论是婚丧嫁娶、互诉衷肠，还是唱山唱水、唱花唱月，都将咸水歌作为重要的载体。疍家人无论是年轻力壮的男女青年，或是七老八十的长者，随时出口成歌。这种出口成歌的唱法叫做爆肚歌。疍家人在不同的场合唱不同的咸水歌，因此，咸水歌还衍生出高堂歌、大缯歌、姑妹歌、担伞调等多个歌种。

在中山咸水歌中，以歌传情是最常见的一种曲调。大沙田水乡的男女青年在很长的历史时期里，都是以出海捕鱼、围海造田、种蕉薅草为生。面对空旷辽阔的大沙田，为了抒发生活的苦寂，也为了与异性交流，他们在划艇耕田或捕鱼的同时，也扯开歌喉进行对歌。《钓鱼仔》就是这样一首经典的咸水歌：

---

① 钟敬文：《中国疍民文学一脔》，黑龙江人民出版社，2004年，第234页。

你是钓鱼仔还是钓鱼郎罗嗬，我问你手执鱼丝有几十壬长？几多十壬在海底，几多十壬在手上，还有几多十壬在船旁……

这一首咸水歌，在中山坦洲等大沙田水乡流行了数百年，被一代代的青年男女反复吟唱。《钓鱼仔》的歌词既是水乡生活场景的写照，也是男女试探心声的反映。在获得肯定的歌声回应之后，两艘小艇渐渐靠近，两颗年轻的心也渐渐靠近。可以说，《钓鱼仔》一歌促成了不少疍家青年男女的姻缘，它成为流行在珠江三角洲大沙田地区最有生命力的一首情歌。

当然，咸水歌也并不是在欢欣愉悦的时候才歌唱，很多时候，它还是疍家人倾诉心声的一个重要载体。咸水歌中有一类“姑妹歌”，便以咏叹为主，内容多为疍家女性对生活和命运的慨叹。而“哭嫁歌”多表达待嫁的疍家姑娘对父母养育之恩的感激，对兄弟姐妹的不舍，对未来生活的迷茫。“哭丧歌”则可以说是咸水歌中的挽歌。“有你在生大镬煮，无你在生捱番薯”是其中最典型的代表，唱出家庭失去主心骨后，孤苦伶仃的妇孺的无助。

可以说，咸水歌这种口头文化，反映了疍家人内心的真实感受，是疍家人精神世界的真实写照。

三、疍民口头文化蕴含着艺术大美

“咸水歌是疍家民族的一种心声，很值得去欣赏和研究。它的优点在于表情的真切和音律的谐美。”[①] 民俗学家钟敬文早在20世纪20年代就注意到咸水歌所蕴含的艺术之美。

中山咸水歌在世世代代的传唱过程中，涌现出一批出类拔萃的民歌手。他们将中山咸水歌从大沙田传播出去，使疍家文化走出沙田水乡的局限，进入社会广泛关注的视野。

何福友（1927—1996）是当地最具代表性的民歌手之一。他不仅擅长演

---

① 钟敬文：《中国疍民文学一脔》，黑龙江人民出版社，2004年，第238页。

唱，还很有创作才华。他写过、唱过的咸水歌有几千首。1960年，他赴京参加全国文教群英会[①]，受到刘少奇和周恩来接见，更在北海公园献唱咸水歌。他的个人代表作《金斗湾》从20世纪50年代唱到90年代，有些作品还被灌录成音像制品。梁容胜（1925—1996）也是大沙田地区极具代表性的歌手。他于20世纪50年代初加入中山县文工队，一度成为广东省华南歌舞团民歌独唱演员。如今，何福友和梁容胜两位民歌手已经逝世十多年了，但每当说起中山咸水歌的“威水史”，人们还总会提起他俩的名字。

另一位至今仍活跃在坦洲一带的民歌手吴志辉，声调高昂开阔，在唱情、唱景、唱人、唱物方面有很高的才华，而且保留了疍家人演唱中山咸水歌的原生态唱腔。20世纪50年代起，吴志辉致力于咸水歌的传承与保护。2008年，吴志辉被国家文化部确认为国家级非物质文化遗产项目代表性传承人。

如今在中山的大沙田地区，还活跃着一批很有才华的民歌手。其中，年逾六十的梁三妹，家中姐妹几人自小就跟父亲学唱咸水歌。三妹更是从12岁起就随同父辈走村串户传唱，1958年加入了中山县文工团，1994年她和吴志辉等中山歌友灌录了《中山民歌》。2003年春节，中央人民广播电台特约她录制了中山咸水歌，向全球华人广播。梁连友、梁容妹两名民歌手，近年来也经常在省市及国家级舞台上亮相。前几年的春节，这两名歌手还被中央电视台邀请到北京录制咸水歌节目。

四、从咸水歌可以研究疍家人群体的特质

“民族性是某一民族独有，深深地打上该民族的烙印，体现了特定民族的思维方式、智慧、世界观、价值观、审美意识、情感表达等因素。”

作为疍家人这一独特族群传承了数百年的口头文化，咸水歌独特的文化价值得到越来越多的关注。2010年9月，中山市举行文化艺术顾问会议，郑

① 1960年6月1—11日，全国教育和文化、卫生、体育、新闻方面社会主义建设先进单位和先进工作者代表大会在北京召开。此次大会又被称为“全国文教群英会”。

秋枫等著名音乐家在发言中一再强调：中山咸水歌是岭南文化的重要符号，是岭南音乐的重要元素，应当很好地进行保护和发展。

事实上，咸水歌在珠江流域广泛流传了数百年，它的民俗学价值、音乐学价值、艺术学价值等早就被社会广泛关注。早在20世纪60年代，何福友、梁容胜两位民歌手就被广州音专（现星海音乐学院）民歌系特聘为民歌音乐教授，由他们教唱咸水歌。同时，中山咸水歌也吸引了专业的音乐家前来大沙田地区进行研究。在20世纪50年代，广东的著名民间音乐家许树坚等就深入中山坦洲等大沙田地区，住在疍家人的艇上及茅寮里，对咸水歌进行长时间的深入研究，并创作了《竹树开花根连根》等传唱了大半个世纪的新民歌。

笔者在近年曾多次接待从日本远道而来的博士研究生阿爽。远在日本的这位小女子，经我国有关方面同意后，选定中山咸水歌为博士研究课题方向，不远万里地多次深入中山坦洲、横栏等沙田地区的小艇、茅寮，一句句地记录下当地民歌手所演唱的咸水歌。作为疍民的后代，笔者敬佩这位日本小女子的钻研精神，更为咸水歌所蕴含的文化价值而自豪。

正是因为咸水歌对疍家人这一群体有着如此独特而重要的作用，国务院在2006年公布首批国家级非物质文化遗产代表作名录时，就将中山咸水歌列入其中。

五、保存与研究疍家文化从传承咸水歌开始

在疍家人的人文生态环境发生巨大变化的当下，加强疍家文化的保存和研究，对于社会学、人类学等学科的研究来说都有重要意义。而传承咸水歌，则是重构疍家文化生态链条的有效措施。幸好，中山社会各界近年为之作了不懈的努力和探究，并取得一些进展。

2010年暑假期间，中山大学中国非物质文化遗产研究中心的课题组到中山市东升镇胜龙小学做调研。几位即将升上初中的小学生，再次回到母校的音乐室，一起唱起他们擅长的咸水歌。在一曲传统的《对花》之后，他们试

唱了老师最新创作的一首咸水歌。稚嫩和清丽的歌声，令远道而来的课题组成员耳目一新。在来中山之前，研究人员以为，中山咸水歌这种历史悠久的民歌已经随着珠江三角洲人文生态环境的改变而日渐式微。而在日渐繁华的东升镇这里，咸水歌还能在新一代中有着如此顽强的生命力，不禁让人赞叹咸水歌这一传统艺术所蕴含的恒久魅力。

事实上，对于世世代代以艇为家、依水而居的疍民来说，咸水歌可以说是他们重要的精神文化载体。然而，随着珠江三角洲经济社会的迅速发展，当地自然和人文生态环境发生了重大变化，河涌日渐减少，大片的水塘、蕉地变成工业园区，疍民的生活方式日渐改变，加上娱乐休闲方式多元化，传唱多年的咸水歌失去了赖以生存的土壤。外来文化的大量涌入更是使年青一代的文化意识、价值取向产生了巨大改变，咸水歌这一民间艺术处于绝唱的濒危边缘。

令人欣慰的是，咸水歌这一珍贵的非物质文化遗产并没有被放弃。热心的老歌手热心传承之外，中山市各级机构也积极开展传承工作。地处沙田地区的坦洲镇、东升镇、民众镇、横栏镇等在多所学校建立传承基地，通过民歌手和学校的共同努力，普及咸水歌的基本知识，令受众深入感受其文化价值和艺术魅力。胜龙小学等如今已形成了以学唱咸水歌为荣的风气。一些长期被咸水歌浸染的学生，更是将当音乐教师作为自己的人生理想。

咸水歌在下一代中的传承和发展，使这一岭南传统音乐重要元素的传承和发展有了重要保障。而创造条件让咸水歌得以良好续存，是进行疍民文化研究的有力支撑。

商业文化

南宋香山立县的原因及其经济影响

吴建新[①]

关于宋代香山立县的原因及其在经济上的影响，学界未见有专文深入探讨。早年陈伟明认为宋代香山场升格为县，主要是为了防盗，此外是生态环境变迁使国家要在此立县加强管理。[②]段雪玉认为香山的盐生产量很大，需要建县加强对广盐的征收。[③]这些研究各有其立论的依据，但是都没有全面评估南宋香山立县的综合因素及经济上的影响。本文探讨宋代香山立县各种复杂因素，并说明香山立县之后的经济影响。

一、宋代香山立县的各种因素

（一）自然环境因素与农业开发因素

根据珠江三角洲历史地理的研究，宋代香山县沙田还在逐步冲积和开发过程中。西北江三角洲宋代海岸线大致在新会双水—礼乐—江门外海—曹步—小榄—大黄圃—潭洲一带。这一带是三角洲平原宋代村庄的最南界，往

---

① 吴建新，华南农业大学历史系教授。研究方向：中国农业科技史、华南农业史等。

② 陈伟明：《南宋香山建县与珠江三角洲的自然变迁》，《广东史志》1987年第2期。

③ 段雪玉：《宋元以降华南盐场社会变迁初探——以香山盐场为例》，《中国社会经济史研究》2012年第1期。

南（五桂山等山丘、海岛外），未见宋代遗物和宋代村庄。[①]这条海岸线内—小榄—大黄圃—潭洲一带，即番禺的南部到香山场的北部一带，已经浮露不少的沙坦可供开发。宋人记载："番禺以南，海浩无涯，岛屿洲潭不可胜计"，距离香山不远处有浮虚山，有地方官员"请于常平贾其山及四畔水潭数百顷"。[②]"番禺以南"以下地区，中心地带是小榄和大黄圃等地，已经有南迁的移民开村和耕作。据20世纪华南师范大学地理系调查，小榄在北宋已经有曾、罗、杜、毛等土著。宋代的"香山寨"即军事设施就设在小榄，大黄圃在北宋嘉祐二年（1057）有龙氏墓，潭洲在建中靖国元年（1101）已经建村。邓广荐《浮虚山记》所言在浮虚山建庙，请于"常平"卖其山和山的"水潭"数百顷，可见浮虚山的四周有大片可以开发的滩涂。而在浮虚山以南的香山大海则生产盐，浮虚山以南沙田所产米和以北所产盐都是南宋广东财政的重要收入。邓为南宋末人，这时国家财政紧张，宋史记载官田被大量出售，"常平"这个机构负责将官田卖出以筹饷，与当时的历史相符。鉴于香山沙田开发与盐田生产的重要性，此地开县在南宋初是必然的事。

（二）国家政治因素

元丰五年（1082），"广南东路转运判官徐九思言：'东海有岛曰香山，侨田户主、客共五千八百三十八，分隶东莞、南海、新会三县。凡有斗讼，各归所属县办理，遇风涛则踰月不通。乞建一县，因香山为名。本路监司相度，欲止置香山镇，差监官一员兼烟火、贼盗。'从之。"徐九思建议设县，考量的不仅是官司易于解决，着重点是立县之后能向这些"侨田户主"收税。在香山场开发沙田者户籍分别在东莞、南海、新会，北宋时香山已经有5838户，姑且按每户五口人计算，就有近三万人，大都应集中在石岐、小榄和大黄圃一带，香山场由于风波险恶，盐民人数不会很多。但北宋时国家的政策是"北

① 李平日等著：《珠江三角洲一万年来环境变迁》，海洋出版社，1991年，第75页。

② （宋）邓广荐：《浮虚山记》，《全宋文 第356册》，上海辞书出版社、安徽教育出版社，2006年，第415—417页。

重南轻”，中央在岭南经营的着重点在粤北的韶州和粤中以广州为中心的珠三角，朝廷不急于在此立县；而且愿意到广州做官的岭北士人已少，香山场远离广州且在汪洋大海中，能派遣到此地任职的官员更是稀缺。虽然是广南东路官员有迫切的要求，中央王朝却对此不予考虑。

但是到了南宋初就不同了。南宋财政来源之一是广南的大米和食盐。此时立县既是地方官员的要求，也是朝廷的现实需要。《嘉靖香山县志》载：绍兴二十二年（1152），“陈天觉建言改升（香山）为县，以便输纳。东莞县令姚孝资以其言得请于朝，遂割南海、番禺、东莞、新会四县濒海地归之，因镇名为香山县，属广州。”《宋史》记载香山立县是在绍兴三十二年（1162）：“南渡后……增县一：香山。绍兴三十二年，以东管香山镇为县。”《康熙东莞县志》载：“宋分东莞县香山镇为香山县。或云绍兴二十二年，或云祥兴元年。”然则香山立县究竟是在哪一年？笔者以为香山立县当在绍兴二十二年。因为最早记载此事的是宋人李心传所著《建炎以来系年要录》：“丙午升广州香山镇为县，从本路诸司请也。”《康熙东莞县志》所言“祥兴元年”为公元1278年，此时南宋王朝濒临灭亡，或是“隆兴元年”（1163）之误。此说年代弄错，亦无文献依据，不足采用。《宋史》是元人所编，三十二年当是二十二年之误。绍兴二十二年正是王朝财政最紧张的时候，香山立县事关国家大事，延后不合当时国家政治的需要。

万历《广东通志》中有一条令人生疑的记载：“高宗绍兴中行经界法，始籍定蛋户。俄，放还自便。”“经界法”即对土地的丈量。为什么此事要“籍定蛋户”，随即又“放还自便”？笔者的理解是，绍兴年间岭南的“米盐之吏”奉国家之命，要在环珠江口各县丈量沙田，而珠江口的疍民是亦耕亦渔的人群，这些人既打鱼，又耕作和占有沙田，甚至兼为海盗。因为在香山民田区有众多的家族势力，在广阔的沙田区的居民却是“蜑”。[1]明代设立“河泊所”，籍疍为户，但嘉靖时“疍民多无户籍”。则香山建县前后未被纳入国家户籍制度的疍民更多。宋王朝出于财税的考虑将这些人“籍定”，但后来发现这些人不好控制，在珠江口烟波浩渺的沙田区丈量土地也是不可能的事，因此放还这些人。在宋代，香山四围皆海，周边遍布洲岛，“其民皆岛夷也”。“岛夷”就是沙田区中亦耕亦渔的疍户。立县初衷之一是控制这些人，虽然最后并不成功。

（三）地方社会因素

虽然香山建县较迟，但此地的开发可以上溯到新石器时代。考古人员在环珠江口发现不少沙丘遗址和贝丘遗址。《嘉靖香山县志》称本地大族，“汉唐称陈梁”，表明早在汉朝时当地就有大族聚集。元丰五年（1082），香山人梁杞建言朝廷设香山为县。梁杞是庆历六年（1046）进士，在桂阳令任上“以惠民为本，恤孤寡，抑奸猾，作陂池，教种艺，平赋役，弭盗贼”。梁杞可能是县志所说汉唐“本地大族”梁氏的后代：“是时海曲族望称陈、梁二家，而杞家声尤著，稽其谱牒，显仕者十余人，散在他邑凡千余指。”杞致仕后，与人联合上书建议设立香山县，“时广东运判徐九思，用进士梁杞言请建为县，不果行，止设寨官一员，仍属东莞”。到了南宋绍兴年间，伴随着国家对盐、米的迫切需求，官府需要加强对岭南产米地和产盐地的控制。香山人陈天觉出面请当局再议设县之事。陈天觉，香山库充人，“宋绍兴八年（1138）戊午试博学宏词科。议论切直，为时贵所黜，不仕，益肆力于学，乡邦宗之。后奏请建寨为县便民输役”。梁、陈先后出面要求当局立县，代表了所有大族的利益。因为向当局纳税要到东莞县，路途遥远不说，还可能遭遇海盗。立县可以让国家行政权力介入，保护大族在地方社会的利益。绍兴年间，香

---

① 疍民开发沙田的历史，参看吴建新《珠江三角洲蛋民开发沙田的历史活动》，《广东教育学院学报》1987年1期；吴建新《宋元时期岭南的“蜑”》，广东省社会科学界联合会等编《第二届疍民文化学术研讨会论文集》，2013年，第77—84页。

山场地方社会的需要刚好和国家利益一致，最终促成了香山县的设立。按照明清文献的记载，地方上的宗族为建县有贡献时，可以享受赋税徭役的优惠政策。估计宋代亦如此。

《嘉靖香山县志》记载有人捐地建设县城，说明建县是得到原香山场居民的大力支持，建县之后的县政施行也得到当地居民的拥护。

二、香山立县的经济影响

香山成为一个独立的县级行政单位之后，本地的经济得到长足的发展。

第一，香山立县之后，成为东莞之外最大的产盐中心。立县使得政府得以更好地控制当地盐业的生产，香山县的盐业得到进一步的发展。

盐场设专官，是珠三角盐场生产的重要变化。盐场设专官是为了更好地招徕盐民，管理盐业。南宋初年，国家财政对盐税依赖颇高，发展盐业是迫切需要。“绍兴元年（1131），海水浸泛阳江田一顷二十四亩，官府招募民人将田垦为灶田生产盐。”绍兴三年（1133），“广东盐户微少”，国家采取“招致盐民”开垦盐田的做法。绍兴三十年（1160）五月二十八日，广东提盐司上奏：“禀义郎高立，前监广州静康、大宁、海南三盐场，任内同专典宋初招置到盐户莫演等六十二名、灶六十二眼，……缘每岁止煎到盐三千余石，若不比附降等量行推赏，又虑无以激劝。”这是目前所见较早记载东莞盐场的材料。上述史料实际上包括香山盐场在内。《宋史·职官志》和《文献通考》均未见禀义郎这一职位，可能是一个摄官的职务。政府派官员到香山招置盐民，效果不大，遂以土著首领为摄官直接管理盐场。这是南宋华南盐政的第一大变化。元灭宋，这一政策得以继续推行。这一变化可从乡土文献中找到佐证。南宋香山郭氏始迁祖郭致政“任盐场勾管而来香山”，遂“卜居于此焉。其一子复为东莞盐场总管，兼理黄田七场事”。郭致政可能是摄官，并设法使其子世袭盐官职位，奠定了郭氏后来科举成名，成为香山大族的基础。南朗崖口谭氏九世祖谭绍康，“由国子监授广东盐课提举”。根据

《中山崖口那洲谭氏长房谱》：绍康公，咸淳年人，“元仕广东盐课提举”。谭绍康担任的可能也是盐场摄官，族谱为了抬高其地位，故说成是“广东盐课提举”。真实的情况是，那洲谭氏的一支在元代迁到崖口，经营盐业，遂为崖口大族，得以任职摄官。中山平山的谭氏，亦说其先祖谭月，“宋绍兴间以孝廉，举授东莞县令”，谭月的后代有一人“由太学生授广东盐道提举，适香山场提盐，而居卓为香山右族”。所谓“香山场提盐”其实也只是所在盐场的摄官而已，绍兴年东莞亦无谭姓县令。一说崖口平山谭族始祖虔源原籍东莞大南宁乡，元朝任广东盐课道提举，借补香山场提盐，卒于任。民国《香山县志》卷三《氏族》记载谭氏二世祖溪山卜居崖口，分居平山，均以虔源为始祖。南萠（今南朗）程族，其祖程师孟，“子柏随侍官东莞盐场，署县事。宋南渡徙居邑之东乡。大字都之分安定、亨美、田边。”程的一个儿子在东莞任职之前，已经被任命管理香山的盐田，后来他控制了香山的盐田。[①] 但程的这个儿子不是以流官身份而可能是以摄官身份任职于盐场，因为程氏已经是香山的居民。

从以上史料看，南宋的盐场摄官多由当地移民或土著的首领充任且能世袭，同时拥有盐场的资产，只要交足了广州盐政部门所要的盐，其余的就可以私卖。虽然如此，盐场摄官在行政上仍受朝廷直接派遣的官员管理。段雪玉说：香山立县后，香山县盐场设有“盐场（官）一员”，茶盐提举司主要由提举官、属官、监修置场官组成，包括若干吏员。香山盐场“盐场一员”很可能就是指广南茶盐提举司在香山盐场设立的监修置场官。绍兴年间香山金斗盐场的产量，《中兴会要》载为一万一千五百石，属中等规模。香山盐场的地理位置，县志载其位于县南一百五十里名为“濠潭”的地方。现代考古也证实濠潭为香山唐宋时期的重要聚落。虽然文献和考古材料都表明濠潭既是盐民聚居之所，也是盐官驻场之地，但是香山盐场的范围很可能不止“濠潭”。香山县级官僚系统

① 科大卫著，卜永坚译：《皇帝和祖宗——华南的国家与宗族》，江苏人民出版社，2009年，第51页。

中“入编制”的盐官一员，同时管理很多分散的盐场的摄官，降低了盐政管理的成本，同时为地方社会势力发展提供了机会。

南宋华南盐政的第二大变化是引入盐场附近富有的粮户参与盐场生产。有一条宋代广东盐业的乡土史料或许能为这个问题提供答案。嘉靖年间戴璟主修的《广东通志初稿》记载：大致在绍兴年间，綦毋虑，高要人，“累官广东西路茶盐转运判官，先是，朝廷以威、惠、潮、恩四郡盐课，属之转运副使，盐户逃亡，损元丰旧额。虑申奏，大略为盐户典卖盐田于税户，因而废灶，税户得享厚利，而田盐岁额有亏。乞令税户买到亭户盐田，依原灶眼送纳。朝廷是其言。亭户不纳，豪民侵并，实自虑始。”道光年间《广东通志》的纂者在收入这条史料时对此作了修正：“先是，朝廷以广、惠、潮、恩四郡盐课，属之转运副使，盐户失业逃亡，损元丰旧额十之一二。虑被命奏，盐户典卖盐田于税户，得享厚利，而盐田岁额有亏，税户买町户盐田，依原灶眼送纳。朝廷是其议，命下行之町户。町户不为豪民侵并，实自虑始。”《广东通志》说綦毋虑“绍兴五年领乡荐”，又说他宣和五年任广南西路转运判官，时间上有颠倒。但是道光《广东通志》对綦毋虑建议的效果评价是对的，将盐场中“威”作“广”也符合广东盐场的事实。笔者认为这条史料反映的内容基本上是可靠的。綦毋虑建议的“税户”，应是在盐场周边地区经营农业为主的纳粮税户，也就是笔者所称的以生产粮食和买卖广米致富的“富有阶层”。纳粮税户有钱，缺乏盐田工本的盐户将盐田典卖给粮户，后者得以享“厚利”，但是粮户仍不能插手盐田经营，只有那些势大的“豪民”敢于侵并盐田。因此綦毋虑建议将盐田卖给粮户，粮户占有“灶眼”，也就是粮户与盐户不仅是借贷关系，而是更复杂的一层关系。由于盐丁是盐籍，粮户与盐丁之间不是简单的雇佣关系，而是变成粮户代替国家管理盐丁了。这是南宋环珠江口盐政另一个重要变化。

另外的乡土史料也说明经营农业的家族同时拥有盐田。香山《容氏谱牒》中，有一篇容悌与本人撰于洪武十九年（1386）的《创立蒸尝记》，清晰地表达了他希望用儒家礼仪教化乡村的努力。其文曰：“悌与少孤，幼居乡里，无名族蒸尝之礼，止问诸亲戚故旧之家，时节讳诞之辰，随家丰俭以奉祀。此吾香山之风俗，随时奉先礼也。吾家自高曾二祖，旧有灶田三十余亩，租百余石，各房轮流掌管奉祀。”既然族田始自“高曾二祖”，则其盐田至少在元代增置，或者可以上溯到南宋。有的记载虽然没有提及环珠江口盐场大族的田产和盐田财产，但是也记载其富有，显示是农、盐兼营的特征。香山多个经营盐业的大族在叙述其始祖时，或说是“任盐场勾管而来香山”，或说是曾任东莞县令，剔除虚构的成分，其实都说明了一个史实：在香山从东莞分出之后，一批东莞大族迁移至香山，促进了香山盐业的开发。香山从东莞分出，是以香山盐业有一定的发展基础为前提的，因此，外地迁民来到香山，不可避免要与香山土著融合。珠海《延陵吴氏族谱》记载其先祖，字宗府，自南雄迁来，“与友人洪师兄弟三人，来广州府香山县恭常都香山场居之”。传九世至明代洪武初，已经是“家计日兴，增置产业”，为灶户“百夫长。则鲍氏在宋元间所置产业，大部分为盐田。后来鲍姓逐渐发展成强族，常因盐灶烟火、地界等事情与当地的谭氏发生争执，甚至械斗。后来，谭族败走崖口（今南朗镇崖口村），陆姓人家也因受牵连而举族离开濠潭，迁往三乡鸦岗。从此，鲍、吴、黄等家族所在的香山场逐渐崛起。由于盐场的盐官家族和粮户家族积极配合国家统治盐丁，盐场生产能正常进行，除了大奚山出现盐盗，“宋代几乎没有关于香山盐民（盗）的直接记载”。如至元二十年（1283），“时盗梗盐法，陈良臣扇东莞、香山、惠州负贩之徒万人为乱”。但这都是从事私贩的走私盐民所为，正是珠江三角洲海域众多岛屿从事渔、盐生产的岛民社会的写照，① 不是发生在盐场内部的事件。

香山盐的生产之盛，可以从后世县志的记载中看出。香山渔、盐为广州地区最重要产区，“田畔之水埠，海面之罾门”所产鱼多。[42] 这些近海田和潮退时浮露的沙坦也是盐业资源。但最大盐场还是在金斗湾，“故镇，即

① 段雪玉：《宋元以降华南盐场社会变迁初探——以香山盐场为例》，《中国社会经济史研究》2012 年第 1 期。

金斗盐场也，在县东南一百五十里，地名濠潭，旧为金斗镇，属东莞宋绍兴改为香山场，后迁于场前村”。“尉司廨，旧志：宋景定二年（1261）主簿吴子斌创于邑治之西五十步，至元三十一年（1294）改地址。”“税务廨，在县治东三十步，自宋归附后始创。”据此，“金斗盐场”和“场前村”先后是香山最大的盐场，政府委派的盐场官先后驻扎此地。此外，尉司廨是保卫盐场的机构，税务廨是管理大大小小盐场盐税的机构。

第二，香山县的建立促进本地沙田开发，本县成为“广米”的来源地之一。

有学者认为香山建县有两种最重要的经济资源：渔、盐。这显然是对宋代香山县的农业开发估计不足。

香山的沙田大开发始于宋代。我们不能单纯以海岸线的分布看香山的农业开发。因为即使在咸水较多的地方，只要山间河流向海边流动充足的淡水，筑垦将淡水蓄起，引淡洗咸，滩涂亦可以改造为稻田。采用火耕水耨的方法种植水稻，生产方法简单，投入的劳动力较少，且有珠江河沉积的泥土为肥，亩产可以达到100斤，投入与产出效率之比还是很高的。此外有畲田、坑田等土地利用方式，《香山县志》说：“土田凡五等。而瑶人之畲田不与焉……一曰坑田，山径之间颇低润者，垦而种之，或遇涝水流沙冲压，岁用荒歉。二曰旱田，平埔高硬，潮水不及，候雨而种，岁旱则多抛弃，俗谓之望天田。三曰洋田，沃野平原，得水源之先者为上。四曰咸田，西南薄海之田，咸潮伤稼，筑堤障之，俟山坑水至而耕，堤或圮，苗则槁矣。五曰潮田，东北海通广西，潮漫夕涸，稼宜交趾稻，每西水东注，流块下积，则沙坦渐高，植芦草其上，混浊凝积，久而成田，然后报税，其利颇多。这些土地利用方式，在南宋、元代已经具备，香山有大龙潭、蚬涌、梅花水、白银水、春坎坑、石溪、银涌、横坑水、宫花水、天井湖等淡水资源。丰阜湖在四岩山中，为海水所汇，上接溪涧四大两都之利。宫花水，出自长江山，众水之源，泛流柴木，灌溉田畴，得能一都赖之。其利溥矣。这些淡水资源对开发坑田、洋田、咸田等土地利用方式非常重要。

其实，香山的农业开发从新石器时代已经开始，贝丘和沙丘居民并不是绝对地不从事农业，但采集渔猎业是主要的经济活动方式。汉唐之香山开发，上文已述及，建县前，有大族陈、梁等以经营农业为主的村族力主开县，表明香山开县，不只是以盐业为基础的，也是以农业为基础的。如立县时，县署无地，“香山人刘必从捐其祖地以为县治，至今赖之”。刘必从捐献的不止一座房子，还包括与房子相连的一大幅地皮。科大卫认为香山建县之前，除了程师孟的家族，可以再现几个家族的历史，它们囤积土地以致富，因为有官府做靠山。①

南宋立县之后，以石岐为中心的县区得到开发，这一情况在笔者撰《南宋元香山的县政》已经述及。立县之后，以小榄和大黄圃等地为中心的沙田区也因为移民的到来而加速开发。当然在立县之前，小榄已经有居民，“当开辟时，民族多循山麓以居”。② 这一记载与曾昭璇在论述唐代东莞、顺德和番禺台地的聚落地理特征是一致的，唐代居民居住在山冈或台地上，耕种的是坑田或峒田。③ 随着宋元小榄等地为中心的中山冲缺三角洲的发育，居民开始从高岗或台地上向低地迁移。当然在成沙的早期，居民还是住在稍高的地方，但耕作的已经不是以坑田、峒田为主，而是沙田为主。曾昭璇在论述中山冲缺三角洲形成历史时说：“西江正干在甘竹滩处切过丘陵区，即入中山市境。宋代这里还是个浅海区，但已有不少沙滩露出水面，可以垦耕，尤其是在丘陵、台地边缘的坡积面和冲积扇形地面，地势较高，有利于乘筏乘船的南下珠玑巷迁民登陆和开垦，故成为他们最后航程目的地之一。”④《浮虚山记》中有“番禺以南，海浩无涯，岛屿洲潭不可胜计”之说。“岛屿洲潭”指的就是石岐以北以岛屿发育为特征的冲积地，开发的沙田集中在中山小榄和大黄圃。《大榄梁氏族谱》记载：“故老相传榄都之开辟，自岗头村

① 科大卫著，卜永坚译：《皇帝和祖宗——华南的国家与宗族》，江苏人民出版社，2009年，第51页。

② 《大榄梁氏族谱》卷首，《香山榄都考古纪要》，广东省立中山图书馆藏本，第16页。

③ 曾昭璇：《宋代珠玑巷迁民与珠江三角洲农业发展》，暨南大学出版社，1995年，第224-225页。

④ 曾昭璇：《宋代珠玑巷迁民与珠江三角洲农业发展》，暨南大学出版社，1995年，第53页。

始。村旧有梁总管庙，在犀牛山坡地，名黄龙出洞。后有某姓者送基田数亩易此庙为墓地。梁总管像遂附祀华光庙。今村内有华光总管庙。相传梁总管为开村之人……又云宋端宗时有杜将军者扈从南来，宋亡后隐居岗头村，今杜将军墓在驼峰斜磡豆蔻岗，后人与清季时殓其骨尚有铜甲一具云。按：大榄都在宋绍兴以前本濒海边要之区，居民鲜少。“初设香山砦于此，以捍卫边陲。递栖止渐众，乃有永宁乡潮居里宁安乡之名，编立图籍。按其图记，升高以望，永宁故乡古砦之前，开村之域历历可数。”[①]可见早期迁来的移民，也是先居住高处，开发地势较低的潮田。

当沙坦冲积到一定的高度，就可以建设堤垦，地势低的沙田可以利用围垦稍减水潮冲击，地势高的沙田利用围垦可以使潮田向围田转变。宋元香山已经出现一些堤垦，如横栏的四沙小围建于宋[②]，在香山最南端的三灶岛“有田三百余顷，极其膏腴，玉粒香美甲于一方，在宋为黄字上下二围”。由于香山位处海陬，众多的小型围垦不见于记载，也是可能的。南宋端平年间梁益谦围绕着县城建的南北濠，有水利系统的作用，还可灌溉田地。县城附近罗氏为刘氏始祖汝贤公夫人，“捐田为址筑引水，借灌得能都诸乡田数百顷”。

农业开发也促进了新技术的应用。沙田区中养鸭防治蟛蜞的技术，在元代出现。这是与农作制度结合的种养结合的生态农业技术。香山在咸淡水分界线，生长的蟛蜞随潮水而上，在潮田禾稻生长芽苗时，成群涌上滩涂，一夜之间会将稻苗吃精光。只有大规模在田中放养鸭子，才能吃掉这些蟛蜞。《嘉靖香山县志》记载：明洪武中县收老军闸民鸭埠税，“推求其始，皆因于元”。既然有鸭埠，就会有两个放养鸭子的时期，一是上述提到的禾稻生长初期在稻田中放养鸭子吃蟛蜞和其他害虫（如螟虫），还可以让鸭子给稻苗松土；二是在秋收之后，潮田禾稻易于掉粒，田中有大量遗穗，放养鸭子吃遗穗，养鸭者可以降低成本，禾田业主得到收入，这就是鸭埠的由来。这是沙田区

① 《大榄梁氏族谱》卷首，《香山榄都考古纪要》，广东省立中山图书馆藏本，第16页。

② 中山市水利电力局编：《中山市水利志》（内部资料），1989年，第73页。

农业社会和农作制度的一大变化，并且促进了稻米的生产。在宋元江南的文献中，还未看到稻田养鸭防治害虫的技术，有可能这一技术是元代香山等珠三角沙田县人民的首创。

香山是珠三角最大的沙田县。北宋元丰五年（1082），分隶东莞、新会和南海的香山场，其地域与建县后相当，主客户合计“五千八百三十八户”，关于南宋香山立县之后的人口，《嘉靖香山县志》卷之二称：“户近上万，县称上，第其详莫考。”则南宋香山县的人口较元丰五年增加了近一倍。大德八年（1304）香山县户一万一千三百七十九，僧道 68 户，田地 3110 顷，民粮 8310 石，官粮 3500 石，学租 180 石。既然南宋香山的户数已经上万，则田地数与元代应相去不远，至少有 2800 顷或接近 3000 顷。而香山这个新建县的人口和田亩税粮说明南宋和元政府对珠三角的税粮征收是成功的。《嘉靖香山县志》卷之二记载洪武二十四年（1391）香山县田地、山塘 3902 顷，比大德八年多近 800 顷。可见南宋香山建县之后有一个耕地开发的高潮。

南宋时香山县开发的潮田稻米出产量，已经能与东莞等大县并称。南宋后期方大琮知广州，在他的劝农文里提到：“南海、番禺、增城、东莞、新会、香山，邑皆濒海，太半为潮田。宜无荒岁。”则南宋时“广米”盛行国家东南的江浙和福建，香山县是“广米”的一个重要来源地。香山建县，既能将开发的田地所产米谷纳入国家税网，同时鼓励移民迁往土地肥沃的沙田区开发潮田。但又由于沙田广阔，开发之后获得土地而政府不便于量地榷税，这又大大吸引了邻县的东莞、番禺、新会、南海等地的大族前来开发沙田，寄庄势力又大为扩张。香山建县后国家防卫力量加强，盗贼相对减少，是吸引外县大族的一个原因。

三、结语

南宋绍兴年间香山的建县，是中国经济中心南迁、国家意识形态向南传播扩散的过程。笔者在《南宋元香山的县政》一文中详细论述了香山建县之后当地人家国情结的形成和耕读传家的文化传统的初步出现。但是社会结构变迁和文化进程的解释最终还是要从经济的角度寻找根源。香山建县，与国家意图控制这里的盐生产和稻米生产密切相关。建县反过来促进了这一地区的盐业生产和稻米生产，香山县在珠江三角洲地区的重要性由此而上升。

宋元时期香山地区的海洋开发

杨　芹[1]

所谓海洋开发，是指人类对海洋资源的发掘、利用。人类开发、利用海洋已有几千年的历史，但由于生产条件和技术水平的限制，早期的开发活动主要是用简单的工具在海岸和近海中捕鱼虾、晒海盐，以及海上运输。宋元时期，香山地区的渔业、盐业都有了一定的发展。古代“海上丝绸之路”的开发，则促使香山地区成为中外贸易的交通要地之一。

一、行政建置与土地开发

（一）香山建县

远古时代的香山，只是珠江出海口伶仃洋上的岛屿，自然环境相对独立。[2]岛上山脉蜿蜒，五桂山奇花异草繁茂，神仙茶丛生，色香俱绝，故得名香山。千百年来，由于自然、人为因素，香山岛岸不断向外延伸，逐渐出现浅湾变海滩、海滩变沙田、沙田变陆地的现象。

秦朝统一中国，实行郡县制。两广地区设桂林、南海、象郡三郡，首次

① 杨芹，广东省社会科学院历史与孙中山研究所助理研究员。研究方向：宋代政治史、广东地方史、海洋史。

② 历史上的香山舆地，大体包含了今天行政区划上的中山市、珠海市和澳门三地。但是在古代，特别是唐宋以前，今天中山市东南地区和珠海市的大部分地区仍然是在海平面以下。

把岭南纳入中原王朝版图。其中的南海郡，东南濒南海，西至今广西贺州，北连南岭，下辖番禺、龙川、博罗、揭阳、四会五县。香山地区便属南海郡番禺县的地域。从秦至汉，香山基本不脱离南海郡的范围。此后朝代更替，政区有所演变，而香山一直隶属于中央的行政版图之内，但在地理方面仍然只是珠江口海域的一个海岛。今天的珠江口一带，在当时还是汪洋大海，大大小小的岛屿遍布其中。

唐宋时期，在五桂山的周围浅海处逐渐形成一些面积较大的平原，如平岚平原、石岐平原和南朗平原。随着人口的迁移和珠江三角洲地区的开发，香山地区开始走出历史的边角，成为广州管辖下的一个区域。唐至德二年（757），改宝安县为东莞县，并在今珠海市香洲区山场一带设置香山镇，镇所在地称濠潭。就唐代政制而言，镇不是一级政权单位，只是一个军事组织，但长官级别一般都较高，并有军队驻扎。香山地处海上交通要冲与海防前线，地理位置特殊且重要。古时由波斯（今伊朗）、印度、暹罗（今泰国）、安南（今越南）等国出发前往广州都要途经此地，加上伶仃洋是海盗经常出没之处，设镇的主要任务便是防止海盗的滋扰，保障对外的正常交通。

香山建镇，标志着这一地区已经告别“王法不到”“化外之地”的时代，成为地方管理系统中的重要一环。香山镇成为珠江口地方控制与海防的据点。到宋代，香山岛沿岸周围沙坦沉积面扩大，岭外人口大量南移，岛上居民逐渐增多。香山除了渔、盐生产较盛外，农业生产也有所发展，地位渐渐显得重要。故北宋元丰五年（1082），朝廷曾一度有将香山镇改县之议。然朝议认为香山尚未够格设县，但同意加强对该地区的管辖，改名香山寨。

南宋时期，香山寨地区的盐业进一步发展。由于香山场生产的粗盐，必须经跨珠江口的船运往东莞，再由东莞运至广州分发各地，有很多不便。且除了食盐，还有银矿、税银，增加了船运压力，也增加了海盗打劫的危险性。此外，香山寨生员赴试，也都要跨海至东莞，而东莞县对香山的管辖鞭长莫及。因此，从士绅到官员，都主张香山与东莞分县而治。终于在南宋绍兴二十二年（1152），朝廷同意划出东莞、番禺、南海、新会四县部分岛屿归香山，成立香山县，下辖10个乡，归广州府管辖。元代，香山属广东道广州路。香山的行政升格，是其社会经济发展的必然结果。此后，香山以后来居上之势，迅速发展成为富甲粤中、海内外驰名之文明名区。

（二）沙坦开发

宋元时期是古代香山地区发育的重要阶段，海岛淤积成陆明显加快，地域大为扩展。主要在明代以后形成的珠江三角洲，在宋元时期已开始有沙坦形成。宋元时期，农业经济发展的一个重要表现就是荒丘、沙坦得到大规模的垦辟，与之相应的是农田水利的大量修建。其中尤以珠江三角洲的垦辟最为突出。

这时期迁居沿海的人，开始在形成不久的沙坦上开垦，筑成很多小堤围，以挡咸潮并借淡潮灌田，成为一种人工造田的形式。他们通常有两种做法，一是先垦后围，由潮田（不筑围便进行利用的沙田）发展为围田；另一种是先围后垦，就是在荒坦上即将浮露的沙坦，拍围垦耕。据记载，最早的堤围出现在北宋至道二年（996）。珠江三角洲北宋的堤围共26条，堤长55632.2丈，受益农田面积2951356亩。南宋时所筑堤围有17条，总长14000余丈，捍卫面积134000余亩。元代见诸记载的堤围则有34条，总长62413丈，捍卫面积达352617亩。①

这些堤围主要分布于珠江三角洲西北边缘，西江及高明河两岸，今天的珠海、中山境内也曾出现堤围。大量堤围修筑有利于泥沙淤积，加上汉唐以来北江改道只于西南涌及佛山涌，使得宋元时期珠江三角洲有大量的沙坦形成。②屈大均在《广东新语》中说道：

---

① 两宋和元代珠江三角洲所筑堤围情况见方志钦、蒋祖缘：《广东通史》（古代上册），广东高等教育出版社，1996年，第715页、809页和960页。其中，南宋堤围数、围长和受益面积均少于北宋，此乃大量海边堤围湮废失载所致，实际上应是超过北宋的。

② 参见刘志伟《地域空间中的国家秩序——珠江三角洲“沙田—民田”格局的形成》，《清史研究》1999年第2期。关于什么是“沙田”以及沙田是如何形成的过程，参见谭棣华《清代珠江三角洲的沙田》，广东人民出版社，1993年，第5—9页。

> 古时五岭以南皆大海，故地曰南海。其后渐为洲岛，民亦蕃焉。东莞、顺德、香山又为南海之南，洲岛日凝，与气俱积，流块所淤，往往沙滩渐高，植芦积土，数千亩膏腴，可跰而待。①

建县初期，香山中部为香山岛，东部为海岛，西北部尽为滨岸或岛屿。香山各乡“筑堤护田，大兴水利”。他们在平原、山区或较早成陆地区，以修陂坝、建堤堂为主；滨岸、河网沙田和新成陆地区，以拍新围、筑大堤为主，变滩头、潮田为沙田。甚至在海中的香山三灶山，也有人筑围耕作，积极兴修围外水利。如南宋末，香山土瓜岭刘罗氏“捐田为址，筑陂引水，藉灌得能都诸乡田数百顷”。②

长期以来，由于岭南局势稳定，成为北人避乱的理想之地，大批中原人士举族由陆路和海路进入岭南，广州等地成了北方移民的主要定居地。香山沙田的开发也成了北人的选择之一。南迁人口带来了香山沙田开垦和经济社会发展所需的经验、技术、资金和劳动力。新的村落不断涌现，宗族数量也不断增加。

二、香山地区的海洋开发

香山地区位于珠江口西岸，濒临南海。辽阔的海洋为渔业、盐业、商业等的发展提供了基础和条件，具备勇气和智慧的香山先民也积极凭借大海谋求生存，开展生产。香山岛屿棋布，除海岛上可耕的土田以外，最重要的还有两种经济资源，即渔和盐。而宋元时期的香山，渔、盐为广郡之冠。

（一）渔业

早在新石器时期晚期，香山地区已经有越人繁衍居住，从事渔猎、捕捞，

① （清）屈大均：《广东新语》卷二《地语》，中华书局，1985 年，第 52—53 页。
② （清）刘熽芬：《刘氏东支谱》，光绪八年抄本。

过着“饭稻羹鱼”的日子。香山山海相连，咸淡水交汇，海洋生物丰富，在尚未大片成陆的时候，应以渔业为主。考古发现，西汉时期，这里已形成渔村。设县后，渔业更加迅速兴旺起来。以深海为渔场的有淇澳渔村、三灶渔村、濠潭渔村、濠镜澳渔村、神湾渔村、石岐海渔村和东海渔村等。在相关渔村遗址发现的陶网坠、铅网坠，展示了这一地区以渔猎为主的海洋经济生活景观。

唐代开始，濒海地区民众充分利用河海的优势，一方面捕捞河鲜海产，投放市场，丰富了人们的食物结构。据《投荒杂录》《北户录》《岭表录异》等唐人笔记的记载，沿海渔民捕捞经济价值较高的海产品不下30种。另一方面，发展淡水养殖，在陂塘放养鲤、鲩、鲫、鲮等鱼，进行鱼苗养殖。如段公路《北户录》记载：“南海诸郡，郡人至八、九月于池塘间采鱼子着草上者，悬于灶烟上。至二月春雷发时，却收草浸于池塘间，旬日内如虾子状，悉成细鱼，其大如发。土人乃编织藤竹笼子，涂以余粮，或遍泥蛎灰，收水以贮鱼儿，鬻于市者，号为鱼种。鱼即鲮、鲫、鳢、鲤之属，于池塘间一年内可供口腹也。”①

（二）盐业

制盐业也成就了香山地区的繁荣。古代人已经注意到，香山海面的“水色”与盐业生产的关系。“水色上流黄浊，下涧碧黑。惟黄浊故积泥以成田，碧黑斥卤，具性劲，具味咸，故煮之以成盐。”② 现代地质学的研究表明，即使到明代，香山这一带仍是浅海地形，是一个广阔的海湾，称金斗湾，属于磨刀门浅海区。金斗湾内众海岛的濒海洲坦，只要海水盐度合适，皆可生产食盐。

事实上，当香山逐渐成陆之后，便有不少人到此定居，且开始在这里围海煮盐，香山县的盐业生产即发皇于此地。历代“东南盐务纷繁，而香山为

---

① （唐）段公路：《北户录》卷一《鱼种》，文渊阁四库全书本。

② 《嘉靖香山县志》卷一《风土志》。

产盐之区”。[①] 香山盐场肇始于唐初，兴盛于两宋，从前述香山建县的过程就可以看出制盐业在香山地区经济中的作用。

广东沿海地区的盐业生产发端较早，史载汉武帝元封年间在全国 28 郡设置盐官，位于珠江三角洲的南海郡即为其一。[②] 到了宋代，广东制盐业已成为宋朝经济的重要组成之一，所谓“今日财赋，鬻海之利居其半”[③]。北宋，岭南地区有盐场 15 个，南宋初增至 26 个。香山地区的盐业生产也是从宋代开始才真正发展起来的，其主要盐场分布在金斗湾内，泛称为金斗盐场。在金斗场诸多盐场中，香山场是其中最主要的一个。当时这一地区刚刚成陆不久，形成大量滩涂或浅海湾，具有兴办盐场或盐栅的优越自然环境，加之香山设县之后社会安定，从事盐业生产的劳动力充足，这一切都为本区盐业的快速发展提供了良好的条件。北宋后期至南宋中期，是香山场盐业生产和盐业经济发展最快的阶段。

宋代，广南路从事海盐生产的盐民大约可区分为官盐场内被编入盐籍的盐民和官盐场之外的盐民两类。纳入盐籍的称“亭户”“灶户”“灶丁”或“盐户”。相对于盐场的官盐户，盐场以外的盐民性质为合法的私盐户，可以自营海盐。自营式盐民的利益一旦与官盐利益发生冲突，官府往往以“私盐”之罪名加以惩治。

元代广东盐场共有 17 处，到至元三十年（1293）仅剩下 14 处[④]，较原来有所萎缩。尽管如此，香山场一直维持生产，迄未改变。当时元政府设香山盐场司令一员（从七品）、司丞一员（从八品）、勾管一员（从九品），[⑤]

① 《乾隆香山县志》卷三《盐法》。

② （元）马端临：《文献通考》卷一五《征榷考二·盐铁》，中华书局，1986 年，第 150 页；（清）阮元：《广东通志》卷一六四《经政略八·盐法》。

③ （元）脱脱：《宋史》卷一八二《食货下四·盐》，中华书局，1985 年，第 4454 页。

④ 《元大德南海志残本：附辑佚》卷六《盐课》，广东人民出版社，1991 年，第 18 页。

⑤ （明）宋濂等：《元史》卷九一《百官七》，中华书局，1976 年，第 2135 页。

并设副勾管一员、典吏一名、场吏二名，[1]负责香山场盐业管理。元代广盐生产的一项重要进步或成就是开始晒盐，但始于何时，具体情形如何，则缺少记载。由于王朝更替，社会动荡不安，元代香山场的盐业生产水平比宋代要低。

（三）香山地区与“海上丝绸之路”

香山地处海上交通要冲，是往来珠江口船只的必经之处。秦汉以降，这里一直是对外贸易（即今日所谓以“海上丝绸之路”和“海上陶瓷之路”为代表的古代海外贸易）的重要走廊。汉唐以后，香山地区海域成为广州与中东、非洲、欧洲国家海上贸易的必由之路。今天所见相关陆地及其海域遗留的不少的海上丝路遗存、沉船遗物，都充分证明了香山在“海上丝绸之路”中的地位。

秦汉时期，以番禺（今广州）为中心的沿海交通和海上贸易非常发达，是中国“海上丝绸之路”的发祥地。史载，南越国，至汉“武帝时，尽灭以为郡云。处近海，多犀、象、毒冒、珠玑、银、铜、果、布之凑，中国往商贾者多取富焉。番禺，其一都会也”。[2]番禺成为国内有影响的商业重镇。另外，徐闻、合浦也是汉代南方的两个重要港口。从番禺出发，经徐闻、合浦两港出海，再到东南亚一带，形成一条重要的“海上丝绸之路”。

汉代海外商路的开辟，使岭南边荒的香山成为航海船只补给的要地。在珠海的海岛沙湾处发现的许多汉代陶器残片，尤其是在外伶仃岛石涌湾发现的一件肩部竖刻隶书“朱师所治”四字的陶罐，足以表明当时香山社会经济和文化有了较大的进步，也很自然地成为研究“海上丝绸之路”的物证。

屈大均曾说：广南之地“自秦、汉以前为蛮裔，自唐、宋以后为神州”[3]。

---

① 《嘉靖香山县志》卷三《政事志》。

② （汉）班固著，（唐）颜师古注：《汉书》卷二八下《地理八下》，中华书局，1962年，第1670页。

③ 《广东新语》卷二《地语》，第29页。

唐宋时期，我国对外贸易和文化交流较往昔更加频繁，尤其是唐代广州市舶使的设置，使中国对外贸易的中心由北方的河西走廊逐渐转移到南方和东南沿海。

贞观年间，唐朝与近20个国家有外交往来，出现“百蛮奉遐赆，万国朝未央”[①]的盛世景象。开元、天宝间，与唐朝有官方关系的国家和地区多达70余个。广州等地矿冶、纺织、陶瓷、制盐、造船等行业在全国占有一定地位，有些产品远销海外，开启“广货”外销新局面。

有宋一代，朝廷不断颁布和修订管理措施，鼓励贸易，例如设置并逐步完善市舶司，主管各路贸易；派遣使臣招诱海外商客；处罚办事不力，影响贸易的官员；奖赏“招诱舶货”有成效的外国商客；保护外商在中国的财产、遗产等。元代海外贸易大抵因宋旧制。

宋元两朝，中国海外交通十分兴盛。从宋人周去非的《岭外代答》、赵汝适的《诸蕃志》、元代陈大震的《南海志》、汪大渊的《岛夷志略》等文献看，宋元时期与中国直接或间接有交往的国家或地区超过100个，陈大震的《南海志》所记达到140多个。

“海上丝绸之路”经汉代以后各朝，尤其是唐、宋、元的不断开发，不断发展，由中国南方沿海出发，经南海、马六甲海峡、印度洋、波斯湾、红海等海域，抵达东南亚、南亚、东非等地，成为当时中国沟通海外的重要经济文化通道。[②]香山便是中国南部广州到阿拉伯国家的海上商道的重要“驿站”。

20世纪80年代，考古工作者在珠江口的香山故镇濠潭遗址、淇澳岛牛婆澳遗址、平沙棠下环遗址等处，发现一批唐代风格的黑陶罐、越窑青瓷碗、釉盏等残片，其中越窑系青瓷碗居多，饼足底和玉璧底造型，还有邢窑系白瓷碗，显然是唐代的外销瓷器。

---

① （唐）李世民：《正日临朝》，《全唐诗》卷一。

② 叶显恩：《海上丝绸之路与广州》，《中国社会科学》1992年第1期。

1983年，珠海香洲渔民在珠江口荷包岛至乌猪岛海域打捞到青釉四耳罐和青釉碗21件。这些瓷器捞出时大小相套，显然是为了便于装船运输出口。其中青釉碗矮身，口延外张，实饼足，高5.2厘米，口径16.8厘米，采用醮釉垫烧法。在南屏镇洪湾小钧遗址，也采集到官冲窑产青釉六系罐。考古工作者确证，这些都是唐代广东新会官冲窑所产瓷器在出口外销过程中遗留下的。

1949年以来，考古工作者还在珠海及其附近地区发掘到大批宋代铜钱，从宋太祖到宋度宗，时间跨度近300年，或是宋朝与海外贸易所遗留。

1964年，南水蚊洲岛出土了212件青瓷器，带有草绳裹过的痕迹，整齐地叠埋在沙滩里。经专家鉴定，这些青瓷碗、碟属元代遗物，应是一批外销瓷器，可能是运输船遇风浪后将瓷器卸下，藏埋沙中而遗留下来。

瓷器在古代海外贸易中占有特殊地位，“海上丝绸之路”又称“陶瓷之路”，“瓷器代称中国”。随着海外贸易的发展，唐瓷、宋瓷的光芒远播海外。上述瓷器的大量出土和被打捞，香山地区显然参与和见证了古代“海上丝绸之路”的发展和鼎盛。靠山抱海，香山先民已较早地掌握了驾舟航海的技术，远涉重洋，参与海上贸易活动，并逐渐形成海洋文化的根基——敢于冒险、拼搏的精神。

总的说来，宋元时期是古代香山地区发育的重要阶段，海岛成陆加快，土地开垦突出。濒临海洋的自然地理特点及依靠大海的生存生产方式，促使其渔业、盐业等海洋相关产业有了明显的发展，初期的海洋开发已经展开，并为宋元之后香山社会经济的发展奠定基础。古代“海上丝绸之路”的开辟和发展，也促使香山成为中外贸易和文化交流的重镇之一。

论香山与明清海上丝绸之路

胡 波[①]

明清时期的香山县，因地处珠江出海口西岸，东临内外伶仃洋，南望中国南海，既有众多的岛屿，又有优良的港湾，水陆交通十分便利。汉唐以来，海上贸易几乎未曾中断，香山岛周围的水域，一直是中外商船往来广州的重要海上通道。明朝时期，伴随着大航海时代的到来，“海上丝绸之路”达到高峰。有着得天独厚的自然环境和社会条件的香山县，也在自觉和不自觉中卷入经济全球化的大潮之中。

16世纪中期，葡萄牙人租住澳门，并以此为枢纽形成了横跨东西方的商贸网络。得天时地利之优势，香山县不仅成为西方商人、传教士、官员和游历者进入中国的首要驿站，还是明清时期海上丝绸之路的重要枢纽。但是，香山与“海上丝绸之路”的关系，尤其是明清时期香山在“海上丝绸之路”中的地位与作用，一直未受到应有的重视，学术界对相关人物和事件的历史研究和理论探讨也十分有限。尽管有不少论著在讨论澳门与“海上丝绸之路”的问题时，曾涉及香山和香山人与“海上丝绸之路”的相互关系，但大多数研究者的着眼点在澳门，而不在香山，他们感兴趣的是“海上丝绸之路”的历史、文化、作用和影响，而非“香山在海上丝绸之路中的地位与作用”。

① 胡波，历史学博士，中山市社会科学界联合会主席。研究方向：中国近现代史、史学理论、岭南文化、香山文化、社会思潮、经济史、华侨史、城市史等。

可以说，对于香山在明清时期海上丝绸之路中的地位与作用等问题，一直缺乏深入细致的研究和恰如其分的分析。本文根据历代香山县志、相关文献与前人的研究成果，试图对明清时期香山在海上丝绸之路中的地位和作用进行一次全面的历史考察和学理分析，以补过往研究之不足。

一、海岛与港湾：海上丝绸之路的重要依托

要了解明清时期香山在海上丝绸之路的地位和作用，弄清明清时期香山与海上丝绸之路的相互关系，也许还要首先返回历史的现场，对明清时期香山的地理环境、自然条件、人文氛围等有一个更加清晰的认识，因为“每个社会，每种文明，都依赖于经济、技术、生态人口等方面的环境”，[①]尤其是“地理能够帮助人们重新找到最缓慢的结构性的真实事物，并且帮助人们根据最长时段的流逝线路来展望未来”，[②]因为“物质和生态条件总是在决定文明的命运上起到一定的作用”。[③]

明清时期的香山县，虽然不再是《太平寰宇记》里所说的“地多神仙花卉”和《永乐大典》记载的“香山为邑，海中一岛耳，其地最狭，其民最贫”，[④]但所谓“广州滨海县七，而香山独斗出海中”，仍然是不争的客观事实。明代邓迁在为黄佐的《乡礼》作序时就强调：“香山内周邑井，外接岛夷，四顾汪洋迴千里，而孤间者阔焉。其士民错居阻险，思奢俭之中，勤耕织之务，能知其所为己，盖自昔为然。”明代侍郎霍韬也在《赠黄正色令香山序略》中指出：“香山在郡南海中，如琼崖而差小。山之秀峙，如垣如屏拥邑治。邑南襟带海洋，登高观焉，岭外之奇境也。登图籍者为里，惟三十有五。然番禺、南海、新会、顺德、东莞五邑之民，皆托产焉。一邑聚五邑之产，则

① ［法］费尔南·布罗代尔：《文明史》，中信出版社，2014 年，第 51 页。

② ［法］费尔南·布罗代尔：《菲利普二世时代的地中海和地中海世界》（上卷），商务印书馆，1998 年，第 19 页。

③ ［法］费尔南·布罗代尔：《文明史》，中信出版社，2014 年，第 51 页。

④ 胡波：《中山史话》，社会科学文献出版社，2014 年，第 5 页。

多大姓；五邑大姓聚一邑，则征赋督逋，哓无宁时”，因为“邑多涨卤，积而为岛。可稻可菱，可盐可渔。大姓玄利，争是以纷，武断之横，为令操权之难”。可见，明清之际的香山县，仍然是“山襟其里，海带其外。东接虎门，西邻梅角，北通省会，南尽重洋”的负山滨海之地，“其村落多在岛屿潆洄、波涛出没间”。当时，香山县北面的榄溪，还是“四面环海，川涂错杂，群不逞芘萑，苻以居住”。直到乾隆年间，香山县还是“南濒海水波，西市诸山如浮，突兀自南来，折而东，蜿蜒起伏，辏于中邑。双合之山，有水出焉，东汇于三角塘，潴为陂。又西合新庵之流，北注绕城，以达于海”。在时人看来，“山经水络，以气相从。邑之有是陂，大较若彼，为利如此。是陂也，不可以一日不治，而况乎有盭而敓之者！”这些时人留下的文字，虽然并不能反映明清时期香山县的山川地理和自然环境的全貌，但“香山县城，去海不三里，处处通洋”则是有迹可循的实情。《嘉靖香山县志》称：“石岐海在县西，北接浮墟市，南入洋。”《郑和航海图》及其他早期的地图都把香山地区标为岛屿。如县城石岐的门户“港口”，“其南则伶仃，烟雨迷离，文相国武诗之所也。西则厓门，波涛汹涌，张太溥用武之地也。东北则直达五羊，帆樯云集，尤为盛观。”

根据目前所见明清时期不同版本的香山县志可知，直到晚清，香山县仍然是负山临海，境内多山陵台地和港口海湾。明代香山大儒黄佐在《石岐夜泊》诗中，对家乡香山县的自然环境有过诗化的描述：“香山县出南海墺，四围碧水涵青天。七星峰峦拥楼阁，北斗照耀开云烟。云烟起自峰峦起，复露千家连百里。渔歌菱唱不胜春，桂棹兰桡镜光里。石岐夜泊白鸥沙，南台飘渺浮梅花。”[①]《嘉靖香山县志》还有这样的记载：“县城东南山陵，西北水泽，设治于屿北，而四围皆海，居然一小蓬岛也。大尖、胡洲笔峙于前以为望，乌岩、香炉屏障于左以为镇。龙脉拥入县治，隐而不露。登高而视，襟带山海，真岭表之奇境也。西有象角海口，北有县港海口，潮则弥漫巨浸，汐则

① 黄绍昌等编：《香山诗略》，中山诗社，1987 年，第 54—55 页。

浅隘难度，虽近外海而无番舶之患，此实溟海咽喉，自然天险，广郡之要津也。”近代香山先贤何大章在《中山地形志》一书里所描绘的香山地理环境和自然条件，与古代香山相比，显然没有太大的差别：“中山县为珠江三角洲之一部分，所称三角洲，即粤省西江、北江及东江出口合力冲而成之一大平原，其范围包括今本县、南海、顺德、三水数县全部及番禺、新会、东莞等县一部之地，据实测计面积逾九千平方公里，以本县所占面积最大，达百分之三十以上。本县地形，一般显示河口三角洲之特征，冲击现象至为发达。县境北部一片平原，田畴万顷，河道密布；中部及西南部山地崛起，自西南向东北，形成雄伟，景象万千。县境平原地形、山川地形及海岸地形毕具之，地形之复杂，较三角洲各县为甚，地力之富庶，物产之繁多，为三角洲之冠，其原因概关系于地势伏越之影响。”另一位香山人郑道实（1887—1957），曾自豪地介绍家乡山海相连的自然条件和地理环境：“吾邑三面环海，有波涛汹涌之观，擅土地饶沃之美，民情笃厚，赋性冒险，圜匮栉比，林壑森秀。士生其间，既获游观之乐，复鲜生事之厄，孕育涵濡，历世绵邈；或则家承诗礼，学有渊源；或则起自孤根，性耽风雅，兴之所至，发为咏歌。虽则丰啬各殊，显晦异致，然关河边塞，能为激壮之音，吊往惊离，不胜凄惋之调，鉴其佳什，奚让前贤。兼以僻处偏隅，鲜通中土，无门户主奴之见，有特立独行之风。”[①] 可见，从明朝到晚清，香山县的地理环境和自然条件并没有发生根本性的变化。

明清时期，多岛屿和海湾的香山，无疑为帆船航行和船只停泊提供了天然的航道和安全的港湾。尤其是在航海技术还不过硬和造船能力还不太强的时代，海岛和港湾对于沿海岸航行的船只来说，简直就是它们的安全岛和避风港。就像费尔南·布罗代尔所言：“面对16世纪浩瀚无际的大海，人类只占领了边沿的一些点和线……辽阔的海域同撒哈拉沙漠一样空旷无人。大海只在沿海一带才有生气。航行几乎总是紧贴海岸进行，正如在内河航运的

① 黄绍昌等编：《香山诗略》，中山诗社，1987年，第318—319页。

初期，‘像螃蟹一样，从一块岩礁爬到另一块岩礁’，‘从岬角到岛屿，再从岛屿到岬角’。也就是说，小心翼翼地摸着海边过海，避免前往被勒芒的伯龙称为‘汪洋大海’的外海。……甚至战舰也是如此，只在能见到海岸的海面上作战。”明清时期，中国虽然曾有过郑和七下西洋的壮举，也有离开海岸线进入浩瀚海洋航行的初步经验和简单技术，但是在相当长的时期内，中国东南沿海的民间商船还是像地中海的船只一样，习惯于沿海岸线航行。这样不仅可以方便补充给养，而且可以及时避免风暴来袭的危险。散布在珠江出海口外与伶仃洋交汇处的众多岛屿和优良港湾，一直是中外船只出入中国广州口岸的“临时驿站”。尤其是葡萄牙人租住澳门后，往来广州口岸的中外船只，更以香山境内的岛屿为依托，或以香山的港湾为屏障。明人周玄暐就指出：“广属香山，为海舶出入噤喉，每一舶至，常持万金，并海外珍异诸物，多有至数万者。”《广东新语》云：“凡番船停泊，必以海滨之湾环者为澳。澳者，舟口也。香山故有澳名曰浪白，广百余里，诸番互市其中。嘉靖间，诸番以浪白辽远，重贿当事求蚝镜为澳。蚝镜在虎跳门外，去香山东南百二十里，有南北二湾，海水环之，番人于二湾中聚众筑城，自是新宁之广海、望峒、奇潭，香山之浪白、十字门，东莞之虎头门、屯门、鸡栖诸澳悉废，而蚝镜独为舶薮。”《虔台倭纂》也说：“又必历峡门、望门、大小横琴山、零丁洋、仙女澳、九灶山、九星洋而西，浪白澳为最深，乃番舶等候接济之所。”多山多水、多岛多湾的香山县，虽然不利于大规模的农业生产，但却有利于商船水客的贸易往来。

西方人的记录也证实了香山多岛屿港湾和多商人商船的事实：“广州河（珠江，译者注，下同）口的岛屿星罗棋布，大小岛屿繁多，尚未利用”，“这一群岛中，有三个我们知道情况的岛屿值得一提。它们有其他岛屿所没有的居留地。岛屿之一称香山。岛上有一个带有围墙的雄伟城镇（香山县治石岐镇），在西班牙可称得上是座优良的城市了。亚马港村为这一岛屿的门户……它与西面的一个岛屿（对面山）形成一个良港（内港）。在此航行的大小海船停泊于此。因为它是一个优良港口，所以在我们从浪白岛来此之前，海盗在此栖息。……香山镇（石岐镇）位于该岛（澳门岛）的另一侧。……在亚马港村的东侧，距其约3里格处有一不大但高耸的岛屿，通常称其为Nantao（大屿山）。其对面为另一岛屿（南头半岛）的岬角，……华人称该岬角为Nanto（南头），因为在南侧靠海旁一不安全的海湾处有一同名小镇（南头镇）。该岛东侧接近陆地处，有一座雄伟的人口众多的城市，名叫东莞。那里的居民高尚、富裕。那里有海上船队的后勤处，为船队提供一切。”这段文字的记述，也许既不准确也不全面，但香山县多岛屿和港湾则是毋庸置疑的事实。

尽管在明清时期珠江三角洲地形地貌受自然和社会双重力量的影响，出现了沧海桑田的变化，但是岛屿与港湾并存、水路与陆路相得益彰的地理环境和自然条件，为香山县的经济、社会和文化生态带来了无限生机，也为明清时期广东海上丝绸之路的繁荣与发展提供了有利条件。

二、水路与陆路：海上丝绸之路的天然通道

明清时期，对珠江上游及各岛屿的过度开垦，造成了大量水土流失、泥沙淤积，加速了珠江入海处陆地的形成，海岸线不断由北向南推进，香山周围的水域面积逐渐缩小，[①] 但香山境内部分岛屿之间仍然只能凭借往来的船只来联系。星罗棋布的岛屿、犬牙交错的港湾、四通八达的水道，依然是香山社会发展的物质基础。

严格说来，珠江三角洲是一个复合三角洲，大小河流在此交汇，形成水陆交通枢纽，为城镇的兴起和对外交流提供了良好的交通条件。[②] 但是如前所述，明清时期珠江三角洲水陆交通格局发生了较大的变化。由于广州距离西江、北江、东江的主要出口较远，遂使西江、北江的泥沙主要沉积于南海、顺德、中山等地，形成西北三角洲平原，而东江的泥沙主要沉积于东莞、增

---

① 吴宏岐：《明清珠江三角洲城镇发展与生态环境演变互动研究》，长江出版社，第24—25页。

② 司徒尚纪：《珠江三角洲经济地理网络的嬗变》，《岭南史地论集》，广东省地图出版社，1994年，第70页。

城等地，形成东江三角洲。明清时期，广州城南的珠江南航道经由内河水道可以抵达澳门内港，与经过黄埔、虎门抵达澳门的外海水道共同构成了广州与东南亚等地的水上交通网络。①

明清时期，珠江三角洲经济发达，市镇繁荣，对外交往日益密切。在汽车、火车、飞机等现代交通工具尚未出现、远洋轮船尚未普及的情况下，珠江三角洲四通八达的水路与陆路优势就显得格外明显。遗憾的是，长期以来学术界的注意力主要集中在广州经黄埔、虎门至澳门的外海航道，而对香山境内水陆之间的接驳、内河航道与陆路官道相辅相成的作用等一直缺乏足够的重视。其实，正如有的学者所说的那样："明清时期珠江三角洲地区水网如织，内河水道在沟通区域内部的水上联系与对外贸易方面也发挥着非常重要的作用。"近年来，随着珠江三角洲城镇化和城市文化的深入研究，这种被忽视、被遗忘的问题开始引起一些学者的重视。暨南大学历史地理研究中心吴宏岐教授在他的相关论著中，对珠江三角洲内河航道的分布特点、历史变迁和作用影响等进行了富有开创性的研究。他对香山内河水道的深度发掘，为人们进一步了解香山内河水道与陆路商道的分布特点提供了有益的启发。王颋先生的《中世纪及前珠江下游河道和海岸》②和日本学者松浦章的《清代内河水运史研究》③，也对香山境内的内河水道略有指陈。与此同时，一些新近翻译出版的外文报刊和游记、笔记、书信、档案等资料，也为我们认识香山水道、陆路等提供了宝贵的数据和有益的线索。④

事实上，明清时期从广州到澳门的外海与内河水道，有关文献记载并不详细，即使是目前我们能见到的各种志书和图册，对珠江三角洲水上通道的

① 吴宏岐：《明清珠江三角洲城镇发展与生态环境演变互动研究》，长江出版社，第31—32页。

② 王颋：《中世纪及前珠江下游河道和海岸》，暨南大学历史地理研究中心编：《中国历史地理研究》（第5辑），西安地图出版社，2013年，第544—573页。

③ ［日］松浦章：《清代内河水运史研究》，江苏人民出版社，2010年。

④ 参见汤开建等主编：《鸦片战争后澳门社会生活记实：近代报刊澳门资料选粹》，花城出版社，2001年；金国平编译：《西方澳门史料选粹（15—16世纪）》，广东人民出版社，2005年。

分布、情况的记载，同样是语焉不详。事实上，明清时期从广州到澳门有几条水路可供选择。据王颋先生研究，明中叶由香山县境至广州有四条水道："虎头门"南偏西的航线，也就是"金星门"水道，几乎是贴着香山县的岛岸行驶；"鸡啼门""虎跳门"二水道，分别沿着"黄粱岛"的东岸、西岸航行；"磨刀门"水道，靠近香山岛的西缘，出"外洋"，再转入前山水道。[①]但主要的内河水路有两条，即香山人林福祥（1814—1864）所说的"粤东由零丁洋入虎门，是为省河东路；由澳门入香山，是为省河西路"。[②]另据吴宏岐教授的研究，当时居住、活动于广州与澳门两地的外国商人，如果不搭乘商船的话，尤其是"私人"来往之类的情况下，往往不是经过黄埔、虎门到澳门，而是从广州直接取道珠江后航道的"澳门航道"南下，经内河航线驶向澳门。据说，到澳门的距离，"如果把河道的弯弯曲曲也算进去约120英里，一般要走3—4天"。[③]

可以肯定的是，自明代中叶以来，以石岐渡为中心，香山县与广州及周边城镇的水上交通网络基本形成。据《嘉靖香山县志》记载，当时有"广州渡，二迭相往来，俱发自石岐，通于广州"；"顺德渡，发自石岐，通于顺德之碧鉴"；"江门渡，发自石岐，通于新会之江门"；"大榄渡，发自石岐，通于大榄村"。[④]而香山到澳门，在明清时期，已有陆路和水路两种不同的路径。仅水路一项，就有东部外海沿岸航道和西面内河水道两条航线。明代末年，张凤翼在奏稿中称：澳葡"占住濠澳，而阑入之路，不特在香山，凡番（禺）、南（海）、东（莞）、新（会）皆可扬帆直抵者也。其船高大如屋，上有楼棚，迭架番铳，人莫敢近。所到之处，硝黄、刀铁、子女、玉帛违禁之物公

---

① 王颋：《明代香山陆海形势与澳门开埠》，《西域南海史地研究》，上海古籍出版社，2005年，第330—348页。

② 林福祥：《平海心筹》，中国第一历史档案馆、澳门基金会、暨南大学古籍研究所合编：《明清时期澳门问题档案文献汇编（六）·文献卷》，广东人民出版社，1999年，第436页。

③ 吴宏岐：《明清珠江三角洲城镇发展与生态环境演变互动研究》，长江出版社，第47页。

④ 《嘉靖香山县志》卷一《风土志·津渡》，书目文献出版社，1991年，第306页。

然股载，沿海乡村被其掳杀掠者，莫敢谁何”。为了防盗匪抢劫和抵御风暴，商船、民船多走内河航道。所谓“里海者，番（禺）、南（海）、新（会）、顺（德）、东（莞）、香（山）等县一带支通之小海也，其海皆郡邑乡城农工商贾出入必经之地”。[①] 实际上，从香山县城经石岐河转入磨刀门水道，东南航行出西江海口以后，欲东至澳门，既可以走前山水道，又可走马骝洲水道。[②] 不过，明代从磨刀门东到澳门，大多走前山水道。清代的情况略有不同。据道光年间《新修香山县志》称：“由县港西南，历第一角、海深湾、磨刀营，共五十里。又南过秋风角、南埜角、蚝镜澳，共七十里，折北二十里至前山寨，此海程之南路也。若由县港东濠越大洲、二洲、三洲、东洲门，南折涌口门、金星门，共九十八里；又南六十二里为濠镜澳，此海程之东路也。而波涛浩渺，不如南路为较近。”可知入清以后，广州至澳门的内河水路的南段，实际上主要走的是海路，即马骝洲水道。大致是由于香山县南境沙田围垦加剧，以致磨刀门水道与前山水道之间水路被围田阻断。[③] 但总体说来，明清时期内河与外海的水上航道，不仅使香山县城石岐成为水上交通最繁忙的商业中心，而且使香山县成为“海上丝绸之路”的必经之地。

虽然香山县内外水路系统比较发达，是香山经济社会发展的重要生命线，甚至是“海上丝绸之路”的重要驿站，但是，明清时期的香山县官、士绅和商人等，更希望通过道路、桥梁和渡口的建设，以弥补水路运输之不足。明嘉靖至万历年间，广东各府县津渡从383处增加到710处，60余年间增加了327处；桥梁从543座增至1091座，60年间增长了一倍。据阮元《广东通志》

---

① 《兵部尚书张凤翼等为广东深受澳夷之患等事题行稿》，崇祯七年四月二十二日（1634年5月18日），中国第一历史档案馆等编：《明清时期澳门问题档案文献汇编（卷一）·档案卷》，第17—18页。

② 王颋：《明代香山陆海形势与澳门开埠》，《西域南海史地研究》，上海古籍出版社，2005年，第330—348页。

③ 吴宏石：《时空交织的视野：澳门地区历史地理研究》，社会科学文献出版社，2014年，第166—167页。

的记载，清代广东有桥约54600座，其中清代修筑的、有一定规模的桥梁约计311座。[①]康熙至道光年间（1662—1850），“珠江三角洲15个县有长行渡500余处，横水渡485处，可从各县治或重要墟镇通达广州、佛山、陈村、石龙等水运枢纽”。[②]香山大小村镇一般依水兴建渡口和埠头，以方便船艇停靠和居民用水。埠头和渡口都是水陆接驳的地方，陆路与水路因此而直接相通。但是，在明清时期，香山修建的陆路和桥梁，总数上不如珠江三角洲其他地方多，甚至到清初才有了像样的“官道”。1839年8—9月，林则徐以钦差大臣身份由广州赴澳门考察时，走的就是这条路线。

1718年修筑的从县城石岐经沙溪到大涌的“西河石路”，150年后才有了东干大道和南干大道。东干大道以县城东的大柏山为起点，经牛起湾右通东濠，左达羊角沙、濠头、张家边、南朗、崖口，直至涌口门，全长30公里。南干大道从县城南门起，经过桂峰茶亭、石鼓挞、沙桥、石莹桥，直至前山，再接澳门的莲花茎，全长约70公里。1894年，珠海商人陈芳捐资修筑了前山（今属珠海）至白石（今属中山）的公路。1895年4月17日《镜海丛报》报道：“澳门车夫某甲，拉客至白石村。又，澳地之车，近可驰至翠微；而前山各车，则不准其行进关闸。”由此可知，当时澳门和珠海已有人力车通行，从而大大改善了香山人的出行和商贸环境：“自手车通行，所以便利于民者，殊非浅鲜。往来商客，各乡妇女，均可藉以代步，以免奔波于烈日之中……近时前山寨城新设有洋车十数架，便各乡之往来，资贫民之衣食，计甚善也。所行车路，竟有远至南大涌，亦可通行。沿村道路皆以用工修筑平坦。”

由此可见，直到晚清，香山水陆交通网络才基本形成。但是，陆路在推动香山经济和社会发展的作用上，还不能与水路相提并论。严格说来，陆路只是水路的一种补充。毋庸置疑，明清时期香山水陆两路交通体系的初步形

① 方志钦、蒋祖缘主编：《广东通史》（古代下册），广东高等教育出版社，1996年，第462、978页。

② 司徒尚纪：《珠江三角洲经济地理网络的嬗变》，《岭南史地论集》，广东省地图出版社，1994年，第70页。

成，为香山经济社会发展以及广东海上丝绸之路的深化与拓展，起了不可替代的积极作用。

三、物流与人流：海上丝绸之路的主要承载

香山多海岛、港湾和相对完善的水陆两路一体的交通体系，为货物及人口流动提供了便利的条件。尤其是16世纪中叶葡萄牙人租住澳门后，以澳门为中心，依托香山和珠江三角洲腹地，形成了澳门—果阿①—里斯本、澳门—长崎、澳门—马尼拉—墨西哥、澳门—望加锡②—帝汶③的国际贸易网络。16世纪中期至20世纪初期，在以澳门为中转港的国际大三角贸易中，香山周围的岛屿、港湾、内河、外海航道、官道商路，在货物中转、文化传播和人口迁移等方面，均发挥了广州外港和中转港的作用。④

澳门原为香山县南端的一个小岛，所谓“澳门一岛，状如莲花，香山尽处，有路名关闸砂，直出抵澳，若莲茎焉”。澳门半岛东南有东澳山、九星洲和九洲洋，远处有伶仃山、伶仃洋，更远处与香港岛遥遥相望，西面与濠江相隔，远处有对面山、马骝洲、灯笼洲、文湾山、磨刀山等岛屿，并有通往广州的虎跳门。近处隔江与今天珠海的湾仔镇相望。西南面有舵尾岛、鸡颈岛，还有大小横琴岛相对峙，海水纵横其间，成“十”字形状，故称“十字门”。十字门外耸立着蒲台山、老万山等众多礁石和岛屿。澳门的港口分内港和外港：东部伶仃洋为外港，船舶均可就近靠岸，装卸货物，放洋出海，十分方便；西岸濠江为内港所在，与珠江三角洲河道相连，船舶可溯濠江而上，直达广州、佛山、江门、中山等地。通过西江、东江、北江，又可与广西、贵州、湖南、

① 果阿：位于印度西南岸，西临阿拉伯海。1510年被葡萄牙占领后，成为葡萄牙东方贸易的总枢纽。

② 望加锡：印度尼西亚港口，位于苏拉威西岛西南部。

③ 帝汶岛：东南亚努沙登加拉群岛中最大与最东岛屿，南隔帝汶海与澳大利亚相望。帝汶出产的檀木和龙涎香，在中国很受珍视。

④ 黄启臣主编：《广东海上丝绸之路史》，广东经济出版社，2003年，第374—394页。

江西等内地省份联系起来，形成水路与陆路，港口与城市的有机结合，从而出现了内联外接的商贸经济体系。

澳门三面临海，海运和内河航运都十分便利。从澳门出发，向东北航行可达汕头、厦门、宁波、上海、青岛、天津、大连等港口，直至日本长崎；向西航行可到暹罗、缅甸、斯里兰卡和印度的果阿，过印度洋绕好望角到达欧洲；南行可到马尼拉、噶喇吧（今雅加达）等东南亚国家港口。有人对澳门的特殊地位曾作过这样的评说：“澳（门）惟一茎系于陆，馈粮食，余尽海也，以故内洋舟达澳尤便捷。遵澳而南，放洋十里许，右舵尾，左鸡颈。”也就是说，中国内地的商品可以通过水路和陆路运到澳门再转运外洋；外国的商品也可以利用船舶输入澳门，再转运到全国各地，澳门名副其实地成为中外商品的集散地。因此有人称：“广州诸舶口，最是澳门雄。”[①]

早在16世纪初，就有欧洲的商人、传教士来到澳门。1561年成书的《广东通志》有“各国夷船，或湾泊新宁广海、望峒，或新会奇潭，香山浪白、蚝镜、十字门”[②]的记载。1564年，广东御史庞尚鹏在奏折中亦指出：

> 近数年来，始入蚝镜澳，筑室以便交易，不逾年多至数百区，今殆千区以上，日与华人相接济，岁规厚利，所获不赀。故举国而来，负老携幼，更相接踵，今筑室又不知几许，而夷众殆万人矣。[③]

1578年，葡萄牙人获准于每年夏、冬两季到广州海珠岛参加中国举办的为期数周的定期市集，直接与在广州的中国商人贸易，从而将价廉物美的中国商品运往澳门，转销日本、果阿、马尼拉等地，进而远销至欧洲和美洲。正如1629年荷兰驻台湾第三任长官讷茨在一份关于中国贸易问题的报告中所说：

---

① 黄启臣：《澳门通史》，广东教育出版社，1999年，第53页。

② 黄佐：《广东通志》卷六六《外志》，岭南美术出版社，2009年，第1743页。

③ 庞尚鹏：《百可亭摘稿》卷一《陈末论以保海隅万世治安疏》，《四库全书存目丛书·集部》第129册，齐鲁书社，1997年，第130—131页。

在澳门的葡萄牙人同中国贸易已有113年的历史了。他们……每年两次到广州（那边每年举行两次盛大的市集）去买货。他们的确从这种通商中获得比马尼拉的商人或我们更多的利润；因为他们在中国住了很久，积累了丰富的知识和经验，这使他们所得到的货品，质量比别人好，品种比别人多；他们也有机会按照他们的特殊需要订制货品，规定出丝绸的宽度、长度、花样、重量，以适合日本、东印度和葡萄牙市场的需要。[①]

1625年，一位从望加锡到巴达维亚停留的英国商人，对澳门在这个地区贸易的情形作过十分详细的记述：

每年有10—22艘葡萄牙单桅帆船自澳门、马六甲和科罗曼德尔海岸的港口来到望加锡停泊，有时上岸的葡萄牙人多至500人。这里的穆斯林苏丹允许他们自由奉行其宗教。他们在11—12月抵达，次年5月离开，把望加锡作为销售中国丝货和印度棉纺织品的转运港。他们用这些货物交换帝汶的檀香木、摩鹿加群岛的丁香和婆罗洲的钻石。……他们的贸易值每年达50万元西班牙古银币，仅澳门几艘单桅帆船载运的货物就值6万元……葡萄牙人把望加锡视为第二个马六甲。[②]

据统计，1580—1590年，从澳门运往果阿的生丝为3000多担，价值24万两白银。1635年达到6000担，价值白银48万两。而由里斯本经果阿运来澳门的货物有胡椒、苏木、象牙、檀香和银子。1585—1591年，每年从果阿运进澳门的银子约20万两。与此同时，葡萄牙的“大帆船”每年初夏乘着西南季风东渡日本，把中国的“铅、白丝、扣线、红木、金银等货”运往长崎高价出售。而从澳门运往马尼拉的商品更是包罗万象，包括生丝、丝织品、瓷器、铁锅、火药、母牛、母马、蜜饯、火腿、咸猪肉、棉纱、无花果、石榴、陶缸、弹药、宝石、蓝玉等数十种，其中以丝货为最大宗。从马尼拉运回澳

① 《荷兰贸易史》，转引自《郑成功收复台湾史料选编》，福建人民出版社，1962年，第115页。
② 博客塞：《葡萄牙绅士在远东》，转引自黄启臣：《澳门通史》，第48页。

门的商品，种类和数量都不能算多，主要有白银、苏木、棉花、蜂蜡和墨西哥洋红，其中白银数量最多。货物之外，西方国家的科学技术和思想文化，如数学、天文学、历学、地理学、西医、西药、物理学、语言学、音韵学、哲学、伦理学、宗教、美术、音乐等经澳门传入内地，而内地则通过澳门输出古典经籍、语言文学、中医中药、民间工艺、园林建筑、风俗习尚等到东南亚和欧美。①

清廷虽然多次实行“海禁”政策，但澳门人口似乎一直处于增长状态，生于1759年的瑞典学者龙思泰就曾指出：

> 自1718年康熙帝下令禁止南洋贸易后，由澳门至马尼拉及巴达维亚之船只，出入频繁，澳门关税达二万两。澳门市贸既咸盛，人口之日增，自在意中。②

两广总督孔毓珣在《酌陈澳门等事疏》中也说：

> 广东香山澳向有西洋人来贸易，居住纳租逾两百年，今户日繁，共计男妇三千五百六十七名，大小洋船近年每从外国造船回澳，共有二十五艘，此后船只日增。

黄启臣教授《澳门通史》一书列有“1555—1997年澳门人口变动统计表”。据统计，1555年，澳门还只是一个人口将近400的小渔村；到1910年，澳门半岛人口激增至74866人，其中中国人71021名，葡萄牙人3601人，其他国籍人244人。③ 可谓弹丸之地，五方杂处，肤色纷呈。

得益于澳门中外贸易中转港和水陆运顺畅的有利条件，不少西方商人、传教士、官员和游客进入中国内地，为中国社会的新陈代谢注入新的力量。

---

① 黄启臣：《澳门通史》，广东教育出版社，1999年，第41—44、175—176页。

② 转引自黄启臣：《澳门通史》，广东教育出版社，1999年，第175页。

③ 黄启臣：《澳门通史》，广东教育出版社，1999年，第9—10页。

同时，也有大量中国人主动或被动地从澳门走出国门。1645 年，香山人郑玛诺（1633—1673）随天主教神父陆德由澳门赴罗马求学，后成为耶稣会第一位中国籍司铎。1847 年，就读于香港马礼逊学堂的容闳与另外两名学生黄胜、黄宽，成为首批前往美国的中国留学生。葡萄牙人定居澳门后，西方耶稣会士大都是从澳门进入中国内地的。1583 年，罗明坚、利玛窦经澳门来到肇庆，建立了耶稣会在中国内地的第一个传教点。此后利玛窦更深入韶关、南昌、南京、北京等地传教。1594—1805 年，在澳门经过圣保禄学院培训的 200 多名耶稣会士，纷纷进入内地传教，活动范围包括河北、山东、山西、陕西、河南、四川、江苏、浙江、江西、广东、广西等地区，信徒也由 1585 年的 20 人增至 1617 年的 1.3 万人、1644 年的 15 万人。① 因此季羡林先生认为：“明末最初传入西方文化者实为葡人，而据点则在澳门。”这可以从一份十分奇特的中文档案中得到证实。

> 在香山县治内，离香山县城一百里的地方有一个海岬，与大陆仅有一地峡相连，就像睡莲的茎支撑着叶子一样。海岬上建了一座小镇，镇中居民全为外国人，没有一个中国人；关闸处建起一海关，以检查来往人员及货物。此地既不生产稻米、盐，又不生产蔬菜，一切皆靠内地供应。镇内有一欧洲官员主持政务，官衔相当于我国的总督。政府文告及通信都通过翻译传达给他们。他们有一个奇特的风俗，即脱帽致敬。我们从他们处购买象牙、龙涎香、粗羊毛制品、红木、檀香木、胡椒和玻璃。②

但是，澳门在充当东西方物质文化和精神文化传播者的同时，也在鸦片和苦力贸易中扮演了不太光彩的角色。1729 年，葡萄牙人从印度西北海岸的果阿、达曼贩运鸦片到澳门，并逐渐成为葡萄牙最重要的财源。直到鸦片战争前，澳门一直是鸦片走私贸易的重要基地。1839 年，林则徐曾亲自到澳门

① 黄启臣：《澳门通史》，广东教育出版社，1999 年，第 120—127 页。
② 徐萨斯：《历史上的澳门》，澳门基金会，2000 年，第 41 页。

巡视检查禁烟事宜。而香山附近的伶仃洋，甚至成为英商最安全的囤积和销售鸦片等非法物品的基地。[①] 在走私鸦片的同时，葡萄牙人还以澳门为基地，在广东沿海一带从事掠卖人口的勾当。“澳夷住濠镜，凡番、南、东、顺、新各县，皆可扬帆抵达。其船高大如屋，重驾番铳，人莫敢近。所到之处，硝磺刀铁，子女玉帛公然搬运，沿海乡村被其掳夺杀掠，莫敢谁何！”[②] 据不完全统计，自1517年至1840年期间，葡萄牙掠卖的人口至少达到30多万人。[③] 据《1860年广州华商致英国领事馆文》记载：

> 迩来不意葡萄牙人于澳门开设招工馆数处，串通彼等所庇护之华商，不准用贵国名义租赁汽轮及帆船，且雇佣内河各种大小船只，上载葡人，泊于黄埔码头以及广州水面其他各处。运用各种诡计，诱骗良家幼童，以及无知乡愚。一经拐骗或掳获，或称“猪仔”，即被置于海舶，囚于黑暗舱中，然后运往澳门“猪仔馆”……被拐带者六七万之众，家毁者可六七万户，兴言及此，谁不为之痛心哉！[④]

据统计，1856年至1873年间，从澳门运往古巴和秘鲁的苦力达180061人，其中运往古巴94544人，运往秘鲁85192人，运往其他地区325人。[⑤] 在人道主义者的眼里，澳门不啻一个“收买、囚禁和转卖苦力的集中营，是苦力惨遭迫害的活地狱”。[⑥]

在东西方物质文化和精神文化通过澳门这个“中转港”不断地进行双向互动的同时，澳门也以其得天独厚的地理条件和千载难逢的历史机缘，为东

---

① 郭小东：《打开“自由”通商之路：19世纪30年代在华西人对中国社会经济的探研》，广东人民出版社，1999年，第111—129页。

② （清）史澄：《光绪广州府志》卷22《列传十一》。

③ 黄启臣：《澳门通史》，广东教育出版社，1999年，第196页。

④ 转引姚贤镐主编：《中国近代对外贸易史资料》第1册，中华书局，1962年，第470—471页。

⑤ 黄启臣：《澳门通史》，广东教育出版社，1999年，第199页。

⑥ 陈翰笙主编：《华工出国史料汇编》（第四辑），中华书局，1981年，第188页。

西方人口流动和社会互动，提供了相对稳定而又安全的基地和相对开放而又自由的平台。在明末至晚清近300多年里，西方的商品、科学技术、宗教、商人、传教士等，借助澳门和香山水路、陆路，进入中国内地，而中国内地的各种物产和人力资源，也被迫从这个河运、海运都比较方便的海上走廊和中转港，顺利地进入经济全球化的新时代。明清时期在中外商贸和文化交流中成长起来的香山通事、牙商、买办等商人群体，在早期这种经济全球化的进程中，既有效地将西方物质文化成果引入中国，又以他们所拥有的地缘、人缘优势和语言、商贸等方面的特长，有力地推动了传统中国向近代社会转型。整体而言，整个明清时期，澳门一直保持着中外物流和人流比较畅顺的状况，直接影响着广州海上丝绸之路的宽度与深度。[①] 可以说，明清时期，香山不仅是海上丝绸之路的重要驿站，而且也是中国与世界接轨，进入经济全球化的海上走廊。

四、城市与乡村：海上丝绸之路的文化辐射

香山在成为明清时期海上丝绸之路的海上走廊和重要驿站这一漫长而缓慢的过程中，也主动地承接西方文艺复兴以来的文明辐射，在早期中外贸易和文化交流中扮演着十分重要的角色，甚至起到桥梁纽带和开路先锋的作用。

早在宋元时期，香山人就开始了海外经商谋生之旅。到了明清时期，香山人不仅率先突破制度、语言和文化的障碍，以开放的胸怀、谨慎的态度、务实的精神积极应对西方的挑战，主动参与早期经济全球化，成为早期中外交通史上不可缺少的商人、掮客、买办、通事，而且直接或间接地成为中外文化交流和中国经济社会转型的中介者与推动者。[②] 他们借助海上丝绸之路的便利，既把中国各地的物产和文化传播到海外，又将海外的物质文明和精

---

① 郭秀文等：《清代广州与西洋文明》，汕头大学出版社，2006 年。

② 参见胡波：《香山商帮》，漓江出版社，2011 年；《香山买办与近代中国》，广东人民出版社，2007 年。

神文明成果带回中国。在长期中外文化交流的过程中，香山人的生产生活方式、精神文化生活，以及香山的社会结构和社会风貌也因此而改观。

香山原为“海中一岛耳，其地最狭，其民最贫”。屈大均曾指出：“古时五岭以南皆大海，故地曰南海。其后渐为洲岛，民亦蕃焉。东莞、顺德、香山又为南海之南，洲岛日凝，与气俱积，流块所淤，往往沙潬渐高，植芦积土，数千亩膏腴，可跻而待。”[①] 明清时期的香山人虽然仍以农业为本，赖田园为生计，但渔业、盐业和商业亦居重要地位。当时民分九等：“一曰农人以殖百谷，二曰灶人以办盐额，三曰织人以成布帛，四曰牧人以蕃孳畜，五曰园人以毓草木，六曰渔人以备鲜错，七曰猎人以储皮腊，八曰市人以售酒食，九曰矿人以攻金石。”[②] 据史料记载，明代香山“商人适其事，于县城西，集商十八间。另有所前市，在拱辰街南；南门市，在南拱桥；堑头市，在学宫前；东门墟，在县治东附廓沙岗墟，旧在迎恩街”。[③] 说明在明代中后期，香山县城（石岐）已有了分工细密的工商业和初具规模的城镇格局。清代香山人黄沃棠在《下洋即事》诗中，对香山农、渔、盐、商四业的相辅相成进行了诗化的描述：

> 半城米市在江滨，俭朴遗风亦足珍。十亩田园同作力，几家盐灶共为邻。墟头酒妇担壶到，店里农夫买醉频。最是夜来潮落后，月明渔火弄青萍。[④]

随着农、盐、渔、商四业的发展，香山城乡经济社会也呈现出一派欣欣向荣的景象。《嘉靖香山县志》载，长安乡恭常都有村 22，潮居乡黄梁都有村 17。编于 1750 年的《乾隆香山县志》记载，长安乡恭常都有村 54，潮居乡黄梁都有村 67。到道光七年（1827），长安乡恭常都有村 79，潮居乡黄

---

① （清）屈大均：《广东新语》卷二《地语》，中华书局，1985 年，第 52—53 页。

② 《嘉靖香山县志》卷二《食货》，第 316—318 页。

③ 李国瑞：《中山商贸演变概述》，《中山文史》第 30 辑，第 68—69 页。

④ （清）黄沃棠：《楚游草》，见黄映奎编：《香山黄氏诗略》卷十，广东省中山图书馆藏抄本。

梁都有村194。从1750年到1827年，恭常都从54个村发展到79个村，而黄梁都则从67个村发展到194个。清代前期香山有墟市12个，到了清代后期则增加到31个。[①]而香山北部的小榄、黄圃、古镇等地的村镇发展更为迅速，墟市数量、规模等较过去有了明显的增加。

1553年葡萄牙人租住澳门后，香山内外商贸活动更加频繁，“澳门夷人与内地商人，各将货物俱由旱路挑至关前界口，互相贸易”，“其外来船只到粤洋货，及商民货船到香山县，俱由旱路运至界口贸易”。据葡人记载：

> 澳门与北方（香山和广州）大规模通商，他们向北方运去从东非海岸运来的珊瑚、琥珀、鱼肚、燕窝、鱼翅和其他高级货物。原来不定期开放的关闸在这一年（1667年）的8月宣布每日开放，人们敲锣打鼓、放炮鸣枪欢迎这一决定。[②]

所谓“小西船到客先闻，就买胡椒闹夕曛。十日纵横拥沙路，担夫黑白一群群”，[③]“岭外云深抹翠微，翠微村外落花飞。负贩纷纷多沽客，辛苦言从澳门归”，[④]描写的就是香山各地与澳门关闸水陆贸易的真实情形。由于澳门“地居滨海，汉夷杂处，县令难远兼顾”，清政府于1743年设立澳门同知，以加强对澳门的管理和控制。1809年两广总督百龄和广东巡抚韩崶在《民夷交易章程》中明确指出：

> 夷商买办人等，宜责成地方官慎选承充，随时严察也。查夷商所需食用等物，因言语不通，不能自行采买，向设有买办之人，由澳门同知给发印照。近年改由粤海关监督给照。因该监督远驻省城，耳目难周。……

---

① 汤苑芳：《分合与互动：清代广东墟市经济地理（1644—1911）》上册，台北花栏文化出版社，2013年，第198页。

② ［葡］施白蒂：《澳门编年史》，澳门基金会，1995年，第56页。

③ 吴历撰，章文钦笺注：《吴渔山集笺注》，中华书局，2007年，第174页。

④ 吴兴祚：《留村诗钞》，第42页。

> 嗣后夷商买办，应令澳门同知就近选择土著殷实之人，取具族长、保邻切结，始准承充，给与腰牌印照。在澳门者，由该同知稽查，如在黄埔，即交番禺县就近稽查。如敢于买办食物之外，代买违禁货物，及勾通走私舞弊，并代雇华人服役，查出照例重治其罪；地方官徇纵，一并查参。[①]

虽然明清两朝都从未放松对澳门的监管，但澳门与香山及邻近地区之间的关系仍十分密切，因为澳门是以东西方国际贸易的中转站而著称，本地农业、渔业和手工业并不发达，居民的日常生活所需均仰给于内地。其时就有人指出："澳无田地，其米粮皆系由香山县石岐等处接济……若米船数日不到，立形困窘"，"其地不产盐米蔬菜，俱内地运出"。由此可见，澳门与香山及周边地区之间，一直存在着货物和人口的互动关系，而这种相互依存、相互往来的关系，直接推动了香山及澳门两地的村镇繁荣和发展。尤其是与澳门邻近的前山、翠微、吉大、山场、拱北、湾仔、唐家湾、坦洲、斗门、石岐等地，因明清时期长盛不衰的中西商贸关系，这里较早地接触西方先进的物质文明和思想文化，人们思想开明、眼界开阔、善于学习、勇于探索，在社会治理、经济和文化建设以及移风易俗等方面，均走在中国社会的前面。邮电和通信是从传统走向近代的一个重要标志。1887 年，拱北海关正式建立，海关邮政也应运而生。1902 年 10 月 8 日，下栅成立邮政代办所。1905 年，唐家也出现代办邮政商铺。1908 年 10 月 11 日，前山开设三等甲级大清邮局，下设 7 个乡村邮站，每天寄出与收到的邮件均达十数件。到 1911 年，接收邮件数已达 124800 件。邮件或由邮差，或由纤夫船，或由华船寄运；来往香港等地的邮件，则由澳门葡人邮局转寄。前山邮局成为清末民初华南沿海地区对外交往、了解外界信息的重要管道。1907 年，前山设立连接石岐的电报站，人工莫尔斯电报机的使用，方便了石岐与澳门两地沟通商业行情与金融信息。[②]

---

① 《粤海关志》卷二十八《夷商三》。

② 黄晓东主编：《珠海简史》，社会科学文献出版社，2011 年，第 165 页。

受澳门东西文化交汇的影响，明清时期，香山在教育、医疗卫生、慈善、防火、防盗、社会治安和公共文化事业等方面，均打上了近代化的烙印。1908年，香山士绅和商人在香洲开辟商埠的请求得到批准。1909年8月14日，香洲商埠正式营业，前来游埠者络绎不绝。新开的日升酒楼、泉香酒楼、合栈茶居等天天宾客盈门。南北环与公所直街是中心商业区，其间有商店40余间，包括油糖酒米、食品药材、陶瓷山货、金银首饰、皮鞋棉布、五金家具、文具纸料等类别，夜晚也是灯火如昼，呈现出一派欣欣向荣的景象。[①]1910年，香洲埠开始修筑香洲—前山公路。[②]水路方面也准备开设轮渡以方便香洲与石岐的往来运输。尽管商埠在开业三年后便由于各种因素而迅速败落，但商埠的创建无疑为香山城市社会的兴起和商业文化的发展积累了经验，也使香山人借此看到了城市和商业、政治与经济、文化与社会之间互动的利害关系。从这个意义上说，香山自开商埠，无疑是香山人创建现代化城市的一次勇敢尝试。[③]

明清时期的香山，虽然仍处在沙田不断开发和村镇持续发展的阶段，但由于长期处于中外商贸和文化交流的前沿地带，城乡经济发展和社会文明进步均有了明显的海洋文化色彩。元明终世，香山仍属下等县，但到清朝乾隆年间，香山的商贸有了长足的发展，矿、冶、盐、船、陶各业产销旺盛，初步由“农工一体”的生产者向“工商一体”的工商业过渡。[④]18世纪60年代起，英国进入工业革命时期，香山的工商业也开始出现专业化和一体化的倾向，产生了织布、舂米酿酒、畜力制糖、花梨雕刻等作坊，开设了大量典当、租赁、运输等服务性行业店铺。[⑤]鸦片战争前，香山已从下等县跃升为上等县。

鸦片战争后，澳门虽然不再是唯一的对外商贸港口，但香山及周围地区

---

① 黄鸿钊编著：《香洲开埠史料辑录》，珠海出版社，2010年，第85页。

② 《香洲新埠附近拟筑东路》，《香山旬报》第五十七期，庚戌三月廿一日。

③ 黄鸿钊编著：《香洲开埠史料辑录》，珠海出版社，2010年，第131页。

④ 王远明、胡波：《香山文化简论》，《中山文史》第60辑。

⑤ 李国瑞：《中山商贸演变概述》，《中山文史》第30辑，第68—73页。

与澳门之间的商贸活动依然十分频繁。县城石岐更是店铺林立、墟市兴旺、商贾辐辏、人流如鲫。小榄、黄圃、大岗、大涌、南朗、三乡等墟镇亦十分繁荣。尤其是小榄，“居香山之上游，其石岐渡之往省城、佛山、陈村、官山、大良、龙山、龙江、九江、容奇、桂洲、黄圃、黄连、勒楼、甘竹等处者，路所必经。都人顺搭上落，日十百人，甚为便利”，①俨然为香山县北部的航运和物流中心。其时，外来商品有海味、砖瓦、柴炭、煤油等，而输出的产品有盐、蚝油、鱼虾蟹、谷米、蚕丝、夏布等，岁入达白银八百万两。②《香山县志续编》载：“县属商业除澳门外，以城南石岐为总汇，各乡墟市亦有号称畅旺者，如四都之榄边墟，大都之南萠墟，谷镇之乌石墟，阛阓颇盛，榄镇茧市岁入百余万两，黄圃茧市获利亦丰，香洲埠已自辟商埠，近闻淇澳亦思接踵。商业进步，当未有艾。至输出输入各品，则以水运居多。”③1909年香山城乡人口达到1421796人。中外通商和村镇互市，直接加速了香山经济社会的近代转型。

五、结语

珠江三角洲的香山，因地处珠江出海口，既有众多的岛屿和优良的港湾，又有水运和陆运的交通便利。汉唐时期，香山岛及周围广阔的海域是海上丝绸之路的必经之地。明清之际，西人东来，尤其是葡萄牙人租住澳门后，这里不仅是西方商人、传教士、官员和游客进入中国的重要驿站，而且还成为名副其实的中外贸易枢纽和中西文化沟通的桥梁。香山人曾有幸参与和见证了郑和下西洋的壮举，而且还成为拓展海上丝绸之路的生力军。④他们参与了早期中外贸易，曾借助海上丝绸之路的便利，把中国的物产和文化传播到

---

① 厉式金修，汪文炳、张丕基纂：《香山县志续编》卷四《建置》，台北成文出版社，1967年，第255页。

② 李国瑞：《中山商贸演变概述》，《中山文史》第30辑，第68—81页。

③ 厉式金修，汪文炳、张丕基纂：《香山县志续编》卷二《舆地》，第67页。

④ 据日本关西大学教授松浦章《明清时代东亚海域的文化交流》（江苏人民出版社，2009年，第38页）所述，香山人尹仲达曾随郑和下西洋。

海外，并将海外的物质文明和精神文化成果带回香山和中国。在长期的文化交汇和密切的人际交往中，香山人的生产生活方式、精神面貌和香山社会的经济、社会结构等均发生了前所未有的转变。[①] 正如英国晚期重商主义的突出代表托马斯·孟所言："商品贸易不仅是一种使国家之间交往具有意义的值得称誉的活动，而且，如果某些规则得到严格遵守的话，它还恰恰是检验一个王国是否繁荣的试金石。"[②]

历史表明，是海上丝绸之路拓宽了香山人生活和发展的空间，是海上丝绸之路提升了香山在中国和世界历史中的地位，是海上丝绸之路改变了香山人的内心世界和精神面貌。同时，香山人也在海上丝绸之路的拓展中发挥了积极主动的作用。他们不仅以自己富有冒险性的商贸活动和文化交流，有效地开启了中国人向外拓展的潜力，而且也以自己颇具创造性的转化能力，将新信息、新知识、新经验、新方法、新技术融入生产生活和对外交往之中，从而在客观上丰富了海上丝绸之路的文化内涵，推动了明清时期海上丝绸之路的建设和发展。

总之，香山因海上丝绸之路的便利，有效地实现了自我发掘、自我发展、自我完善和自我超越，海上丝绸之路也因开放包容、敢为人先、务实进取的香山人的积极参与而充满活力。可以说，香山人既是海上丝绸之路的参与者，又是海上丝绸之路的受益者。

---

① 胡波：《中山史话》，社会科学文献出版社，2014 年，第 97—107、129—143 页。

② ［英］托马斯·孟著，顾为群译：《贸易论》，商务印书馆，2009 年，第 5 页。

渔村掮客引潮流

——略论香山买办文化对近代化的建树

王 杰[①]

“绿窗明月在，青史古人空。”唐人崔颢《题沈隐侯八咏楼》的诗句，不禁勾起笔者对买办这一特殊阶层的无限慨叹！

记得2007年在中山召开“华侨文化与香山文化”学术研讨会，有学人提问：开平（恩平）与香山，同是侨乡，又是芳邻，都建碉楼。两者相比，前者显见规模雄伟、建筑呈群、工艺更精细，这是为什么？我的答词是，探究其表里，两者“本质”之区别，在于文化内涵的差异。具体来说，就是草根文化心理与精英文化心理的取向不同。“草根”文化心理“表”于虚荣的“浮躁”，因为自己先前的社会地位低下，今朝既已发迹，便刻意在世人面前“妆”门面，摆阔气，抖威风，示显赫；“精英”文化心理则不然，他们的思考更理性，目光更高远，取向更趋深邃，尤其在文化意象上内化其归宿。再者，“草根”注重眼前，立足个体；“精英”放目未来，注重服务群体与报效社会。会后，笔者一直在思考着“精英”文化的走向，寻找其共性的涵质。如果把香山作为一个整体考察，我们不难发现，香山的华侨如是，而香山的买办更甚然。

买办在中国近代，可谓横空出世，振聋发聩，中西兼容的文化内涵，更

① 王杰，现任中国现代文化学会副会长、广东省广府文化研究会副会长。曾任广东省社会科学院孙中山研究所、历史与孙中山研究所所长。

独步一时。他们以“躬身”的姿态，着先鞭于中国近代民族工业，又以“表率”的风貌熔中西文化于一炉，在传统向近代转型的历史时期充当急先锋。

一、横空出世，重置士农工商排位

历史的本身即过程。“近代中国是一个过渡性的社会，其中的事事物物都带有过渡性，都充满着新旧质素的纷争与消长。”[①] 在近代中西方交流的初级阶段，产生了一种“过渡性”的中介人——买办。尤其是鸦片战争以后，国门破开，欧美商人蜂拥东来，开辟中国商机。这一时期，中西经济交流不断扩大，买办也随之增多，并逐渐形成一个经济收入日渐显赫的群体。

香山扼珠江出海口，得天独厚的地理环境和开放的文化氛围为买办的诞生准备了历史的土壤。明嘉靖时期葡萄牙人租据澳门，清乾隆二十二年（1757）后广州一口通商，乃至鸦片战争后英国割占香港，这都为广东尤其是香山大量“出产”买办提供了天时与地利的“温床”。“近水楼台先得月”，香山买办凭毗邻港澳之先机，沐浴了欧风美雨的“浸润”，借“洋泾浜”英语的洗礼，捷足登上了中西商贸的前沿。上海开埠通商伊始，香山买办占据了先到和先手的便宜，在与外贸和商业经营有关的洋行、商号、钱庄等洋场“抢占”了先机和“制高点”。宝顺、怡和、琼记、太古等著名洋行的买办，大多来自香山。“在19世纪60—70年代，在上海有财有势的广东买办有徐宝亭和徐荣村兄弟[②]、徐宝亭的儿子徐润和侄子徐芸轩、林清（阿康，Acum）、郑观应、唐景星和唐茂枝兄弟，都是香山人。”[③] 香山的唐氏（唐廷枢、唐廷植）、

---

① 章开沅：《商会与中国早期现代化·序》，虞和平：《商会与中国早期现代化》，上海人民出版社，1993年。

② 徐钰亭（1804—1870）、徐宝亭（1816—1881）、徐荣村（1821—1873）三兄弟俱出自香山县北岭（今珠海市香洲区北岭村）。徐钰亭早年在澳门经商，后在上海设宝顺洋行任买办，全力经营丝茶，未及十年，获利无数，名扬中外。

③ ［美］顾德曼著，宋钻友译：《家乡、城市和国家——上海的区域网络和认同：1853—1937》，上海古籍出版社，2003年，第41页。

郑氏（郑观应、郑翼之）、徐氏（徐钰亭、徐润）、莫氏（莫仕扬[①]）等几大家族逐渐成为买办世家。

西方的“坚船利炮”仗势袭来，孱弱的清政府节节惨败、割地赔款，西方文明与中国传统的巨大反差，震撼着沉迷于“天朝”美梦和“孤芳自赏”的先觉者。买办就是中介于中外商贸过程中的“先觉”群体。中国人从不缺乏吸纳和学习的精神，“先觉者”初始以为，西国胜在“利器”，故欲制敌，先治其器。于是，率先引进西方器械和技术建设军工业，合资或独资创办民用业的热潮应时而起。在创办西式企业的过程中，必须重用熟悉西方商业文明的人才。独具经营和资金优势的买办因此被引入洋务运动，参与了大多数近代企业的创办，如轮船运输业、电信电报业、矿业、纺织业等四大类民用企业。铁路、金融、银行、机器、码头、垦殖、保险、盐务、煤气、印刷等新式行业也随之创建，同时培养了一批新型技术人才。买办的影响力开始从经济层面向社会政治层面转移。这种转变，对提高买办的人生价值与社会地位无疑具有“碑记”意义。

香山买办的“先觉”，表现在他们开风气之先。唐廷枢、徐润、郑观应等从中西贸易的实践中体悟了“工业化”的真谛，内化了“商战”的理念，因而成为清末民初“工商立（救）国”的倡导者和实践者。他们在与西方商人长期交往中，感悟到“商务者，国家之元气也，通商者，疏畅其血脉也”，[②]提出“习兵战不如商战”思想，主张发展工商业。在清政府创办的新式企业资金不足和经营不善的时候，他们投入大量资金和精力，引进西方的生产经营方式和管理模式，尝试中西结合，实践传统到现代的转型创造，在制度创建和管理上体现了“西体中用”的趣旨，逐渐将西方的股份制、保险机制、竞争机制、核算机制纳入洋务企业的管理，走出企业商办、民主管理、培养

① 莫仕扬（1820—1879），香山县金鼎镇会同村人。香港开埠后，莫仕扬在港经营建筑业，并兼营进出口杂货生意，赚取厚利。1873年，英商太古洋行聘其担任总办。

② 夏东元编：《郑观应集》（上册），上海人民出版社，1982年，第604页。

实用人才、多元化经营的路子，为近代中国企业发展、摸索中国民族工业的发展模式积累了经验。徐润还慧眼独到，在呼吁“振兴商务”以追赶欧美的同时，强调为使“我之利不使外溢”，宜急培养自己的人才，积极支持清政府派幼童赴美留学，升华强国富民之术。

唐廷枢、徐润在中国早期工业化的过程中充当了先驱的角色。1873 年，唐廷枢、徐润受李鸿章委派任轮船招商总局总办和会办。唐、徐一经接手，就扩大资本，推出合股投资体制，实行股份转让，向社会公开发行股票，使招商总局的股值一年之内增加一倍半，开中国股市之先河。经过他们的不断努力，招商总局不仅拥有长江和沿海航运的大部分市场，还拓展了南洋运输业务，于菲律宾、泰国设立分局，开辟远航英国、日本、新加坡、夏威夷和美国本土的业务。轮船招商总局除了承运漕粮，还延揽商货，与太古和旗昌等洋行争利。1877 年，轮船招商总局吞并了当时轮船运输业的老大——美国旗昌轮船，成为当时中国最大的轮船企业。1883 年，唐廷枢奉命赴英国考察，为北洋舰队订购船只。经元善曾说：“唐、徐声望素著，非因北洋增重。唐之坚忍卓绝，尤非后来貌为办洋务者可比。”①

1876 年，李鸿章委派唐廷枢主持开采开平煤矿。从勘察矿址、拟定计划、募集资本到煤矿开采，他都亲力亲为。经由唐氏之积极筹划，煤矿产量大幅度攀升，并带动了铁路和水路运输的发展。在他的倡议和主持下，建立了中国自营的第一条铁路——开平铁路和中国自营的第一家水泥厂——唐山细棉土厂。至 19 世纪 80 年代末，开平煤矿已占据天津整个市场，为矿务局的扩大再生产奠定了坚实的基础。1878 年 6 月，上海《远东月报》撰文赞许：唐氏“破除旧时锢习，采用新法，集国人之资，用众人之功”，“又得国人之信任，所见之明无可及也。伊为中国未经创见最大方略之领袖”。②1892 年 10 月，唐廷枢辞世，郑观应致函盛宣怀说：“盖此公一生精力消磨于商务洋

---

① 虞和平编：《经元善集》，华中师范大学出版社，1988 年，第 53 页。

② （清）徐润：《徐愚斋自叙年谱》，《稀见上海史志资料丛书 3》，第 89 页。

务之中，数十年来备尝艰苦，凡事不因仇怨，顾全大局，力图整顿，洵为吾粤中办洋务之特出者。”① 上海《北华捷报》载文称誉，唐氏的一生标志着中国历史上的“一个时代”，“他的死，对外国人和对中国人一样，都是一个持久的损失”，“要找一个人来填补他的位置，那是困难的”。

徐润投资传统茶业和新兴房地产业，财富迅速聚集。1868 年，宝顺洋行停歇后，徐润结束了买办生涯，成为民族资本家。他开设“宝源祥茶栈”，在河口、宁州、沣溪、江西九江、湖北洋楼洞、崇阳、湖南湘潭长寿街等处设立茶号，以茶栈带茶号，既担任买卖的中介，又自行投资贩运，自成购销系统。宝源祥茶栈的经营规模不断扩大，成为上海最大的经营茶叶出口的茶栈。徐润还在上海茶叶公所、丝业公所、洋药局、仁济医院（上海第一家医院）、格致书院任董事。19 世纪 70 年代，列强竞相在上海开设租界，各地富豪纷纷来沪开办工商业。徐润洞察上海百业振兴，万商云集，富庶甲于东南，地价日益翔贵，先购地 3000 亩，建筑楼宇 320 亩，造洋房 50 所，楼房、平房、临街馆房等 2000 余间，年收租金 12 万余两，成为风云一时的地产商。个人资产达 341 万两，其中房产占 223 万两，股票投资 82 万两，典当、钱庄等 34 万余两，一时富甲上海滩。

郑观应的“商战”理论，既源自洋行买办的经验，更得益于创办近代企业、与外人“商战”的感悟。1878 年，李鸿章派郑观应筹办上海机器织布局。1880 年，委郑氏为织布局总办，旋又委为上海电报局总办。1882 年，郑观应与太古洋行聘期届满以后，离开太古，受李鸿章之聘，出任当时难以维持的轮船招商总局帮办。上任伊始，即拟《救弊大纲》十六条上呈李鸿章，在得人用人、职责相符、赏罚分明、增加盈利、降低消耗等方面提出了一系列建议。对外为制止太古、怡和洋行的削价竞争，郑观应亲与二洋行交涉签订了齐价合同。经内外治理，轮船招商总局的营业额和股票市值大幅提高。1883 年 10 月，李鸿章擢升郑观应为轮船招商总局总办。1891 年 3 月，郑观应自请盛宣怀举

① 刘志强、赵凤莲编著：《徐润年谱长编》，北京师范大学出版社，2011 年，第 398 页。

荐，由李鸿章委任为开平煤矿粤局总办，负责购地建厂、填筑码头。次年李鸿章再度委其为招商总局帮办。入局伊始，郑观应即与最大竞争对手太古、怡和洋行再签齐价合同，并拟出《整顿招商总局十条》，又作《上北洋大臣李傅相禀陈招商总局情形并整顿条陈十四条》，内容涉及开源节流及具体经营方略。1896 年，张之洞委任郑观应为汉阳铁厂总办。1899 年 10 月，兼任吉林矿务公司驻沪总董，广招股份。如是复杂的商旅的历练，反过来为郑氏的商战理论提供了丰富的思想资源。

香山买办以主动的姿态积极参与新式企业的创办与建设，被学人誉为 19 世纪颇具影响力的"中国近代企业的开拓者"。①

香山买办不仅在 19 世纪的沿江海城市上海、天津、汉口、开平等投资现代民族工商业，还激励和推动故乡的工商业开发。在两广总督张人骏和时任广州商务总会协理郑观应的支持下，香洲开埠可谓一大创举。② 用现代的话语说，乃是在一个荒沙滩上建设一个商业开发区。《香洲商埠详细章程》第一章开宗明义阐明其旨："欧美以商务立国，以卫生殖民，此文化所以日进也。我国欲救贫弱，输入文明，当从商场、住场起点。况当此外界之风潮激刺，内地之水旱颠连，因以垦荒殖民，振兴商务，讲求土货，挽回利权，使我伟大帝国四百兆同胞绰然雄立于地球，以共享文明之幸福。此垦辟商埠之宗旨也。"

为国争利权——这一心声与呐喊，是 19 世纪末 20 世纪初时代的最强音。这在"广东香洲商埠挂号收条"③ 的条文中可以找到佐证。条文明示了极具爱国情怀的措辞，曰："此收条乃系华人所用，如有外国人拾得及将此条转卖与外国人者，本埠一概作为废纸，特此声明。"这既是民族气节的宣誓，也是文化底蕴的张扬！

---

① 孔令仁、李德征主编：《中国近代企业的开拓者》（下），山东人民出版社，1991 年。

② 1909 年，香洲开埠，这是一座民办官助的新兴商业城市，以其在香山境内，又靠近澳门九洲洋，故取名香洲埠。

③ 在此感谢陈树荣先生提供"广东香洲商埠挂号收条"与《香洲商埠详细章程》影印件。

《香港华字日报》1909年4月23日(宣统元年三月初四日)4版《本报特电》载有关于“香洲开埠”的报道，兹录部分于下：

昨初三早七句余钟，海通、顺利两轮船，载港商约二千人，往澳门东北二十余里，吉大乡北之野狸湾，行开埠礼。本馆代表员亦与焉。埠命名香洲，由港启行，经急水门，过伶仃洋，西向，程期约三句钟久。至时已有羊城兵轮，共九艘，分泊左右。粤督张、水提李，皆在座船内。又有澳门拱北关之龙晴、金星两缉私轮，泊于野狸洲前。羊城商界乘大兴轮船到者，澳商乘小轮至者，亦数百人，诸轮俱泊湾前海面。另有小轮三四艘，渡客泊岸，登竹桥，有大道长数十丈，直达行礼棚。道上竖牌，横分东西，马路四，兵队雁列两行，棚大可容千余人。悬额七八方，一曰“强国之基”，是宁阳商界所赠送者；一曰“利国利民”，是香港商界所赠送者；一曰“骏业宏开”，是公益埠商界所赠送者，余亦皆颂祝开埠之语。中设香案，案后设炕桌。时乡绅拱候者，为叶舜琴、曾兆荣、杨应銮、容兆端、梁乔与卢汉墀等。香山县城绅士，则有黄桂丹、何鼎元、廖庆炎、邓鼐、刘鸿宾、林毓华等。地方官到者，香山县凌、县丞杨、前山厅庄、前山守备向等。

约一句钟炮响连击，粤督张、水提李、劝业道陈，相率登岸，直至棚口。众官绅引粤督至炕前略座，随即引至香案前，行三叩礼毕。随员乃出颂辞三通，一是张督者，一是李水提者，一是陈劝业道者。时有一不知姓名之西装华人，手执颂词，背张督而宣读，读声虽高，而句读上下牵连。时见李水提立其身后，含哂不已。闻张督之颂辞，无非利民兴国，李水提之颂辞，无非安民保商，劝业道之颂词，无非振兴商务。宣读毕，乃接读绅商答辞，仍背向粤督众官等。又读毕，其人竟欲自行演说数语。后有人以为时无多，船开在即，又不欲久劳宪驾，亟阻止之。惜不知其将如何发言，想必别有一种解围之言论也。

上述引文显见，香洲开埠盛况空前。两广总督张仁骏、广东水师提督李准、粤府劝业道陈望曾和众多嘉宾出席开埠仪式。会后，众人选王诜等五人为“商埠总办”，王诜为埠主。这也是香山县最早的商会组织。

开埠后，王诜继续集资10万银元，招引侨商巨贾。经两年多的开荒拓土，填壑筑路10条，建成大小铺户1000多间，其中两层楼房125座，“香洲酒店”等企业崛立埠中，班航与移民日增，洋人亦来修筑教堂，市场日旺。奈何宣统二年（1910）七月，一间白铁铺突然失火，连续烧了六个小时，致厂店及八百间屋烧毁殆尽，几千灾民流离他乡，商埠一下成了废墟。

随着近代工商业的兴起，中国知识分子的组成结构发生了历史性的转变。在“士农工商”的传统等级体系中长期处于末流位置的工商业者异军突起，特别是这些具有西方文化背景的洋行买办，他们在与外国商人的交易过程中，比对中西方文化，感悟西方文明的优长，寻找中西之间的差距，主动为缩短中西方文明的差距架桥铺路。他们通过躬身的实践与总结，中体西用、经世致用互为升华，逐渐成长为知识商人群体中的新生力量。相对而言，他们比一般的读书人更有切身体会、切肤之痛，更具忧患意识。新生的买办知识群体，不仅着眼于与外人“商战”争利，更察觉到政治制度上的落后，并为政治的变革大声疾呼。在思想态度上，他们从忧患转为奋起；在社会地位上，他们从边缘人步入社会的主角；他们异军突起而引领潮流的特殊建树，令正处于转型社会的中国刮目相看。因之，从社会观念上，潜移默化地颠覆了传统“士农工商”的排序。在中国近代史上，买办群体的崛起，对中国传统观念的冲击，及其在思想史上的地位，可谓空前绝后。

二、中体西用，兼容东西文化冲突

香山买办乃是因中西文化最早碰撞而衍生的“土特产”。作为第一批敢于“吃螃蟹”者，在谋生与从商的探索中，“自觉”兼容外来文化、无形升华本土文化，并在促进中西文化交流的过程中，不断升华自己——从经济买办步入文化买办层次，承担起引导与表率作用。这对他们自己来说，或许不是初衷。因之，在很大程度上说，他们身后所引发的社会心理与价值取向的影响，或许也是始料不及的。

不同“质”的文明并不因质“异”而相斥，它们需在一定的碰撞过程中互相吐故纳新。

香山买办的成长与事功，说明两种不同“质”的地域文化相遇，对立与冲突并非是单一、绝对的，而是矛盾的对立统一。文化的构建，是一个内外整合的系统工程。某一系统欲保持其旺盛生命力，不仅需要各成员单位的齐备，还需要各子系统之间以及同外界其他系统之间保持一种持续的互动。文化接受需要一个过程。这个过程中会发生异质文化间的碰撞和误读，从长时间来看，必将是两种文化间的磨合与融汇。文化间的互动与交流，最终走向兼容并包，排污不排外，优胜劣汰，从而升华本土文化、塑制新的本土文化。香山买办（文化）于一百多年前经已自觉为中国和世界当了先锋，做出了典范，将之称为买办文化，或许有着特殊的历史文化意义！

香山立百粤之南端。梁启超说：“吾粤僻处岭海，与中原邈隔，故在数千年历史上观之，其影响于国家政局者不甚大。虽然，以世界的眼光观之，吾粤实为传播思想之一枢要也。”[①]16世纪中叶葡萄牙人入据澳门伊始，西学首先以“商”为“桥”，通过澳门这一“桥头堡”，开始与中华文化交汇，催生出“中西合璧”的香山文化。而作为中西商务（文化）交流中介人的买办，先“游刃”于此。历经300多年的融汇，及至19世纪以降，香山被中外誉为“买办故乡”。一种包容、创新、敢为人先、底蕴深厚的买办文化诞生于香山一邑，并由此辐射神州大地。

香山买办之所以成为近代中国买办阶层中的佼佼者，在于它是一个庞大的群体及其产生的巨大影响。香山唐氏、徐氏、郑氏、莫氏四大家族，熟络西方商业知识、生活习俗，又粗通西语，乃至与西商的人际关系，因之香山

① 梁启超：《莅广东同乡茶话会演说辞》，《饮冰室合集·文集之二十九》，中华书局，2015年，第24页。

人具有其他地方的人所不能比拟的优越条件。1843年，上海开埠通商，香山人几乎在与外贸和商业有关的洋行、商号、钱庄等行业占据了有利地位，宝顺、怡和、琼记、太古等洋行的买办，都以香山人为主。他们具有四个特点，即目光远大，视通中西；善捕良机，决策果断；脚踏实地，精益求精；融会中西，植根中华。这是香山文化的集中反映。[①] 香山买办以地缘、血缘关系为纽带，既利用外国人的信任，又凭借与本土的人脉关系，从事买办和私营商业，成为近代中外贸易、洋务运动时期商业文化建设的先驱者和创造者。香山买办群体既是商业上的买办，也是文化上的“买办”。在追求物质和精神生活质量的体验中，凸显出“中西合璧”的韵味：既时尚又不远离传统；主张学习西方先进文化，以弥补中国文化之不足，又不割舍中华文化根脉，留守华夏文明；他们以半中半西的特征“言与行俱”，向时人展示中西兼容的时尚价值观和文化观。

在居住方面，买办讲究“半中半洋”。他们建造房子，“没有外国建筑师可供利用，图样由外国侨商自行绘制，又为适合就地取材和中国技术而由中国营造商加以修改”，[②] 或者修建中国传统建筑风格的园林和住宅，室内摆设着东西方各式家具。

在服饰方面，他们是最早西装革履的中国人，间或“蓝绸长袍和剃过的头上戴一顶绷紧紧的瓜皮帽”。

半中半西的文化心理，在郑观应的诗里表现得活灵活现。《罗浮待鹤山人诗草》与《罗浮待鹤山房谈玄诗草》，两诗集虽然基本同名，主旨却大异其趣。前者言入世之志，阐发“治国平天下”之道；后者言出世之志，抒发修行炼仙之道。前者忧国忧民，悲天悯人；后者超然物外，吟仙咏道。《罗浮待鹤山人诗草》，体现的是一个情感炽热的爱国诗人的形象，而《罗浮待

---

① 熊月之：《上海香山人与香山文化》，王远明、颜泽贤主编：《百年千年——香山文化渊源与解读》，广东人民出版社，2006年，第304—307页。

② ［美］罗兹·墨菲著，上海社会科学院历史研究所编译：《上海——现代中国的钥匙》，上海人民出版社，1986年，第84页。

鹤山房谈玄诗草》呈现的却是一个热衷于道教的信徒。然而，两本诗集分工明确，几乎互不干扰，使我们很容易区分世俗的郑观应和宗教的郑观应，不致混淆。说到底，宗教信仰和政治信仰在郑观应的思想中终归是统一的，即先救世，后求仙；先度人，后度己。郑氏追求世俗的圆满和追求道教信仰的圆满最后得到矛盾的统一。

在信仰和社会生活方面，他们既受儒学、佛教和行会等传统中国价值观念的影响，但又别出心裁地俯瞰仿效西式时尚，日常生活方式和思想观念兼容守常和趋新，使他们成为当时最西方化颇有影响的中国人。[①] 作为一种新生的社会群体，买办在许多方面都逸出了中国固有的传统，为闭塞的中国提供了一种新的生活方式。

实践“洋为中用”，香山买办可谓故事多多：不仅学习和传扬西方商业文明，而且将西方的现代技术嫁接于中华文明。1873 年，在唐廷枢、郑观应、徐润等香山买办和叶廷眷等香山籍官员的支持下，容闳创办了《汇报》，翻刻中外新闻。1875 年，徐润引进外国先进印刷设备和技术，创办了中国第一家机器印刷厂——同文书局。他在北京宝文斋觅得乾隆武英殿版《二十四史》、《古今图书集成》和《资治通鉴》等书，陆续拓印。所印书籍中，规模最大的是《古今图书集成》，凡一万卷。书局首创预约采购的办法，因此而名声大噪。同文书局所印书籍，字迹清朗，装帧精美，颇受社会好评，被学界称为“同文本”。《民国上海县志》记徐润有关贡献：“以欧西石印法于文化事业裨益颇多，创同文书局，影印《图书集成》，及广百宋斋铅版书局，印刷书籍，艺林诧为创举。凡所规划，皆为中国所未见，而事事足与欧美竞争。”在运用西方印刷技术传扬中华文明方面，徐润不是第一人，其地位却举足轻重。

就语言来说，他们不少人毕业于教会学校，或曾留洋，受过良好的英语教育，多能熟操英语，或“洋泾浜”（“广东英语”）。但是大多数国人在

① 参见［美］郝延平著，李荣昌等译：《十九世纪的中国买办：东西间桥梁》，上海社会科学院出版社，1988 年，第 272 页。

日渐频繁的中外文化交流中，还是受制于语言关。“因睹诸友不通英语，吃亏者有之，受人欺瞒者有之；或因不晓英语，受人凌辱者有之”，“贸易最大莫如英美两国，而别国人到来亦无不晓英语，是与外国人交易，总以英语通行”。唐廷枢编撰的《英语集全》，采用粤语注音，“分门别类，订谬指讹，莫不条分缕析，至吹舌音、卷舌音……尤发前人所未发，诚为习英语者之津梁也”。对于洋泾浜的推广、普及和提高，可谓功不可没，也方便了外籍人士掌握汉语。上海开埠，进一步推动了“洋泾浜”的风行。值得一提的是，《英语集全》起名或能看出唐氏的智慧。其时，国人对英文的说法并不统一，如“英字”“英话”等，在《英语集全》问世后都消失了，只有“英语”这一称谓流传下来。

香山买办将中西文化上的互动提升到留学层次，可誉为里程碑式的创举。“以中国人而毕业于美国第一等之大学校”的容闳，致力于“以西方之学术，灌输于中国，使中国日趋于文明富强之境”①的夙愿。1872 年，清政府派遣幼童留美，源自容闳的“教育救国”理念。容闳不仅参与筹划、组织，并全程陪同幼童留美，直至撤回。其间，徐润、唐廷枢等香山买办，亦参与选派幼童和资助幼童学业等。②

香山买办在“中转”西方文明的同时，无形中向西方传播了中华文化的精华。徐润创办的同文书局，不仅传扬了中国传统文化，也向外传播了中华文化。1890 年，总理衙门向同文书局订购《古今图书集成》百部。此书印刷精美，用纸考究，被总理衙门用为赠送外国政府的礼品。容闳使美期间，向母校耶鲁大学捐赠了大量中国传统文化书籍。

香山既开放又保守的文化氛围，形成了一种值得关注的文化现象，即新旧文化兼容并存。有如陈序经在 1939 年发表的《广东与中国》一文中所指出：

---

① （清）容闳著，徐凤石、恽铁樵译：《西学东渐记》，珠海出版社，2006 年，第 23 页。

② 徐润所著《徐愚斋自叙年谱》记录了大量留美幼童的信息，成为后人研究留美幼童史的重要资料。

“广东是旧文化的保存所，又是新文化的策源地，因而粤人既是旧文化的守护者，又是新文化的先锋队。”这一文化现象极具象征意义。自清末以来新旧文化势不两立的思维定势在国人中影响颇大，实际上新旧兼容并存恰恰是文化复兴的重要原则，对中西文化有较深造诣的严复说过“惟新旧各无得以相强，则自由精义之所存也”。

买办在中国近代史的功业与影响是多元的，作为“经济的”买办，他们促进了中国工商业的起步、起飞和近代化；作为“文化的”买办，他们充当了中西文化交流的前驱。“在中西方经济交往和文化传播过程中，买办的中介角色不仅是有代表性的，而且具有战略上的重要性，尽管这种接触的结局并非令人愉快，买办凭借自己的财富和专门知识，成为一种新式商人，在近代中国起了重大作用。”[①] 买办作为东西方两个世界之间的中介人，对于近代中国的经济发展、社会变革和全面的文化移植起了战略性的重要作用。[②]从经济和文化两个层面探讨买办的贡献，我们不难发现其第三个贡献，那就是政治上的要求变革传统社会的理性呐喊。

三、盛世危言，振聋天朝大政视听

达则兼济天下，穷则独善其身。国难频仍而又急遽转型的近代社会，是一个难以让人隐居林泉、“独善其身”的时代。

天下兴亡，匹夫有责。香山买办名扬天下，尤其体现于先天下之忧而忧的情怀与品格。于民族危难前夜，香山买办勇于呼吁政治改革，主张实行君民共主的立宪制，冀望朝廷重视西方政治制度和社会管理经验，实行有效的政治改良和社会改革。

---

① ［美］郝延平著，李荣昌等译：《十九世纪的中国买办：东西间桥梁》，上海社会科学院出版社，1988年，第1页。

② ［美］郝延平著，李荣昌等译：《十九世纪的中国买办：东西间桥梁》，上海社会科学院出版社，1988年，第258页。

> 群雄各觊觎，利权暗侵夺。俄德窥北辕，法日界南辙。英复图中央，围棋布子密。或借港泊船，或租地筑室。……虎视兼狼吞，海疆终决裂。奋笔作此诗，字字含泪血。①

郑观应通过“商战”实践逐渐领悟到，与外人争利失败的根源在于政治的落后，并提出了一系列改革方案，强调首要在洋务这一关键领域学习西方、赶上西方，而后改善政治与民生，以臻民富国强、长治久安。

郑观应的惊人之处，是善于糅合中西学问，阐发其间的统一性，借以消除国人对西学的恐惧，②借以打破中国人心中牢固的“夷夏大防”观念，为中国文化的更新，乃至融会中西、实行改革、救国图存奠定理论基础。他把《道器》一文作为《盛世危言》的开篇，这不能不说是匠心独具。

《道器》以郑氏的体用观为哲学理论依据，从理论上阐述体用、本末、道器之间的关系。其中，“道”为宇宙本原：“盖道自虚无，始生一气，凝成太极。太极判而阴阳分，天包地外，地出天中。……由是二生三，三生万物……阴阳全而万物备矣。”③引发出“中学其本也，西学其末也。主以中学，辅以西学”，把“道”（孔孟之道）视为根本，把“器”（物质技术的形器）看成从属于道。《道器》指出：“故物由气生，即器由道出。……非举小不足以见大，非践迹不足以穷神。……不知虚中有实——实者，道也，实中有虚——虚者，器也。合之，则本末兼赅；分之，则放卷无具。……由是本末具，虚实备，理与数合，物与理融，屈计数百年后，其分歧之教必寝衰，而折入

---

① 郑观应：《罗浮待鹤山人诗草》，夏东元编：《郑观应集》（下册），上海人民出版社，1988年，第1295页。

② 郑观应曾无情地批评那些“自命正人者”“动以不谈洋务为高，见有讲求西学者，则斥之曰名教罪人、士林败类”。参见郑观应：《盛世危言·西学》，夏东元编：《郑观应集》（上册），上海人民出版社，1982年，第272页。

③ 郑观应：《盛世危言·道器》，夏东元编：《郑观应集》（上册），上海人民出版社，1982年，第243页。

于孔孟之正，趋象数之学。”[①]郑观应在这里借用两个范畴，一个是“道体器用”，另一个是“器体道用”。他的意思是道和器两者是不可分的，因为规律是不能脱离具体事物而独存的。道与器是对立统一的，可以相互转化。只有通过具体事物（器）的研究才能发现其规律（道），而规律是在具体事物中才体现出来的。器载道，体现道，促进道通。这种思想，实质上是指西方的“器”是一种媒介，可将西方的“道”传播到中国。它的意义是要求人们重视西方的器，将道与器放到平等、相辅相成的地位上。重视西方物质上的器，也为进一步学西学的第三个层面（思想、学说、精神）创造条件，做了很好的准备。

在郑观应看来：“道”是中国的好，“器”是西洋的好，“道”是本，“器”是末。实质上是试图在不触动“道”（封建统治秩序）的前提下，学习“器”（西洋富国强兵之法），以进行政治改良的一种主张。《道器论》强调要点有二：一是倡行“道”“器”结合。在郑观应看来，“器”由“道”生，“道”为实，“器”为虚。在现实社会中，“道”与“器”是结合一起的，“虚中有实，实中有虚”。西人虽不知大道之本，然而他们的形器之学却是不可缺少的。二是阐发“器可变，道不可变”，世间万物（包括国家政治经济制度在内）都是“器”，是可变的，从而为其改革主张提供理论依据。

关于体用的界定，郑氏有意把“体”的范围缩小，把“用”的范围扩大，甚至把政教法度、开议院、整吏治都纳为“用”。举凡“西学”在“孔孟之常经”面前都是“大用”：“寂然不动，无声无臭者，道之体；感而遂通有情有信者，道之用。”他认为，西学重博重器，中学重约重道。“夫博者何？西人之所骛格致诸门，如一切汽学、光学、化学、数学、重学、天学、地学、电学，而皆不能无所依据，器者是也。约者何？一语已足以包性命之原，而通天人之故，道者是也。”进而肯定中国文化重道、重虚的理论价值和西方文化重器、重实的实用价值：“学人莫窥制作之原，循空文而高谈性理，于是我堕于虚，

① 郑观应：《盛世危言·道器》，夏东元编：《郑观应集》（上册），上海人民出版社，1982年，第242页。

彼征诸于实。”

西学为何物？郑氏认为应包括政治制度和科学技术，“西人立国具有本末，虽礼乐教化远逊中华，然其驯致富强亦具有体用。育才于学堂，论政于议院，君民一体，上下同心，务实而戒虚，谋定而后动，此其体也。轮船火炮，洋枪水雷，铁路电线，此其用也。中国遗其体而求其用，无论竭蹶步趋，常不相及。就令铁舰成行，铁路四达，果足恃欤？”[①] 强调中国只学西“用”而弃西“体”，即使铁舰成行、铁路四达，亦难臻富强。他把西学视为医治中国“危疾”的良方：“今日之洋务如君父之有危疾也，为忠臣孝子者将百计求医而学医乎？抑痛诋医之不可恃，不求不学誓以身殉而坐视其死亡乎？”以此为出发点，他把具有实用价值的西学都归为“器”，突破了洋务派格致制造之学的窠臼，从而拓展了“用”的范围。“故善学者必先明其本末，更所谓大本末而后可也。”[②] 也就是说，西学西体合起来才是这“大本末”之“末”。西方的议院制度、学校制度、官僚制度、财政制度、司法制度等，“皆霸术之绪余耳”，对于清政府的改革自强富有借鉴价值。

《道器》中的附言一再强调：“器固不能离乎道”，“道又寓于器之中”，“道非器则无以显其用，器非道则无以资其生”。可见，“道”和“器”是互相渗透，互为表里，互相统一的。两者间的发展变化并不存在难以逾越的鸿沟。郑观应进一步论证，“孔氏云：‘物有本末，事有时终。知其先后，则近道矣’。既曰物有本末，岂不以道开其始，而器成其终乎？”[③] 陈炽在为《盛世危言》所写的序中一语道明“道之中有器焉”“器存而道亦寓焉”，可谓识郑观应道器论和本末观之精髓矣。

中西道器之辩，蕴含着直面强势文化渗透时的民族自尊与自信。中华文明乃重“形而上”之道，否定“道”的价值和传统，无异于否定中华文明自身。

---

① 郑观应：《盛世危言》，夏东元编：《郑观应集》（上册），上海人民出版社，1982 年，第 51 页。

② 郑观应：《盛世危言》，夏东元编：《郑观应集》（上册），上海人民出版社，1982 年，第 76 页。

③ 郑观应：《盛世危言》，夏东元编：《郑观应集》（上册），上海人民出版社，1982 年，第 56 页。

一个否定自我，全盘西化，迷失自尊，寄生于外来文明篱下的民族，出路安在乎！在突破传统文化樊篱、吸纳外来文明、增强中华文明活力的征程上，《盛世危言》的思想解放无疑是振聋发聩的。

经由郑观应《盛世危言》的启导，中国的政治思想史上翻开了追赶世界潮流的新篇章，这无疑也是香山买办对中国近代化的巨大建树之一。

曾几何时，孔夫子一句“逝者如斯夫”之咏叹，在随后的两千五百多年间荡气回肠。近世香山多盛事，渔村掮客引潮头。一百多年过去了，我们今天为香山买办召开第一次学术研讨会，为时未晚——叩问青史，我们不该掩卷太息；追踪溯源，乃是为了昭示未来。诚如埃及卢克索神庙法老像镌之名言：“我看到了昨天，我知道明天！”

香山买办及其多重身份转换
——以唐廷枢为例

赵天鹭①

唐廷枢既是近代中国著名的洋行买办，又是洋务运动的积极参与者，还为创办近代民族实业、推动民族经济发展做出了杰出的贡献。他是怎样实现多重身份转换的呢？唐廷枢早年就读于香港马礼逊教会学校和英国教会学堂。离校后，他先后任职于香港拍卖行、香港英国殖民政府和上海海关。1863年，唐廷枢加入怡和洋行，随后成为总买办。1873年，应李鸿章邀请，唐廷枢自怡和洋行辞职，加入轮船招商局，担任总办一职，由洋行买办转变为洋务派官僚的得力助手。1876年，唐廷枢受李鸿章委派，负责开平煤矿（今开滦矿务局）的筹备工作。1885年起，他完全脱离招商局，专管煤矿。而唐廷枢的官员头衔，也随着他在洋务派官僚企业中的地位而日渐上升。唐廷枢在服务洋务企业的同时，也在建立自己的企业，如创建堆栈码头、保险公司，以及投身工矿企业等等。1892年，唐廷枢逝世于天津。唐廷枢在一生中，先后拥有洋行买办、清朝官僚与民族企业家三重身份。他将西方先进的企业管理制度和技术设备引入洋务企业及自办企业之中，加强管理、改善经营、扩大资本，为中国民族工商业的发展做出了卓越的贡献。

---

① 赵天鹭，南开大学历史文化学院硕士。

一、早年活动

唐廷枢（1832—1892），字建时，号景星，又号镜心，广东香山县唐家村（今广东省珠海市唐家湾镇）人。他在1842年至1848年间先后就读于香港马礼逊教会学校和英国教会学堂，接受了长达6年的西方教育，自认是一个“受过彻底的英华教育”的人。1848年毕业的时候，他不但“英文写得非常漂亮”，而且“说起英语来，就像一个英国人”①。

离开学校后，唐廷枢先是在香港一家拍卖行担任低级职员工作。1851年，充任香港巡理厅翻译，两年后升任正翻译。1856至1857年，他代理香港大审院华人正翻译。1858年，唐廷枢来到上海，在上海税关担任“副大写”。翌年，他升任“正大写”及总翻译一职。1862年，他出版了《英语集全》（*The Chinese and English Instructor*）一书。此书专为满足“广东人和外国人来往、打交道的需要”而编写，以粤语注音。全书共计6卷，前4卷以英语词汇为主，第5卷是以人事为主题的一字句到四字句，第6卷则是根据不同职业设计的情景问答。该书被视为国人撰写的第一部汉英词典和英语教科书。

早在担任香港殖民政府翻译期间，唐廷枢就开始了自己的商业经营活动。他的资本积累最初是在高利贷资本领域内实现的。早在1858年以前，他就在香港投资了两家当铺生意。当19世纪60年代初上海出现棉花出口贸易高潮时，他又毫不迟疑地从事起棉花生意，出资经营“修华号”棉花行。虽然是首次涉足外贸行业，但唐廷枢还是将“修华号”经营成外国洋行收买中国棉花的一个代理机构。

二、买办生涯

1861年，唐廷枢离开上海海关，受雇于英商怡和洋行，代理该行长江一带生意。1863年，唐廷枢正式升任买办，开始了他本人长达10年的买办生

① 《唐廷枢年谱》，汪敬虞：《唐廷枢研究》，中国社会科学出版社，1983年。

涯。因为经营有方，唐廷枢成为怡和洋行的总买办。除了负责管理库款、收购丝茶物资、开展航运、扩大业务之外，他甚至还不得不为洋行提供鸦片行情、推销鸦片，等等。在此期间，他还尝试附股于怡和洋行等多家外国在华企业，为外国洋行吸收了大量的商人资本，招收了一批批买办，促成外国洋行在中国的一笔笔生意。具体来说，唐廷枢先后附股于怡和洋行经营的谏当保险行（Canton Insurance Office）和多家外商航运企业，如公正轮船公司（Union Steam Navigation Co.）、北清轮船公司（North China Steamer Co.），美国琼记洋行（Augustine Heard and Co.）的苏晏拿打号（Suwonada）轮船以及马立司（Morris Lewis and Co.）、美记（Muller H. and Co.）两家小洋行的船队。当怡和洋行的华海轮船公司（China Coast Steam Navigation Co.）成立时，他成为该公司最大的股东之一。唐廷枢时为上海中外经济贸易界的一位活跃人物，与富商大贾有着广泛的联系，为外商企业吸收了大量的华人资本。华海轮船公司发行的第一期股份总额中，华人股份占 930 股，仅唐廷枢一人即包揽了 700 股，其中包括他认购的 400 股在内；而在北清轮船公司中，则有三分之一的股份属于“唐景星所能影响的”华商所有。

在所附股的三家外国轮船公司中，唐廷枢既是公司董事，又是华人股东领袖，然而在怡和老板面前，他却始终以“佣人”自居，声称：“您完全可以信赖，只要我有为您服务的荣幸，我会尽最大的努力照看您的生意。”而作为外商企业中“华股的领袖和代言人”，唐廷枢为维护华商利益做出了很多努力。在写给老板的同一封信中，他也坦言：“我现在拼命地干，只要我能腾出几分钟时间，我总是帮助我的本地朋友工作。他们全都要我担任他们和外国洋行发生联系的企业的代表，为了照顾他们的利益，我已被他们要求接受公正和北清两轮船公司的董事。”[①] 在唐廷枢的努力经营下，美商旗昌轮船公司（Shanghai Steam Navigation Co.）对长江航运的垄断被打破。诚如旗昌老板福士（F. B. Forbs）对他的上海经理金能亨（E. Cunningham）所言，“在

---

① 《唐廷枢之买办时代》，刘广京：《刘广京论招商局》，社会科学文献出版社，2012 年，第 164 页。

取得情报和兜揽中国人生意方面，怡和洋行的唐景星……都能把我们打得一败涂地”[①]，足见其能力。

三、投身洋务运动

1873年，应李鸿章的邀请，唐廷枢自怡和洋行辞职，毅然加入轮船招商局，担任总办一职，由洋行买办转变为洋务派官僚的一位重要助手。

唐廷枢决心投资于民族轮船航运业，是出于一种不甘受辱的民族义愤。郑观应在致张振勋的一封信中谈到“轮船招商局原委起自何人”时有言：“官应前闻唐君景星云，伊昔年由沪返港，其船避风，船主限给每客水一铁壳，约重一磅，日中解渴洗面均在内；唯船中有羊百余头，则满桶水任其饮，待人不如羊，殊为可恨！于是在港集股银十万元，先租两船往来港、沪。”[②]而这也成为他日后毅然舍弃外国洋行的稳固地位和优厚待遇，投身轮船招商局的重要原因之一。

轮船招商局是中国近代洋务运动中出现的第一个官督商办的民用企业，它是在外国资本主义势力垄断中国近代航运业、中国传统航运业濒临破产的历史条件下产生的。“伏查各国通商以来，火轮夹板日益增多，行驶又极迅速，中国内江外海之利，几被洋人占尽。”[③]李鸿章倡设轮船招商局，即希望能够借此逐渐收回利权。

1872年，李鸿章令浙江漕运局总办、海运委员朱其昂创立轮船招商局，不久即因资金周转不灵而陷入困境。1873年7月，李鸿章乃札委唐廷枢继任轮船招商局总办，主持全面工作。除朱其昂经管运送漕粮外，“其余劝股、添船、造械、揽载、开拓船路、设立各处码头”等项事务，俱由唐廷枢“一手经理”[④]。

---

① Kwang-Chang Liu. *Anglo-American Steamship Rivalryin China 1862-1874.* Harvard University Press, 1962, p93.

② 《复张君弼士书》，夏东元编：《郑观应集》（下册），上海人民出版社，1988年，第828页。

③ 《轮船招商局请奖折》，《李文忠公全集·奏稿》第25卷。

④ （清）徐润撰，梁文生校注：《徐愚斋自叙年谱》，江西人民出版社，2012年，第107页。

而徐润、朱其昂、盛宣怀和朱其诏四人则作为轮船招商局的会办，协同办理。

轮船招商局在改组之后，力图采用西法经营。于是，唐廷枢主持重新制订了《局规》《章程》，确立了轮船招商局官督商办的性质，保证华人占有全部股权和产权，强调“总局分局逐日应办事宜应照买卖常规办理”[①]。唐廷枢担任轮船招商局总办之后，迅速将轮船招商局的资本扩大到100万两，不仅使其恢复生机，随后更是一跃而成为中国最大的轮船企业。轮船招商局的成立和投入营运，打破了外国轮船公司在中国内河和沿海航运线上的垄断局面；此后更于1877年兼并了美国旗昌轮船公司，与太古、怡和形成较为长久的鼎立之势。

1877年3月，轮船招商局以现银222万两收购美国旗昌轮船公司的全部资产：“江船九艘、海船七艘、小轮船四艘、趸船六艘，金利源、金方东、虹桥东、下海浦、宁波码头栈房五处，船澳一处，机器厂一间……作价银二百万两。另汉口、九江、镇江、天津四处旗昌自己名下所置之洋楼、栈房、码头及本行花红，计作银二十二万两。[②]此番收购实现了轮船招商局在船只规模和运力上的飞跃。轮船招商局的船队数量和吨数一年之间由11只、11854吨猛增至29只、30526吨[③]，“从此国家涉江浮海之火船，半皆招商局旗帜”[④]。

唐廷枢主持轮船招商局期间，先后于1877年、1883年与太古、怡和两公司签订了“齐价合同”。1883年签订的合同规定了统一的运费标准，还按实力对比规定了货源的分配方案。学界对“齐价合同”的评价褒贬不一：有

---

① 《轮船招商局局规》，交通铁道部交通史编纂委员会编：《交通史航政编》（第1册），民智书局，1931年，第143页。

② 《唐廷枢徐润预算节略》，交通铁道部交通史编纂委员会编：《交通史航政编》（第1册），民智书局，1931年，第148—149页。

③ 朱荫贵：《从19世纪80年代招商局的人事变动看晚清时期的官商关系——以盛宣怀取代唐廷枢、徐润入主招商局任督办为中心的分析》，《中国近代轮船航运业研究》，中国社会科学出版社，2008年，第239页。

④ 《申报》，1877年3月2日。

人认为这是唐廷枢同外国势力相妥协，仍“不忘情于他原来的主子”[①]。也有人认为，合同的签订在客观上给轮船招商局赢得了喘息的机会，避免了太古、怡和两公司通过竞向削价等手段给轮船招商局带来严重的经济损失。[②]唐廷枢担任轮船招商局总办期间，也出现了一些问题。如唐廷枢、徐润在人员任命上常常任人唯亲，与盛宣怀等人也日渐失和；甚至公私不分，擅自挪用轮船招商局公款。1883年，上海爆发金融风潮，大批钱庄倒闭，轮船招商局资金周转不灵，随即陷入困境，而此时唐廷枢、徐润擅用局款的事情也东窗事发。盛宣怀乘机上书李鸿章，对唐、徐二人进行了猛烈的批评：“招商局职道数年辛苦在此，一生蒙谤在此，全家养命之资亦在此，不料总办之朦混糊涂至于此极也……同局皆言：雨之早已不管局事，终日营私；景星亦只管造轮船、挪局款……一片糊涂，专说大话”；“招商局实是中国第一大生意，惜此辈皆开拓之才，而无收成之德”[③]。1885年，马相伯奉命调查招商局，随后在报告中明确指出：轮船招商局内“首领要缺”的任命，“非唐即徐”，“间用他姓，则须打通关节，与局中有力者分做，即暗地分财之谓也”；“唐道于年底回沪，辄以局中地基押于怡和，借银二十五万，二十万归局用，五万则擅抵私欠”。[④]李鸿章对此大为震怒，委派盛宣怀取代唐廷枢主持轮局务。此次风波过后，李鸿章对唐廷枢等人的行为多有不满：“唐、徐等阳奉阴违，往往自私自利，言之实堪痛恨”。[⑤]唐廷枢在轮船招商局的任职遂告中断。

然而唐廷枢与洋务企业的关系并非仅限于轮船招商局。早在1876年，

---

① 汪敬虞：《唐廷枢研究》，中国社会科学出版社，1983年，第10—11页。

② 余德仁：《论唐廷枢与轮船招商局》，《河南师范大学学报》（哲学社会科学版）1993年第1期，第5页。

③ 《盛宣怀上李鸿章禀》（1883年11月），汪熙、陈绛主编：《盛宣怀档案资料选辑之八·轮船招商局》，上海人民出版社，2002年，第133页。

④ 《改革招商局建议（残稿）》（1885年），朱维铮主编：《马相伯集》，复旦大学出版社，1996年，第10—11页。

⑤ 《李鸿章批》（1885年7月），汪熙、陈绛主编：《盛宣怀档案资料选辑之八·轮船招商局》，第228页。

唐廷枢即受李鸿章的委派，负责开平煤矿（今开滦矿务局）的筹备工作。自1885年起，他完全脱离轮船招商局，专管煤矿。开平煤矿，可以说是唐廷枢一生所经营的企业中历史最久、付出心血最多的一个。举凡勘察矿址、拟定计划、招集资本、正式开采等，都是在唐廷枢亲自主持下进行的。煤矿的年产量，在19世纪的末期，曾经达到78万吨的高峰[①]，为近代同期其他官商煤矿所不及。

1876年，唐廷枢奉李鸿章之命亲赴开平查看煤铁矿情形，后将带回的煤块铁石分寄京师同文馆及英国知名化学家施赖礼、戴尔等熔化检验。化验结果显示，“开平之煤铁身骨虽不能与英国最高之煤铁相比，但其成色既属相彷，采办应有把握”[②]。李鸿章随即增派前天津道丁寿昌、天津海关道黎兆棠“会同督办”。唐廷枢等人随后拟订了《直隶开平矿务局章程》12条，其经营管理方式亦强调“照买卖常规”办理。[③]

为便利煤矿所产煤炭的运送，唐廷枢于1881年主持修筑了中国第一条自建铁路——唐胥铁路。早在奉命勘查开平煤铁储藏情况时，唐廷枢就提出：“欲使开平之煤大行，以夺洋煤之利……苟非由铁路运煤，诚恐终难振作也[④]。然而直到1880年筹划兴修输煤运河时，才议定“于芦台镇东起至胥各庄东止，挑河一道，约计七十里为运煤之路。又由河头接筑马路十五里，直抵矿所”[⑤]。为了避免清廷保守势力的阻挠，铁路最初以骡马拖载，1881年11月8日正式改用蒸汽机车，“第一座火车头是在本地造的，行驶了几个星期，没有引起烦言，但不久便被命令停驶”。原因是清廷守旧派官僚以“机车直驶，

---

① Ellsworth C. Carlson. *The Kaiping Mines（1877–1912）*. Cambridge: Harvard University Press, 1957, p143.

② 《查勘开平煤铁矿务并呈条陈情形禀》(1877年)，中国史学会主编:《中国近代史资料丛刊·洋务运动》（第7卷），上海人民出版社，2000年，第119页。

③ 《禀复遵批议定开平矿务设局招商章程》(1877年)，《中国近代史资料丛刊·洋务运动》(第7卷)，第131页。

④ 《查勘开平煤铁矿务并呈条陈情形禀》（1877年），第116页。

⑤ 《直境开办矿务折》（1881年），《中国近代史资料丛刊·洋务运动》（第7卷），第139页。

震动东陵，且喷出黑烟，有伤禾稼”等罪名向皇帝告发。李鸿章、唐廷枢等从中多方周旋，数月后才又得以恢复运行。①

唐廷枢在服务轮船招商局、开平煤矿等洋务企业的同时，也在建立自己的企业，如堆栈码头、保险公司，以及投身工矿企业等等。而与此同时，唐廷枢的官衔，也随着他在洋务民用企业中的地位升迁而变化。在进入轮船招商局之前，他就已经取得了一个同知的头衔，此后由同知升为道台，甚至得到了“堪备各国使臣”的保举。②

虽然唐廷枢传过挪用公款的丑闻，但因为他的商业才干，当时的洋务派官僚和外国商人对他评价甚高。李鸿章在委派他经营开平煤矿时，曾称赞他“熟精洋务，于开采机宜、商情市价，详稽博考，胸有成竹”③；外国商人对他更是不吝恭维之词：“唐君诚为明见远识之人，为余等从来所未经遇见……我西人日与华人互相周旋，惟此君之广识博览，实令人钦佩者也。”1892年，在他60岁生辰之际，开平煤矿的矿区四十八乡绅老子弟“同送万民牌伞各件”，恭颂其“德政”，显示了人们对他的某种敬佩。

1892年，唐廷枢逝世于天津。《北华捷报》随后发表评论：“他的死，对外国人和中国人一样，都是一个持久的损失”；“要找一个人来填补他的位置，那是困难的”。④唐廷枢把“一生精力，尽销磨于商务、洋务之中，数十年备尝艰苦”，死后却是“身后萧条，子嗣靡依，未能稍食其报”。⑤纵观唐廷枢的一生，他对每一个新兴行业几乎都有投资的愿望和兴趣。除当铺属于传统金融机构外，唐廷枢其他的投资几乎遍及近代中国所有的新兴行

---

① 宓汝成编：《中国近代铁路史资料（1863–1911）》（第1册），中华书局，1963年，第125、121页。

② 《唐廷枢年谱》，汪敬虞：《唐廷枢研究》，中国社会科学出版社，1983年。

③ 《直隶总督李鸿章批》（1877年），《中国近代史资料丛刊·洋务运动》（第7卷），第128页。

④ 《北华捷报》（*The North China Herald*），1892年10月14日，第568、562页。

⑤ 《盛宣怀档案材料：郑观应致盛宣怀函》（1892年）、《盛宣怀档案材料：为请恩恤唐廷枢遗孤禀》（1892年），转引自张富强：《唐廷枢与近代民族企业》，《社会科学战线》1988年第3期，第167页。

业：轮船运输、矿山机械采掘、耕植畜牧、丝茶收购、电报、电线、保险、煤气、铁路等等。足见唐廷枢涉猎的领域十分广泛，地位比较独特，社会身份也很多元。

四、结语

国内对以唐廷枢为代表的买办商人的评价，前后相差甚多。在传统“革命史观”的影响下，学者们对买办的评价很低，将其定性为几乎一无是处的反动分子：“买办和买办商人一开始就是作为外国资本家和中国封建地主互相勾结、共同剥削中国人民，特别是广大农民及其他小生产者的帮凶而存在的”，“买办阶级从它诞生之日起，就是人民革命的凶恶敌人”[①]。而买办商人投身洋务、跻身官场的行为也被视作买办势力扩张的途径、买办资产阶级产生的强有力保证：“买办势力得以伸展到封建社会的政治舞台，不仅标志着买办人物社会地位的变化，而且成为买办资本进一步扩张的契机……向封建社会政治领域渗透，是买办资本势力扩张的一个十分重要的途径，买办资产阶级发生的又一个有力的膀臂”；“在买办商人势力迅速扩张的基础上，一个依附于中外反动统治者的买办资产阶级也在这块封建社会的土壤中破土出芽了”。[②]

20 世纪 80 年代末以来，随着学界史学研究理念的改变，学者们对买办商人的评价开始趋于正面。以唐廷枢为例，学者们赋予了他“近代民族企业家”的光荣形象，也充分肯定了他在推动中国社会近代化进程等方面所做出的历史贡献：“唐廷枢对中国工业化的贡献，可谓是‘前无古人，昭示来者’。在近代中国民族工业资本家的早期杰出代表中，唐廷枢是当之无愧的第一人”[③]。“唐廷枢是中国第一代具有近代经营管理才干的企业家，

① 黄逸峰等：《旧中国的买办阶级》，上海人民出版社，1982 年，第 75、80 页。

② 聂宝璋：《中国买办资产阶级的发生》，中国社会科学出版社，1979 年，第 63 页。

③ 张富强：《唐廷枢与近代民族企业》，《社会科学战线》1988 年第 3 期，第 174 页。

他对中国资本主义的发生、发展，对中国社会的近代化都是功不可没的。”①笔者以为，学界对唐廷枢等买办的看法产生变化，除了受到主流话语的影响外，也有认识水平、关注焦点的差异，但有一点却是毋庸置疑的，那就是唐廷枢在其一生之中，先后拥有洋行买办、清朝官僚与民族企业家三重身份。他将西方先进的技术、设备和管理制度引入洋务企业及自办企业之中，加强管理、改善经营、扩大资本，为中国洋务企业和民族工商业的发展做出了卓越的贡献。诚如一些学者所言：“依存于官、洋之间是中国早期民族资本的基本生存方式，买办型绅商亦属早期民族资本家之一翼，只不过较之于士人型绅商，他们的西化色彩更浓，中学底子则稍嫌不足；他们的心态更加开放，但气节操守稍逊一筹。如果说士人型绅商更多地起着承接传统与近代的桥梁作用，那么买办型绅商则更多地起到了沟通中西的桥梁作用。这里并不存在绝对的保守与进步、爱国与卖国的区分。”②我们对以唐廷枢为代表的近代买办群体的研究与评价，也应更加审慎与理性，既要正视其历史功绩，也要对其缺点保持批判的态度。

---

① 欧阳跃峰：《唐廷枢：中国第一位近代企业家》，《安徽师范大学学报》（人文社会科学版）2004年第3期，第341页。

② 马敏：《官商之间：社会剧变中的近代绅商》，华中师范大学出版社，2003年，第133页。

地方社会

1925—1948年 民众视域中的孙中山故乡与故居
——以报道、游记为中心的考察

漆德红[①]

孙中山故居位于广东省香山县（今中山市）翠亨村，它的主体建筑是由孙中山亲手设计并主持建造，是典型的带有外廊的殖民地建筑样式。[②]它先后经过1885年、1892年、1913年三次改建和扩建才形成如今的形制。民国肇建后，香山县因是孙中山故乡而享誉海内外，并于1925年改名中山县以纪念伟人。孙中山故居曾一度被称作“总理故居”“国父故居”，而翠亨村亦被称为“总理故乡”“国父故乡”。孙中山作为有影响力的公众人物，其故居也由原来的私人生活空间转化为公共纪念场所，民众常为缅怀伟人、寻找他早年生活的痕迹与经历的承载空间，不辞劳苦前来瞻仰。

游记属散文的一个门类，是地理与文学的结合体，是“以描摹山水名胜、记叙游踪风情为内容的散文”。[③]古代游记“从记录资料的来源来看，大多

① 漆德红：孙中山故居纪念馆副研究馆员。

② 可参见黄健敏：《从建筑发现历史：翠亨孙中山故居的物质文化研究》，《学术研究》2010年第4期。

③ 皋新、沈新林：《古代游记发展初探》，《苏州大学学报》（哲学社会科学版）1998年第4期。

是旅行者对沿途所见所闻的记录”。[①] 本文所谓游记特指游客由访问孙中山故乡、故居而撰写的见闻、感受和感言。报道主要指报刊发表的与孙中山故乡、故居相关的作品。笔者在整合这些史料的基础上，拟就此文，以资纪念孙中山先生。

一、孙中山故居的“圣地化”

孙中山于1866年出生在翠亨村，当时全村有60余户，其父孙达成早年家境贫困，曾到澳门当鞋匠，后返乡租种田地以维持生计。孙家原来居住在村西南角一间长约二丈六尺、宽约一丈二尺的旧屋。[②] 此屋“已有一百多年历史，房子的墙是由泥土、蚝壳和石灰筑成的”[③]。1871年，孙中山长兄孙眉随同乡前往檀香山（今夏威夷）谋生，成为家庭的主要经济来源。1885年，在孙眉汇款回乡后，孙家在旧屋的右前方建造青砖平房一间（旧址即今孙中山故居孙眉房）。1892年，孙眉再次汇款回乡，孙家在1885年所建平房的基础上，往左加建两间，成横三开间，后加建一层，扩建成三开间两层的孙中山故居主楼。1913年后，孙眉购得主楼之后陆辉禾祖空地，增辟后院，建造厨房、浴室、厕所及储藏室，并将前院旧屋拆掉，孙中山故居今貌基本形成。[④]

1892年，孙家新屋由翠亨村附近下栅乡“长福号”承建，其“建筑工料单”详细记载了此次营建的情形。[⑤] 一般认为是由孙中山设计、主持了此次扩建，

① 吕孝虎：《古代游记的历史地理文献地位》，《杭州教育学院学报》2000年第5期。

② 黄彦、李伯新：《孙中山的家庭出身和早期事迹》，载黄彦著：《孙中山研究和史料编纂》，广东人民出版社，1996年，第450页。

③ 当地人一般把这种类型的房子称为“舂墙屋”。

④ 参见李伯新：《孙中山史迹忆访录》，《中山文史》（第38辑），1996年，第66—67页；黄健敏：《从建筑发现历史：翠亨孙中山故居的物质文化研究》，《学术研究》2010年第4期；黄健敏：《翠亨村》，文物出版社，2008年。

⑤ 建筑工料单原由孙中山胞姐孙妙茜保存，1956年9月，孙妙茜之孙杨连逢捐赠孙中山故居纪念馆收藏。1994年4月，经国家文物局革命文物鉴定组鉴定确认为国家一级文物。

这可从民国时期的各种口述史料中得到证实。[①]

1895年广州起义之前，孙中山经常回乡居住。民国成立后，孙中山曾于1912年5月回到翠亨村，并在此小住三日。此后孙中山再未返乡，但仍一直关注着家乡的发展，并时常资助家乡公益事业和贫穷亲友。[②]

1925年3月12日，孙中山逝世。4月，时任香山公会名誉会长吴铁城等以翠亨“系大元帅发祥之地”，联名呈请广东省政府在村里设立中山牌坊，保留故居，“以为河山生色”。[③]是月16日，广东省公署发布公告，宣布将翠亨村孙中山故居永久保留，并建牌坊及公园。[④]此后，孙中山故居成为国民革命起源的圣地，被国民党列为重要的孙中山纪念地，不断接受国民瞻仰、缅怀与膜拜。

在空间政治与孙中山符号的建构过程中，国民党除设立孙中山系列纪念日，还在各地建设孙中山纪念地，以此塑造孙中山的形象。翠亨村作为孙中山的诞生地及少年时期的居住地，成为“诞生革命思想”的载体，[⑤]因此，国民党在纪念孙中山的系列活动中，逐渐将翠亨村及孙中山故居“圣地化”。

翠亨村民、中山县（1925年香山县改名中山县）自觉参与了这一“圣地化”的进程。1936年，翠亨民众以“翠亨为总理故乡，革命策源地，中外闻名，莫不钦仰，郑重注视”，“非有特设机关，不足以表示隆重”，为改进村中日渐衰落的景象，“依照自治条例”，设“翠亨模范乡”，“改良乡政，革

---

① 黄健敏《从建筑发现历史：翠亨孙中山故居的物质文化研究》一文考证了1892年孙家营建新屋的设计者和建造者。书中引用邓慕韩《总理故乡调查纪要》（《新声》1930年第18期）、王斧在《总理故乡史料征集记》（《建国月刊》1931年第5卷第1期），以及孙中山之子孙科与侄孙孙满、孙乾忆述等资料，推断故居现今所见面貌应是孙中山与本地工匠共同努力的结果。

② 黄健敏：《翠亨村》，文物出版社，2008年，第179页。

③ 《香山改名中山县》，《民国日报》，1925年4月25日。

④ 罗刚编著：《中华民国国父实录》（1—6册），财团法人罗刚先生三民主义奖学金基金会，1988年，第5038页；《申报》，1925年5月14日第5版。

⑤ 如在建造中山陵时，广东省党部就预备在陵园仿照翠亨孙中山故居建筑房屋。参见《中山陵园之建设事业》，《申报》，1929年6月8日第10版。

故鼎新，兴利除弊，楷模全县”。[①]1946年11月，翠亨村民杨灿文、杨东等人以翠亨是“孙中山先生诞生之圣地”，为“追考革命之策源，发扬圣迹起见”，联名向县长张惠长呈文，吁请将翠亨乡改为模范乡。[②]中山县临时参议会讨论通过该提案。不过，翠亨作为模范乡的政治地位并未实现。到了1947年，中山县政府以“翠亨村系总理故乡革命圣地，中外人士，常有前来瞻仰”，拟将翠亨规划为风景区。[③]1948年，中山县长孙乾对“国父故居”甚为重视，着令建设科进行修理，将“翠亨村改为风景区”，并“广植花木，增设亭台楼阁及迎宾馆”等。[④]

时人还将孙中山故乡翠亨村乃至中山县看作“产生世界伟大人物的圣域”，“将翠亨马上庄严起来，令到世界上任何一国人民，不到中国则已，如到中国，非到翠亨瞻仰国父故居，不算得到过南中国旅行；尤其是我国各省的同胞，不到广东则已，一到广东，必定要到过中山翠亨，瞻仰过国父故居，才算得不失为中国国民，比之游五岳名山大川还重要过”。甚至还将游览翠亨与“国父的人格感召”联系起来，以期翠亨的一草一木都“足以助长人们服膺国父伟大的精神”。[⑤]

国民党推动的孙中山崇拜，不管是表现形态、传输渠道，还是民众互动、形象构建，都是空前而盛大的。孙中山故乡及故居的“圣地化”，是民国时期中国国民党将孙中山与政治传播、民众认同等威权政治在国内渗透的一种表现形式，亦是孙中山形象构建及空间纪念地的“巅峰之作”。这对当时的中山县来讲是非常自豪而荣耀之事，孙中山的“主义”与“精神”在全国得

① 《中山县乡民请设翠亨模范乡》，《兴华周刊》1936年第33卷第22期。

② 中山市档案馆藏，编号：1-A1-2-714-69。有10人参与了此次吁请，有资料证明其中杨灿文、杨鹏章、杨照章、杨振昇等四人是华侨家属，有子侄在南洋、檀香山务工。见《中山县第六区翠亨乡侨属现况调查表》，《中山月刊》1946年创刊号。

③ 《县府拟建设翠亨为风景区》，《中山华侨》1947年第5期。

④ 《中山修筑国父故居》，《内幕新闻丛刊》1948年第5期。

⑤ 黄咏台：《怎样庄严圣地——翠亨》，《中山月刊》（广州）1946年第3期。

以传播，而他主持修建故居及在故乡的其他事迹广为流传，人们接踵而至，翠亨村成为著名的游览胜地。

二、官方活动中的翠亨村及孙中山故居

孙中山逝世后，国民党在对孙中山的纪念日宣传中，主要侧重向民众讲述孙中山的生平事略、革命事迹、人格精神与纪念的意义。每到孙中山诞辰前后，翠亨村及孙中山故居总是“伴随”着各地的纪念典礼出现在报纸上，“总理”故乡的意义被提升到无与伦比的精神高度。翠亨被认为是孙中山“民族思想根苗”的发生地，是他“倡导革命、反抗强权和主张正义上救国救民心理基础”形成的地方。

每逢孙中山诞辰，国民党除在中央、地方举行纪念集会，还往往要求各机关团体、社会组织等派代表参加典礼。对此，当时的媒体常常揭橥报端。在 1936 年的诞辰纪念日集会上，林森作为国民政府主席即席报告谓：“我们国父诞生，实是最值得纪念之日。总理诞生地方翠亨村风景很美，知识开通亦早，总理在此种环境里，自幼即养成救国救民志愿及做大事的心理，此为使我们永远不能忘的。”[①] 在这篇演讲中，林森三次提到了“国父”，也是迄今为止第一次在正式场合提出。在 1938 年的纪念集会报告中，林森除了指出翠亨村风景优美、民俗敦厚，还强调翠亨村附近外国人常常停船的金星港对孙中山认识到“外国人种种逞强和侵略压迫”的意义，由此进一步强调他诞生的政治意义，激励国民“应该纪念、永远不忘的”。[②]

1946 年，驻古巴公使梅景周回国述职。他将回国途中的见闻及国内活动经过写成文章发表在《申报》上，其中有一段提到他在故居参加孙中山诞辰纪念仪式的场景：

① 《中枢合并举行总理诞辰纪念典礼，林主席领导行礼并报告》，《申报》，1936 年 11 月 13 日第 4 版。

② 《中枢合并举行总理诞辰纪念典礼》，《申报》，1938 年 11 月 13 日第 6 版。

> 十二日那天，为国父诞辰纪念。余与张鹏一、张琛荣、李副领事等于八时三十分，雇自动车从澳门起程，九时半到了中山县的翠亨，把衣冠整肃了一下，去瞻仰国父的故居。那里风景极好，山光景色，十里青葱，地灵人杰，才能诞生国父那样的伟大人物，树千秋万代的楷模，为瀛寰人类的救主。那天，成千成万的学生与民众去瞻仰总理的故里，并且在故居的前面，举行了庄严的纪念仪式。[①]

在1928年11月孙中山62周年诞辰时，上海县党务指导委员会曾发布《告民众书》，指出孙中山诞生“使这阴森欲绝、惨酷黑暗的世界上放出了无限光明，使满清淫威、帝国主义层层压迫之下奄奄垂死的中华民族长起了一线生机”，并以假设句论述孙中山诞生的意义。[②]孙中山诞生65周年纪念日过后不久，《申报》刊载的一篇文章叙述了孙中山生于翠亨村后的生平事实。[③]

1930年5月，时任广州市党部委员的刘奋翘在出席完黄居素就任中山模范县长的仪式后，前往翠亨参观孙中山故居。他写道：

> 我们同到总理故乡的，不过卅余人，进总理故居室内时，竟挤拥不堪，几乎没有容足的余地。这个房子在外面看，好似很堂皇的新式房子，其实内部很狭小，仍是中国式的建筑，楼下有三间房子，中间是厅直通到栋，设有神龛奉祀总理的祖先，左边是一卧室，右边是厨房，楼上左右各一房，门前有二丈余阔用士敏土筑的坪，把墙围住，前面有草场及树木，从前建筑这个房子不过三千多块钱仅够了。[④]

频繁出现在孙中山诞辰纪念报告或宣传资料中的“翠亨村”，作为孙中山故居的代名词，转化为与孙中山符号紧密相关的政治话语。孙中山诞辰纪

---

① 《归国见闻》，《申报》，1947年2月6日第9版。

② 《明日庆祝总理诞辰预闻》，《申报》，1928年11月11日第13版。

③ 《总理诞辰纪念琐纪》，《申报》，1930年11月16日第19版。

④ 刘奋翘：《游翠亨总理故居感言》，《前锋》1930年第40期。

念的广泛推广，促使民众对孙中山的纪念日形成深刻的社会记忆，而社会各阶层民众通过直接或间接参与，不自觉地被纳入国民政府的纪念体系。受孙中山思想的感召，大批民众自行前往翠亨瞻仰孙中山故居。

由于翠亨是“国父”的故乡，报刊上对它的报道与宣传常常带有崇敬之情，极力渲染翠亨村民风淳朴、与世隔绝的状态，所谓村中“习尚勤朴，鲜有入宦途；称士人者，苟为环境所限，安处村中，则虽天生人杰，亦将埋没于简单生活之下，而不知世界究作何状”。[①] 盛赞其地理位置优越与自然风光优美的话语也时常见诸报端，如“青林翠嶂间，隐然一村，名翠亨，孙总理之故乡”“风景之佳，形势之胜”“地灵人杰，诚非虚语”。[②] 甚至在介绍澳门中也时有提及，谓澳门“属中山县境，离国父故乡翠亨村约三十里”[③]。

除诞辰日，报刊也常在孙中山逝世、奉安等重要纪念日刊登翠亨村及故居的照片，辅之以详细的文字说明，反复加深民众对孙中山故乡与故居的社会记忆，建立起孙中山及其革命精神与诞生地的关联。

1926 年 11 月 12 日，《良友》画报在纪念孙中山诞辰的特刊上，将先生生平与孙中山故居一起介绍给读者。[④]1929 年 6 月，国民党为孙中山举行奉安大典，《良友》登载了孙中山故居的照片，并说明此屋图样系孙中山手绘。[⑤]《远东》杂志在 1939 年刊载了孙中山故居、翠亨村外景、孙中山手植之槐树（即酸子树）二株、翠亨村风景、岐关车路有限公司翠亨站等照片，配以中英文说明，最后提到“我们缅念到总理的一生事业，便立刻会想到他的故乡——中山县翠亨村”[⑥]。1940 年孙中山诞辰之际，《今日中国》辟有专版纪念，

① 张菊屏：《中山先生少年时代之轶闻》，《申报》，1927 年 4 月 4 日第 16 版。
② 小谷：《中山先生之故乡小记》，《申报》，1928 年 8 月 11 日第 17 版。
③ 《东方蒙地卡罗·澳门近情》，《申报》，1946 年 6 月 14 日第 7 版。
④ 《孙中山纪念特刊》，《良友》画报，1926 年 11 月 12 日。
⑤ 陈廷恺摄：《奉安日总理革命历史地点：奉安日之中山县翠亨乡总理故居》，《良友》画报 1929 年第 38 期。
⑥ 《总理故乡的展望》，《远东》1939 年第 8 期。

选取了“中山县翠亨村为国父诞生之地”“一座有历史价值的房屋——国父故居”等照片，亦配中英文说明，还选取孙中山关于“治国平天下”的言论，提醒中国人要立志“济弱扶倾”。[①]

1947 年，《儿童知识》刊载一首歌颂孙中山的小诗云：“中山先生十一月十二日，在广东中山县翠亨村诞生……就是小小的翠亨村，也是水秀山明……还有一株中山先生种的纪念树，已长得枝干苍劲”，并配孙中山故居及纪念树的绘图。[②]《少年画报》在 1941 年刊载了翠亨村的外景及“总理”故居，以及故居内的中堂陈饰，可见故居客厅摆着长条案、八仙桌、公座椅等家具，隔扇屏风上悬挂着孙中山及其长兄孙眉的照片，神龛下面一层摆放孙中山父母亲的画像，并在堂内陈设煤油灯等。[③]

1946 年孙中山诞辰纪念日，中山县政府在翠亨村举行纪念会，《申报》记者参与其中。记者看到县属各学校社团皆赶赴纪念典礼，“是日翠亨村车水马龙，红男绿女，瞻仰总理故居”，“庆祝会在总理故居前旷地举行，由总理故乡纪念中学校长冯伯砺主持开会礼，会毕检阅童军”。[④]1947 年 8 月，为瞻仰国父故居，京沪记者团特“乘车赴港，经澳门转国父故乡中山县翠亨村”。[⑤]

不管是党政报纸，还是一般杂志，这些传统意义上的纸媒，在对孙中山故乡及故居的宣传上，重点在宣扬孙中山伟大精神以及三民主义产生的渊源，强化孙中山诞生的政治含义。在各地举行的纪念活动中反复出现的“翠亨”等话语，经过纸媒的传播，逐渐进入全国社会政治生活和民众的日常活动，形成特定的民国政治文化，影响着民众的空间想象与行为方式。国民政府对翠亨村及故居的社会普及宣传，促进了孙中山故居的“圣地化”，加深了国

① 《国父诞生地——广东中山县》，《今日中国》1940 年第 2 卷第 14 期。

② 公权：《中山先生的故乡》（附图），《儿童知识》1947 年第 17 期。

③ 《革命史实：国父逝世十六周年纪念》，《少年画报》1941 年第 41 期。

④ 《总理诞辰故乡盛况》，《申报》，1946 年 11 月 18 日第 3 版。

⑤ 见《申报》1947 年 8 月 15 日第 2 版。

民的印象，实现了孙中山故居的宣教功能。

三、民间视野中的翠亨村及孙中山故居

1925—1948年间，在国民党铺天盖地的宣传中，翠亨村及孙中山故居名扬中外。1936年，翠亨村民在请设翠亨模范乡时说道：“中西游客，不辞舟车跋涉远道来游，意在饱餐湖山秀色。”其时，从外地到翠亨村的交通并非便利，所谓的“湖山秀色”则见仁见智，但在报纸报道、国民党官员游记的叙述中，慕名前来参观的民众络绎不绝，他们怀着对孙中山的无比景仰，千里迢迢、舟车劳顿地来到翠亨村，以期一睹伟人故乡的真容，实现瞻仰伟人故里的愿望。① 而外地民众来到中山县，必须拜谒的地方非孙中山故乡莫属。除此之外，也不乏因工作需要特地驱车前来参观的，② 甚至中山县政府为招商引资，亦会组织侨商观光团到故居膜拜③。

大多数的游记显示，民众对孙中山故乡及故居充满各种想象的可能。

1925年孙中山逝世后，一位名叫晃培的老师，在他的同事（一陆姓学董）陪同下游历孙中山的故居及故乡，时隔多年后写下回忆文章，文中忆述了参观缘由、过程、感想：

> 翠坑（亨）是一个小村庄，淇澳对入过了小山，便是翠坑（亨）的所在。……从山逕中走着，地是成了平面了，在小平原中，眼帘中陡然地射入了一座洋楼。……中山先生的姊姊坐在地下客厅的圆椅上说着，我们在客厅的方椅上坐着，彼此便对谈了一回。我不知怎样称呼才对，便跟了人喊她作伯母。她大约是六十岁，额角的皱纹像烂了的丝瓜皮一般，带了十分忧郁的神色在看我。终于扶了拐杖引我们上楼去。那楼，除了壁上还挂了几张陈年的相片之外，似乎什么都没有了。她便指示给

① 《中山县乡民请设翠亨模范乡》，《兴华周刊》1936年第33卷第22期。
② 《青年文化界瞻仰总理故乡》，《大环月报》复刊1949年第1卷第1期，“本保新闻”，第32页。
③ 《故乡向你们招手　旅港侨商翩然归来》，《竹秀园月报·复兴版》1948年第9期。

我们："这是阿文，这是阿眉，这是二嫂——中山先生原配卢夫人，这是……"相片已微白了，看来就模糊，平日看过中山先生的相片，就有点失真。似乎还有一张中山先生少年时代的相片，头上戴了一顶瓜皮小帽，十足一个村少年。现在我们在通行刊物中，所看见中山先生少年留影的相片，就是这一帧罢。

那位老伯母，似乎还懂得一点政治主张，她说："陈炯明真没阴功（粤语，缺德之意），害得广东人这样苦，他怎么要主张联省自治？阿文是被他气死咯，真是没阴功……"她又似乎赞美孙眉，这位没名的革命者。①

1931年1月17日，白熊在《恭谒总理的故乡》一文中记述道：

既到了中山港，我们不得不恭谒一下中国国民革命的导师孙总理的故乡。这是一般初次游中山港人们的普遍的心理罢？

……总理的旧居，就在这村口的第一家——寿屏街第一号。是三所三间一井的半欧式楼屋。当你要进门的时候，你就会见到精神饱满的负枪警士，要是你客气些问他一下："我们可以进去参观吗？""随便参观。"他会照样很客气回答你的。

一进门是一块五丈见方的空地，墙角上有多少花草，和一枝大木。踏进中堂，是一个完全广东旧家的厅堂，不高不大，比上海一上一下的石库门房屋的客堂，大上没有多少。堂上本来放祖宗神主的一个阁楼，放着总理的父母遗影，搁几上放着的是总理的遗像，上首还伴着那帮助总理革命的总理哥哥的照像。壁上悬了许多纪念的照像，其中最有意味的，是两张总理檀香山的故居照像，和一张合家欢的大照。

……这时有人会招呼用茶，也有人在旁向你一一解释，要是你想上楼，就有人引导你经过左首一间书房似的房间，便可上楼了。楼上是只有一个房间可以参观的，中间是没有楼的。右首的楼上楼下，大概是家

① 晃培：《我游翠坑——中山先生故乡的回忆》，《第一军月刊》1934年第6卷第2期。

人所住，所以不能参观了。楼前是一条长走廊，站在那里见两旁山脉的起伏，门外一丛林木……[①]

1936年，一位名叫“萍”的记者到孙中山故居参观，她详细记录了故居的形制、陈设，以及参观感受：“对此一代伟人，不觉肃然起敬。”其间她受到在此居住的孙妙茜的殷勤招待。孙妙茜“目御黑色眼镜，服粗布衫裤，脚小鹤步，要是以貌取人，那无论如何不信其与总理为同胞姊妹”。在游览完翠亨村后，萍所得整体印象“原来亦不过如此”。此非故意菲薄伟人诞生地，实则好处就在“不过如此”上。当她听到同行的导游先生对故居现状颇有微词，谓“总理故居不应任其风吹雨剥，不加修葺”，“应琼楼玉宇、美轮美奂，才不辱总理身份，而屋外的耕地牧场，不改为一座大花园，尤损中外观瞻”，她感慨称：“其实既名故居，重在宝贵历史价值，此公并此不知，大概只得听他自己烦恼去罢。”[②]

从游记中可看到故居里已作了基本的陈列布置，并罗列物品供众人观览，还规定了游览路线，配有专门的人员引导。且不论故居是公立还是私立，它已为民众提供知识，提供教育和欣赏的空间。更进一步说，它是建立在自由参观基础上的文化共享与文化参与。

在一般民众的游记中，对翠亨及孙中山故居大多是赞美与崇拜的溢美之词。对于孙中山故居，当时的人们总是有诸多联想。游客马国亮在游记中将跟孙中山相关的人物、景物与想象关联起来，甚至对故居门口的大榕树大加礼赞，称“从他的照片里找出了和我们有关的历史”。对照故居的平凡和伟人的不凡，这位马先生发出“一个人，只有他自己才能创造他自己”的感悟。值得注意的是，游记中关于孙中山胞姐孙妙茜形象的描述，既有写实的白描，亦有夸张的演绎。孙中山逝世后，孙妙茜身兼孙中山的家属、故居守护者、故居解说员等多重身份，游览者中或有将对孙中山的情感投射到孙妙茜身上。

---

① 白熊：《恭谒总理的故乡》，《民众生活》1931年第1卷第28期。

② 萍：《从中山至翠亨》，《礼拜六》1936年第672期。

对伟人精神的景仰之情表露无遗。①

国民党注重学生教育，学校课本中有专门介绍翠亨村的课文；世界书局、中华书局发行的《社会课本》用图画介绍翠亨村；而高年级课本则详述孙中山故居的整体状况，渲染对孙中山的崇拜之情。在教学法中还特别强调“使儿童知道国父故居的景物，油然而生景仰国父的心理”。其他课本在叙述孙中山故事时，也都会提及翠亨村，称：“孙中山先生的故居在现在的中国——或者竟是世界——差不多已是数一数二的名胜了。凡是到过广东的人，没有不想去瞻仰瞻仰的。”在普及课本中常有少年孙中山在翠亨村的轶事，如思考为何村民遭受海盗抢劫而没有法律保护；打破旧俗，在北极殿毁坏神像；反对母亲为姐姐缠足等。国民党力图通过文字描述与图片说明向学生传递少年孙中山不但具有独立思考社会制度与法律问题的能力，还具有改造社会风俗的远大志向以及反抗与革命的精神，进而在少年孙中山的理性思考与后来成为伟大的革命家两者之间建立合理的逻辑关系。同时，国民党也试图通过告诉学生孙中山革命思想的起源，为今后树立孙中山崇拜意识奠定基础。②因此，前来参观故居的游客中，常有青年学生的身影。

中山本地的报纸或县属学校校刊，常刊载学生到翠亨参观的观后感，抒发他们对活动的感受、对孙中山故乡与故居的认识。也有大学生借考察之机来翠亨游览。③从目前搜集到的史料来看，来翠亨参观的学生大多由学校组织，为瞻仰伟人的精神，“藉收观摩之益”。④

1933年，香港汉文中学学生专程前往翠亨瞻仰孙中山故居。参观者感慨良多，写下诗篇《访翠亨孙中山故居》，表达对孙中山的纪念和对军阀混战的愤恨：“盖自总理殁，国事日不前。北伐成功后，萁豆寻相煎。满蒙相继失，

---

① 马国亮：《中山先生故乡巡礼》，《良友》画报1932年第69期。

② 关于孙中山纪念与形象问题，可参见陈蕴茜：《崇拜与记忆：孙中山符号的建构与传播》，南京大学出版社，2009年。

③ 《地理系考察淇澳岛暨石岐翠亨聚落地理》，《国立中山大学校报》1947年第2期。

④ 《庞头保校员生旅行到翠亨去》，《谿角月报》1948年复版2第1期。

金瓯不复完。”[①]可见，故居在中国人心目中的神圣地位以及民族主义精神动员的功能。[②]

1949年,竹秀园保约30名学生在童军教练的带领下,自备单车,一路骑行,先后参观孙中山故居、翠亨村与纪念学校。随后，《竹秀园月报》刊登了学生们骑单车去翠亨旅行的几篇文章。其中一篇写道：“翠亨乃国父孙中山先生发祥地，因为地以人传，各界之慕名前往瞻仰者，时有所闻，世人崇拜英雄心理，比比然也”。[③]

1948年，一位名叫“丹”的学生详细记录了参观故居的过程及感想。在她笔下，故居是横座三间的金字顶的旧式建筑，前面加上一排“骑楼”（或叫阳台），前厅的长桌上摆着总理和他哥哥的遗像，神楼上供着他的父母像，东西两面墙壁上挂着一些后辈的“字架”，其中还有一个写着“哲生”（孙科）。临走时，丹在留名簿上签了名，在门口拍了张照片。她提到，“总理故居”在小学画本里已认识了，现在终于来到“那怀念已久的总理故居”，却发现“从前我们引以为奇的一切现在已是平凡了”。因为“那座颓旧的房子就是诞生过中国的一位伟人的地方”，“我一点也找不出人杰地灵的气象，所见到的只是一片阴森和冷落而已”。最后她说道：“翠亨在总理的事业上或中国的利害上是毫无关系的，它只是一个小村子，后人不过为了总理的伟大功业而注意它起来”，“但翠亨毕竟是值得一诳的，因为它到底是国人所景仰的地方”。[④]

1947年10月，澳门培正学校[⑤]初一学生秋季修业旅行来到翠亨。学生一

---

① 黄秋耘：《1933年的孙中山故居》，广东省文史研究馆编：《岭峤拾遗》，上海书店出版社，1994年，第118—119页。

② 参见陈蕴茜等著：《纪念空间与辛亥革命百年记忆》，罗福惠、朱英主编：《辛亥革命的百年记忆与诠释》（第四卷），华中师范大学出版社，2011年，第454页。

③ 《竹校小队员生旅行六区翠亨》，《竹秀园月报·复兴版》1949年第18期。

④ 丹：《翠亨旅行杂记》，《竹秀园月报·复兴版》1948年第13期。

⑤ 指广州私立培正学校，后迁校址于澳门，据原文可知此为澳门培正学校的学生。

行先参观纪念中学，再谒故居。“吾等入门时，各向国父遗像致敬，然后升堂入室，到各处参观。国父当年诞生之床，及手植之槐，得以参观，追忆之思，油然心生矣。”[①]1948年，培正学校高三春熹社组织学生参观纪念中学暨故居，有学生写道：“总理故居就在纪念中学的旁边。国父亲手设计的庭园还谧静地屹立在山明水秀的怀抱中，里面的陈设简单而整齐，朴实无华，正代表国父早年的生活。这一代伟人的生活地方是值得我们瞻仰的。”[②]

四、结语

广东是孙中山的故乡，也是近代中国民主革命策源地。孙中山逝世后，广东民众缅怀孙中山的丰功伟绩，政府亦有意将孙中山打造成精神领袖，因此频繁举办各种纪念活动，建造纪念空间（如分布全省各地的中山纪念堂、中山公园、中山路等）。翠亨与故居，作为孙中山的出生地与少年时居住过的地方，在民众心里的地位相当崇高，屡屡被称为“质朴敦洁之乡”“圣哲故都”，其政治地位与历史意义非同寻常，有别于其他众多的纪念场所。孙中山故居在接待外来游客的过程中，初步具备纪念馆宣传教育的功能，并显示出公共纪念空间性质，逐渐由私人空间（住宅）向公共纪念馆转变。

1925—1948年间，国民党中央党部、中山县政府及翠亨村民为孙中山故居的“圣地化”作了诸多努力，对它的推广与宣传从未间断。在孙中山纪念仪式和集会中频繁出现并为新闻媒体广而告之的翠亨与故居，逐渐进入寻常百姓的视野，进一步激发他们前往伟人故乡一睹风貌的向往与热情。而慕名来翠亨参观的民众，在走过孙中山少年生活的地方后常有感而发，留下众多纪念文章，有意无意地宣传了他的少年史迹。纪念孙中山是民国特定的政治文化，是普通民众日常生活的一部分，在纪念活动中出现的翠亨、故居等孙中山符号，成为民众缅怀伟人的载体而历久弥新。

① 《翠亨石岐旅行特写》《翠亨面面观》，《培正校刊》1947年第16卷第2期。

② 《到翠亨去！》，《培正校刊》1948年第16卷第5期。

涉外视域

乾隆早期香山县涉外刑事案件研究

陈　思[①]

本文重点论述清代乾隆早期香山县涉外刑事案件问题，着重分析在特定时代下，中国司法对外国势力的态度与措施，并借以说明鸦片战争开始之前，传统中国的司法权威已经受到挑战，坐镇中国沿海地方的传统官僚感受到了西方带来的某种压力，他们甘冒中央政权的巨大压力，开始在司法上出现某种倾斜甚至妥协。

一、中国传统涉外刑事案件的规定

从现代法学的角度，涉外刑事案件当事人中至少有一方系非本国国籍人员。对涉外刑事案件的处理在本质上是刑法空间适用范围的问题。一国刑法对于在本国内发生的刑事案件，不问行为人国籍，都有进行规制以维护本国秩序的权力，这被称为属地管辖原则。健全的刑事法规应对此类问题进行规范。现代刑法如此，中国传统法律亦同。

（一）唐代对“化外人”的规定

《唐律》是目前可见中国最早的传统法典。唐代中国是国际化国家，首都长安活动着大量外籍官员、商人和留学生。《唐律》对外国人违法犯罪问

① 陈思，中山开放大学教师、博士。研究方向：民国法律史和民法等。

题做出过明确规定："诸化外人，同类自相犯者，各依本俗法，异类相犯者，以法律论。"[①] 本条的《律疏》指出："化外人谓番夷之国，别立君长者，各有风俗，制法不同"，说明"化外人"即外国人。古代统治者将中国视为文明的核心，认为只有中国人才受"王道教化"，所以中国人是化内人，外国人就是化外人。这种区分主要基于文化来界定。当然，大唐律法的解释也对化外人做出了更加具有法律和政治含义的界定。

根据《唐律》，涉及外国人的刑事案件分为两种情况：如果涉案双方均为同一国籍的外籍人，则按照所属国的法律进行裁判；如果双方为不同国籍的外籍人，或者其中一方为唐人，则按照《唐律》处置。唐代关于涉外刑事案件的规定富有非常鲜明的特色，关于"同类"依本俗法的规定在一定程度上超越了现代刑法的空间适用范围。

现代刑法在空间适用方面的基本原则是属地管辖原则，即一个国家对其领域内的人，不问国籍，都适用本国刑法。[②] 唐代的规定却指引官员在本国适用外国法律。由于缺乏文献，后人难以确知在司法实践中如何适用此一条文，但这一规定体现了唐代所特有的博大胸怀与较强的政权自信。

（二）明清时期对化外人规定的变化

到明清时期，中国涉外法律制度发生了明显变化。相较于《唐律》，作为明代基本刑法典的《大明律》发生了诸多重要的变化。在法典形式上，《大明律》彻底改变了《唐律》按调整事项对文本分编的传统，而是采取依六部划分的方法，意图加强皇帝对行政机构的直接管控；在立法指导思想上，《大明律》放弃了《唐律》奉行的德礼原则，更侧重于对皇权的保护与巩固；而在很多具体的规定上，《大明律》也与《唐律》有明显区别。

关于涉外刑事案件，《大明律》规定非常明确，不再对外籍人的国籍进行区分，而统一适用本国法律："凡化外人犯罪者，并依律拟断。"这样的

---

① 《唐律》卷第六《名例·化外人相犯》。

② 张明楷：《刑法学》，法律出版社，2011年，第73页。

规定利于法律的稳定和公平，也与现代刑法的属地管辖基本一致，并无过多指摘之处。但应注意，从唐代允许国内适用外国法律到明代独尊本国律条，传统中国的封闭性和内敛性实际上再次被提升。

清代沿袭明法，《大清律例》对化外人案件的规定与《大明律》如出一辙，即要求统一适用本国法律。本文对案件的分析也主要依据《大清律例》的规定展开。

（三）传统法律的保守倾向

从综合国力上说，明清均不为弱，但是这两个朝代在制度设计上达到了空前的保守与封闭，而且愈演愈甚。唐代法律自信与开放的胸襟到明清时不复存在，而多了更明显的谨慎和控制。刑律中关于“化外人”问题的处理即为明显的例子。

前文论及唐代的中国是一个具有开放性的国家，对域外文化并不排斥，因此在处理同一国籍的外国人刑事案件时会运用“本俗之法”。值得注意的是，即使运用外国法律，对案件的管辖权仍然完全掌握在唐政权手中，只是由官员根据外法做出裁断。唐律的规定将中国传统法律，乃至整个司法系统的张力展现到极致，甚至有了一种浪漫主义的色彩。

明清两代创立者对于政权稳定的强调远远超过对国家发展的追求。明清时期采取的政治、经济和文化政策总体上就是对稳定的推崇，外部势力对于明清的统治者而言是一种危险因素，特别是清政府长期实施禁海法令，更是直接明显打压外来事务对传统社会的影响。[①] 因此在对化外人的规范上，明清两代均无意模仿唐代对外国法的使用，而强调单一的法律管辖。

再次强调，关于涉外刑事案件，唐代规定纵然有世界意识，但是其操作性究竟如何尚不得而知，明清时代的法律虽然不及唐代的开放大气，却与现代刑法原则基本一致。只是从这微妙的变化可知，原本开放的国策和意识已经被废弃、淡化，传统中国主动地被世界发展潮流所孤立，这可能是国家后

---

① 张晋藩：《中华法制文明史》，法律出版社，2013 年，第 651 页。

来长时间落后的重要原因。

二、乾隆早期香山县涉外刑事案件分析

在对具体案件进行分析前，有必要对香山县在清代时期的状况简要说明。1152年，香山立县，辖区包括今天的珠海、中山和广州番禺的部分地区。在明代之前，澳门亦属于香山范围。

香山在南海之滨，距离国家中枢万里之遥，在传统农业时代，远程社会管理的滞后性非常严重。随着西方新航路的开辟，香山因地理、交通等优势成为中外贸易枢纽，西方商人、传教士、游客等越来越多地出现在香山地区。明代嘉靖年间，葡萄牙人以晾晒货物的名义上岛，并逐步取得在澳门的居住权。此后，统治者虽然接受了外国人在澳门居住和生活的现实，但对其向内陆的渗透保持着警惕，并逐步加强管理。1574年，明政府在澳门半岛通向内地的莲花茎设立关闸。饶是如此，随着外国人的增多，中外之间仍难免发生冲突。事实上，在乾隆之前，香山县已经出现了一些涉及葡萄牙人的刑事案件和社会问题。雍正三年（1725），一名黑人在澳门南湾口税馆闹事，差役将其推出门口之时，遇到数名葡萄牙士兵，双方发生口角，继而演变为身体冲突，一名差役被打伤，最终导致澳门商业停顿，澳中铺户俱不开张。[①] 此事过后，为了加强对澳门的管理，清廷在澳门前山寨设立山县衙的驻守机构，直接处理澳门周边事务。也正因为清政府的高度重视，从目前已有的资料看，在乾隆之前，香山县的恶性刑事案件并不多见。

需要指出的是，当时在澳门和香山活动的外国人中，葡萄牙人数量最多，具有代表性的涉外刑事案件中的“外”也都指向葡萄牙人。为此，清政府专门制定规范加强对葡人的管理。本文所选的案例也均为葡人行凶案件。

---

① 《香山明清档案辑录》，上海古籍出版社，2006年，第171、173页。

（一）陈辉千案引发的定例

由于语言、文化、生活习惯、思维方式、利益等方面差异，中葡居民之间发生冲突亦属正常。更为重要的是，当时清政府尚不具备先进的边境管理能力，在缺乏制度支撑的情况下，一旦出现重要案件，就多依赖于最高统治者进行直接意识支配。

乾隆九年（1744），香山县人陈辉千在澳门进行贸易活动，因与他人发生口角，被葡萄牙人用刀刺伤后死亡。该案事实清楚，清政府主张按《大清律例》依法判决凶手绞刑。但是，按照清朝的法律，广东各级地方官吏均无权对徒刑以上的案件直接裁判，而必须将人犯和案件逐级申报，死刑更牵涉刑部、大理寺、都察院等部门，还须皇帝亲自批准。[①] 在陈辉千案件中，行凶者在杀人之后被驻澳门的葡萄牙方面拘捕，清朝方面则由官员赴澳门要求押解犯人。但是葡萄牙方面提出了异议，他们主张适用属人管辖的原则，由葡萄牙方面对犯人进行裁决，并拒绝交出凶手。案件由此陷入僵局。

最终，广东地方官员主动向中央政府请求做出妥协。广州将军策楞在奏折中写道："澳门一区，夷人寄居市舶，起自前明中叶，迄今垂二百年，中间聚集番男妇女不下三四千人，均系该国夷王分派夷目管束。番人有罪，夷目俱照夷法处置。"[②] 他指出，葡萄牙国王对生活在澳门的葡人享有当然的司法权力，在 200 年的社会活动中已经成为一个既定的事实，清政府应当予以维持，最好不要轻易破坏。

策楞还提出一个问题，直接涉及了属地管辖和属人管辖之间的冲突。他指出："随禀据夷目禀称，番人附居澳境，凡有干犯法纪，俱在澳地处置，百年以来从不交犯收禁。"葡萄牙方面坚持对澳门本地的葡人行使司法管辖权，是比较典型的属人管辖原则，葡萄牙方面提出"一经交出收监，违犯本

① 张晋藩：《中国法律的传统与近代转型》，法律出版社，2008 年，第 45 页。

② 《香山明清档案辑录》，上海古籍出版社，2006 年，第 174 页。

国禁令，阖澳夷目均干重辟”[①]。也就是说，如果葡萄牙方面不依据葡国法律对葡人进行制裁，澳门的葡方负责人将违反葡国的法律。于是策楞认为夷人犯罪由夷法处置是葡国明确的规定，具有较高法律效力，既然为葡方坚持的原则，清廷不宜强硬干涉。

但问题在于，当时的澳门并非葡萄牙殖民地，葡人在澳门只享有居住权，不应具有任何形式的主权，清政府对澳门仍然享有完整的司法主权，在澳门地域发生的所有案件都应由清政府履行司法职权，这也是《大清律例》中明确规定的。即使葡方在澳门的负责人可以对葡人之间的某些问题进行裁断，也只是一种内部自治，它当然不能影响到清政府在澳门行使司法主权。再退一步，即使葡萄牙在澳门作出的裁判具有司法效力，其对葡萄牙人的管辖是属人管辖，而清政府履行司法职权是属地管辖，依据国际法的一般理论，当属人原则和属地原则发生冲突时，在主权平等的法律语境下，属地管辖具有优先性。这主要是由于违法行为在一般情况下对发生地的社会危害性最为严重，且在实施方面具有天然便利性。综上，就法律层面而言，对于葡人杀害中国人的案件，清政府具有当然的司法管辖权。策楞的建议认可了葡萄牙对澳门区域内的属人管辖，但这必然对清政府的司法主权造成损害，也直接违背了《大清律例》的规定。

对此，策楞必然是清楚的，无论对葡萄牙的让步是出于何种考虑，他必须在一定程度上维护本国的利益，因此他提出了一个折中意见：“嗣后澳夷人杀人罪应斩绞，而夷人情愿即为抵偿者，该县与相验之时，讯明确切，由该司核明，详报督抚再加复核，一面批饬地方官同夷目将犯人依法办理，一面据实奏报，并抄供部核查。”[②]他建议，在澳门的葡萄牙人如果触犯大清刑律，而应被判处斩刑或者绞刑的，由中方依清律对案件进行审判、定罪和量刑，将相关案卷逐级上报，并由刑部核查确定。葡萄牙方面则负责监押犯人，并

① 《香山明清档案辑录》，上海古籍出版社，2006 年，第 174 页。

② 《香山明清档案辑录》，上海古籍出版社，2006 年，第 174 页。

在澳门对犯人执行死刑，执行过程中由双方共同派代表监刑。

通过这种方式，中葡双方都维护了司法主权，但实际上以策楞为代表的广东地方官员做出了巨大让步。为实现葡方的属人管辖，策楞将中方的司法权进行了拆解，在程序上遵从中国法律，逐级上报定罪，但在执行上则由葡萄牙人自行实施，在形式上保障中方司法主权的前提下，给予了葡方极大的司法权力。更为重要的是，当执行权移转至葡方后，执行过程中就存在舞弊的可能，清政府官员虽然有监督的权力，但也只限于此。

清政府本就不愿意花过多精力去处理夷务，只要最终处罚的权力还掌握在手中，具体如何处理仍有变通之余地。因此，策楞的意见得到了乾隆皇帝的认可，并被确定为与法律具有同等效力的定例，即日后出现类似案例均可依此办理。①

这一案件还促使清廷进一步加强了对澳门的管理。1744 年，清政府专设澳门海防同知一职，并出台了《管理澳夷章程》，其中关于恶性刑事案件的处理，也基本采纳了策楞的意见。通过上述方式，清廷和葡国在香山一带涉葡刑事案件的司法权运用方面达成了初步的一致。

但问题并不能因此解决。葡方既然可以拒绝将犯人交付中方履行司法程序，也就可能在清政府审理刑事案件的过程中包庇葡方犯人，而地方官员既然可以在司法主权上做出一定的让步，也就可能在案件调查过程中有更大的倾斜。中葡双方关于刑事案件处理的重大矛盾在乾隆十三年（1748）的李廷富、简亚二案中集中爆发。

（二）激化矛盾的李简案

李廷富、简亚二案是在澳门法制史上影响重大的案件，案情扑朔迷离，很多关键的问题都未能厘清。乾隆十三年六月，香山县民李廷富、简亚二两人入夜后在澳门街上闲逛，被巡街的葡萄牙士兵哑吗噜和唵哆呢拘捕。在押解过程中，两人试图逃跑，结果被殴打致死，并被抛尸入海。澳门海防同知

---

① 黄源盛：《中国法制史导论》，广西师范大学出版社，第 304 页。

张汝霖曾经赴澳门交涉，但澳督拒绝交出人犯。经土生葡人佛朗哥告发，张汝霖再次要求澳葡当局交出被害人尸体与凶犯，澳督再次予以拒绝。于是广东省地方官员下令关闸，停止对澳门的粮食供应，并要求中国居民撤离。澳督毫不示弱，采取增兵修城等措施。一件凶杀案件开始升级为国家矛盾。双方剑拔弩张之际，澳门的葡萄牙居民联合反对澳督的行为，他们提供了确凿的证词，迫使澳督将凶犯交给中国官员审讯。就在事件向有利于中方的态势发展时，澳督以应付突然事变为由，用某种方式将两名人犯救回，并立即将他们“流放”。令人惊讶的是，此后中方再没有采取任何措施，并解除了对澳门的封锁。

此后，广东巡抚岳濬向乾隆皇帝具折汇报此事，但他汇报的却是另一种情况。据他奏报：李、简二人案发当夜寄宿在香山县柳允才家中，“夤夜出街，潜入夷人瑟吧奴家内”时，被葡人抓获并绑缚在屋内。据哑、唵的供词，本欲将李、简二人天明送官，但是“二人詈骂不休”，遂被殴打致死，“又复同定计谋，将两尸乘夜扛弃入海”。[①] 案发后，澳门同知张汝霖即刻向广东巡抚岳濬上报，岳濬则与广州将军策楞一起奔赴澳门，“严檄饬行，谆切晓谕，宣布皇恩，示以国法”，葡萄牙方面最终同意交出人犯和相关证物，并由张汝霖进行审理。

至于如何处理该案，岳濬认为，葡方“虽查未失去物件，但夜入人家，潜身进屋，其为行窃无疑”。根据《大清律例》“夜无故入人家，已就拘执而遭杀者，杖一百，徒三年，又弃尸水中者，杖一百，流三千里等语，今李廷富、简亚二于二更时分潜入夷人家内，计图行窃，已就拘执，复因骂詈，擅行殴毙，而又同谋弃尸海中，夷性凶残，理应严加惩治。但按其情罪，法止杖流”。写到此处，他笔锋一转，“但夷人例无遣配，随查据夷目喽嚟哆等称，该国免死罪犯，向系安插地满（帝汶岛——引者注）受罪终身，其地满地方岚蒸气瘴，水土恶毒”，与清律中的军流相等。“今哑吗噜，唵哆呢既经律拟流，

① 《香山明清档案辑录》，上海古籍出版社，2006年，第176页。

仍照向来处治夷人问罪之法，附顺夷情，依法办理，令其发往地满永远安插，不许复回澳门。”[①]

除去装点门面的语句，岳浚陈奏的核心意思有两层：一是案情符合《大清刑律》中关于“夜无故入人家，已就拘执而遭杀者，……又弃水中”的规定，依照清朝的律法应当将犯人流放；二是主张清政府放弃对本案的进一步追查，而由葡方对犯人进行处置。葡人在中国土地上杀害中国居民，最终要由葡方处理，而中方却不加插手，他的建议比陈案更进一步破坏了清政府的司法主权。

现在已经无法知晓岳浚上报时的心理状态，但是他应该知道这份奏折对案情的陈述实在漏洞百出。果然，案件引起了乾隆皇帝本人的重视，他在批示中一针见血地指出“李廷富、简亚二既死无可证，所据仅夷犯一面之辞，观其初始狡赖情形，必另有致死根由”，说明岳浚根本没有彻底调查案件，连远在万里之外的皇帝都发现了案情中的蹊跷。

更令乾隆无法认同的，是本案的处理结果。他在批示中写道：“且夷人来至内地，理宜小心恭顺，益知守法，乃连毙内地民人，已为强横，又复弃尸入海，希图灭迹，尤为凶狡，自应一命一抵。若仅照内地律例，拟以杖流，则夷人桀戾之性，将来益无忌惮，办理殊为错误。况发回夷地，照彼国之法安插，其是否如此办理，何由得知。设彼国竟置之不问，则李廷富、简亚二两命，不几视同草菅户。”[②] 不知岳浚读到这样措辞严厉的批示是否感到后脊发凉，但乾隆的不满他们一定能够感受得到。皇帝认为对案件的定性和量刑都过轻，而且他看待问题的角度并没有停留在法律层面。如果不对葡方人犯进行严惩，很有可能造成不良的后续影响，进而造成对统治的威胁，这才是乾隆最无法忍受的问题，可见他对待外洋夷人还是偏向于采取强硬态度的，他认为在处理葡人犯罪时，一命抵一命的原则比《大清律例》的规定更为重要，虽然在律文上有着地域管辖的内容，但他本人并不想给予外国人以真正的国民待遇。

---

① 《香山明清档案辑录》，上海古籍出版社，2006 年，第 176 页。

② 《香山明清档案辑录》，上海古籍出版社，2006 年，第 177 页。

乾隆还一针见血地指出案件的管辖和执行方面存在的严重弊端，即犯人是否真的被流放到地满，清政府官员是无法确定的，这等于将案件最终的决定权拱手让人，因此岳浚对案件的处理无论在政治上还是法律上，都存在严重过失。皇帝命令岳浚立即拘捕葡方人犯，严格治罪，以命抵命，如果案犯已经被流放出海，则要将其追回。

但乾隆应该知道，即使身为皇帝可能对此案也无力回天了。广州、北京两地相隔万里，当时的官员由北京到广州就任，通常需要60天左右的时间。圣旨固然可以加急传送，但葡方早已利用其中的时间差将人犯送走，清政府对公正的渴求只能寄希望于他们两个人真的去大洋中的地满岛受苦。果然，岳浚在回复的奏折中痛陈自己的糊涂和无能，主动向皇帝请求责罚，同时将处置失当的责任基本推到张汝霖身上。最后，他指出，两个葡方犯人早已经出海，茫茫大海根本无法追踪，确实无可奈何了，他请求乾隆给予新的指示之后，就只能听天由命。张汝霖可能也知道自己会成为替罪羊，迅速开展了补救工作：在澳门和香山交界处树立石碑，用中葡两国语言刻写了《澳夷善后事宜》，从活动时间、地域范围等方面予以澳门的葡人更严格的管束，并警告今后将按清律对违法伤害中国居民的葡人进行治罪。单从这些规章看，张汝霖倒也并不糊涂，只是他究竟在这案件中扮演了什么角色，只能任由后人推测评说。

事已至此，乾隆皇帝没有再去追查张汝霖、岳浚等人何以作出如此荒谬的处理，只是两人的政治生命也就此终结。乾隆同时严令广东地方官员：以后澳门葡人对中方居民犯案构成死刑的，一律带回香山县执行。从事后的一些奏折来看，地方官员较好地贯彻了乾隆的旨意，葡人侵害华人构成死刑的，一般在香山县执行，但是否真如他们所汇报的那样，就难以考证。但这样的案件足够让以皇帝为代表的中央政权更进一步认识到“夷人”的野蛮与强横，封闭的政策也更加难以撼动。

三、清代中期澳门刑事案件的历史解读

通过对清代中期香山县两件重要涉外刑事案件的分析，可以察觉到地方官吏似乎对驻澳葡人意存偏袒。策楞提出给予葡方刑罚执行权，为日后的李简案打开恶门。岳浚任由葡方抢夺并处置人犯，而张汝霖这位直接负责管理澳门的基层官员更是编出漏洞百出的案情，赤裸裸地袒护犯罪嫌疑人，让人不明所以。虽然以皇帝为核心的帝国中央一再强调对葡方要保持强硬，但是地方官吏在执行政策时却逡巡犹豫。很显然，他们并不愿意同在澳门的葡萄牙人直接对抗。在上述两个案件中，地方官员既无法禁绝中外的接触，而在发生涉外刑事案件时也不能完全遵从清朝的法律审理案件，他们难以像中央政府期待的那样强硬，而只能在捍卫主权底线的情况下让步，与外国势力保持一种带有倾斜的均衡态势。

造成广东地方官吏在处理刑事案件时向葡方倾斜的原因可能非常复杂。就个案而言，不排除个人因素的作用，因此有必要稍加介绍。岳浚是清代名将岳钟琪的儿子，是当世著名学者，做过山东布政使、江西巡抚等职，官声尚可，却也屡遭参劾免官。[①] 岳浚在乾隆十八年（1753）辞世，上述案件发生时，已至其末年，有可能意气将近，不愿再有大作为，也有可能害怕承担更多责任而选择息事宁人，他在整个案件中对葡人颓软的表现暗示他承担着巨大的压力。策楞，侍卫出身，因军功累升至两广总督[②]，乾隆对其较为欣赏。上述两个案件策楞都直接参与，他对待葡人的态度与岳浚并没有明显差异，全然不复当年战场之勇。至于张汝霖，他在案件中的角色则比较尴尬。从一些碎片化的资料看，他具有一定能力，而且办事勤勉，是首先介入案件的中方官员。他起初似乎表现出了一定的强硬态度，但不知为何又突然表现得非常软弱，不仅上报的案情漏洞百出，而且匪夷所思地允许澳督强硬地将人犯带回，以致最终受到了清政府的处分。

---

① 《清史稿·列传八十三》。

② 《清史稿·列传一百一》。

上述分析至少可以说明，这些涉案的地方官员处在职业生涯的不同阶段，虽然无法揣测他们真实的心理变化，但他们对于案件的态度最终趋于一致。所以，因纯粹的个人性格或者办事风格等内在因素而影响案件走向似乎并不是可信赖的结论。

因此，很有可能是葡方采取的某种行动，或者是某种态势的影响，使清政府的官员决定向中央隐瞒案情的真相，并选择向葡方妥协。

首先需要考虑的可能是行贿。腐败对司法的伤害极大，而受贿则是改变官员态度和行为最直接的原因之一。葡方很可能贿赂了相关地方官员，才使两名人犯得以逃脱。从葡方的史料看，张汝霖接受了数量不菲的贿赂。[①]但必须指出，行贿完全主导事态发展的结论仍有值得怀疑的地方。案件发生在乾隆十三年，彼时的皇帝和他的帝国已到达巅峰时期。乾隆皇帝对吏治高度重视，处理贪腐问题时手段严苛，后期那种举国腐败的景象还没有出现。而且以张汝霖的身份和权力，他不能也不敢一手遮天地处理此事，他的很多行为必须得到岳浚、策楞的认可，因此葡方想要通过行贿来达到目的，也必须向岳浚等人实施。岳浚生在官宦大家，又是著名学者，在当时的士大夫阶层有一定的声望和口碑，他收受贿赂的可能则要小得多。至于策楞，就史料来看，他贪功但不敛财，因此受贿的问题也值得怀疑。更重要的是，在两位地方大员被乾隆申斥后，他们将责任大部分推给了张汝霖，意图非常明显。这反而可以说明，即使张汝霖受贿，三人之间也并没有形成受贿的团体。

通过以上分析，笔者倾向认为，即使存在行贿，也不是造成葡方犯人被宽纵的主要原因。笔者以为，李简案理应和前文所讨论的陈辉千案合并思考。两案事发之时，正是剧变前夜，世界格局正在迈向全新时代，第一次工业革命将要开始，东西方的力量对比将发生根本性变化，清政府闭关锁国的政策也会遭受最有力的冲击。彼时的葡萄牙已经从15、16世纪的巅峰走下，虽然仍然是欧洲强国，但往日荣光已难再现。澳门是葡萄牙在远东的落脚地，

---

① ［葡］施白蒂：《澳门编年史》，澳门基金会，1997年，第138—140页。

具有重要的战略意义。因此，在一个更广大的历史背景中观察，清政府和葡方在澳门发生一定的矛盾不可避免，刑事案件处理上的争斗正是这一矛盾的体现。

随着中葡双方频繁接触，彼此的了解和认识也在加深。澳门的葡萄牙士兵、商人等进入香山后，可以看到明、清两个王朝更加真实的情况：面积广大，物产丰富，同时人民又长时期处于贫困。这种国富民弱的状态很可能也刺激了葡萄牙方面在澳门的欲望。发展到乾隆时期，葡方的态度变得逐步强硬。但彼时中国全面的封闭政策，有效抵挡了西方势力向内陆的渗透，虽然中央仍以天朝上国自居，远处广东的地方官员们却比中央更加真实地感受到外部的压力。这种在交往中体现出的压力，让广东地方官员群体不得不更多考虑外国势力的诉求，为使祸端不在自己任上产生，他们不得不在刑事案件的处理上为葡方争取权利。不唯如此，地方官员在很多其他政务的处理上也在对外倾斜。

乾隆十一年（1746），已经晋升为两广总督的策楞和当时的广东巡抚准泰共同建议皇帝免除澳门葡萄牙人的地租①。乾隆御批“此可不必”直接予以拒绝。政府官员为他国谋求利益而不惜牺牲本国财政，这一举措看上去有些匪夷所思，却也说明在澳门的葡萄牙人已经具有可以高度影响地方官员的能量。

广东地方官员在与葡人的接触过程中应能感受到西方国家向外扩张的本性与清政府内敛封闭的追求截然不同。地方官员们因为各种政治上的顾虑，并不愿意向中央反映这些情况，为了保证自己政治生命的平稳安全而只能在中外势力的对抗中寻求平衡，因此在对很多问题的处理上必然体现出一定的偏向性。当然，陈简案之后，清政府以更加强硬的态度处理香山县葡人犯罪的案件，葡萄牙也难以利用澳门为平台与广大的中国进行正面的对抗，因此只能收敛，其后对澳门的殖民占领也是借助了他人之力。

---

① 《香山明清档案辑录》，上海古籍出版社，2006 年，第 175 页。

可以说，乾隆时期香山县涉外刑事案件的处理，只是历史发展过程中一段插曲，但它却说明中华民族在遭受外敌冲击之前已经有征兆，闭关锁国的基本国策不仅让中国逐步退出了世界先进国家的行列，更使其与完成机械变革的西方国家在竞争实力上有了明显差异。这种差异也许不为中央所察觉，地方官员却能够感知，而政治格局的搭建又使古老国家对外部变化的体察异常迟钝，一场由外部侵略而引发的并持续一个世纪的巨大变革已经无法避免。

留美幼童被撤回国的是是非非

李振武[①]

从1872年开始至1875年，清政府选拔120名（每年30名）10到16岁的幼童，作为第一批官费生赴美留学。1881年6月8日，总理衙门以“该学生以童稚之年远适异国，路歧丝染，未免见异思迁”，且“已大失该局（即留学事务管理机构‘幼童出洋肄业局’——引者注）之初心”，下令“责成该局员亲自管带各童回华，庶免任意逗留，别生枝节”。[②]其时距预定第一期留学生学成归国尚差6年，距第四期出国留学者学成归国还有9年。在120名学生中，除中途因故撤回及在美病故未能学完的26名，只有詹天佑、欧阳庚二人刚由耶鲁大学毕业。这对于刚刚发轫的中国留学事业不能不是重大的挫折，对于留学生来说，更是个沉重的打击和深深的遗憾。

留美幼童的学业没有按计划完成，责任究竟属谁，当时就众说纷纭。容闳是留学事业的首倡者和幼童留美事务的具体操办人，他坚信留学是学习西方先进文化、实现国家富强的最佳途径，留学被叫停一事令容闳始终耿耿于

---

① 李振武，广东省社会科学院历史与孙中山研究所副所长、研究员，博士。

② 光绪七年五月十二日（1881年6月8日）总理各国事务衙门奕䜣等奏，《洋务运动文献汇编》二，第166页。

怀。他在后来写的自传中，把责任全部推到吴嘉善[①]、陈兰彬[②]、李鸿章等人头上，辱骂吴嘉善是“留学界之大敌”，“丧心病狂”，“只宜置之疯人院或废病院中”，不配任留学生监督；[③]指责李鸿章“性情品格与曾文正迥不相侔。其为人感情用事，喜怒无常，行事好变迁，无一定宗旨。而生平大病，尤在好闻人之誉己。其外貌似甚鲁莽，实则胸中城府甚深”。[④]对陈兰彬更是多有非议，说陈为“极顽固之旧学派，其心中殆早不以遣派留学生为然矣。陈此举不啻表示其自居反对党代表之地位，揎拳捋袖，准备破坏新政，以阻中国前途之进步”。“其平素对于留学事务所，感情极恶。即彼身所曾任之监督职务，亦久存厌恶之心。推彼意想，必以为其一己所受纯洁无瑕之中国教育，自经来美与外国教育接触，亦几为其所污染。盖陈对于外国教育之观念，实存一极端鄙夷之思也。”容闳更指陈兰彬一生之发迹得益于留学事业，此留学事务所，“不啻为其升官发财之阶梯，陈苟能稍稍念木本水源，则不当登高而撤梯。乃不谓其尽忘前事，极力欲近破坏予之教育计划，而特荐吴子登为留学生监督。吴之为陈傀儡，又恰合其身份。盖舍吴而外，固无人能受陈黑幕中之指挥也。”[⑤]在容闳的心目中，陈兰彬大概是造成幼童被撤回国的罪魁祸首。

鉴于容闳在中国近代留学教育上的地位，后人不察，多以容闳之言为是，对陈兰彬等当事人多予以负面评价。笔者认为此种观点有欠公允，留美幼童被提前撤回国内涉及诸多复杂原因，不能明确地指为哪个人的过错。

---

① 吴嘉善(1818—1885)，江西抚州南丰人，咸丰十一年(1861)进士，选翰林院庶吉士。自学英语，编英汉字典《翻译小补》。后精研数学，撰有《算书》。

② 陈兰彬（约1816—1895），广东吴川人，咸丰三年（1853）进士，选翰林院庶吉士。1872年与容闳率幼童赴美留学，任监督。1875年升郎中，任出使美国兼西班牙、秘鲁大臣。曾受命前往古巴、秘鲁等地调查华工境况，办理华工回国事宜。1881年回国，任总理各国事务衙门大臣，以礼部左侍郎职致仕。

③ （清）容闳：《西学东渐记》，湖南人民出版社，1981年，第139页。

④ （清）容闳：《西学东渐记》，湖南人民出版社，1981年，第129页。

⑤ （清）容闳：《西学东渐记》，湖南人民出版社，1981年，第136页。

一、根本原因：留美幼童的发展违背了清政府派遣留学生的初衷

容闳所提出派学生赴美留学的建议是通过洋务派官僚上奏朝廷，得到朝廷允准后才得以实施的。曾国藩、丁日昌、李鸿章等洋务派大员为何会如此热心地促成这件事呢？最根本的原因应该说是洋务事业发展的迫切需要。洋务运动在19世纪60年代兴起后，洋务派陆续办起各种新式军事企业，急需新的人才来使用机器、管理企业，但中国传统的科举教育根本无法培养这类人才，人才紧缺的问题日益显露。洋务派官员逐渐认识到培养新式人才的重要性。如李鸿章就认为："以章句弓马施之于洋务，隔膜太甚……所用非所学，人才何由而出？""小楷试帖，太蹈虚饰，甚非作养人才之道"，[①]中国应对"考试功令稍加变通，另开洋务进取一格，以资造就"。[②]基于此，他们很早就开始了这方面的努力。例如，为培养翻译人员，总理衙门于1862年6月在北京设立同文馆，挑选八旗子弟入学，学习英文、法文、俄文等外国语言。同文馆可谓中国第一所正规的具有近代意义的外语学堂。1863年，李鸿章在上海设立广方言馆，招生学习外语；1864年，两广总督瑞麟在广州建立同文馆，培养外语人才。为了培养新式舰船人才，闽浙总督左宗棠于1868年在福州设立船政学堂。尤其值得一提的是，主管总理衙门的恭亲王奕䜣于同年12月，奏请在京师同文馆内添设天文算学馆，聘请西人为教习，"招取满汉举人、恩、拔、副、岁、优贡生，并前项正途出身之五品下京外各官，来馆学习"。[③]此议虽然遭到以大学士倭仁为首的守旧派官员的种种非议，但最终仍被朝廷允准。既然天文算学馆以西人为教习，以来自西方的天文、算学为学习内容，那么在此基础上再向前迈出一步，直接派留学生赴外国学堂学习也就不是多么困难的事情了。可以说，洋务运动是孕育派遣留学生事务的母体，而容闳

---

① 《筹议海防折》，《李文忠公全书·奏稿》卷二四。

② 《中国近代史料丛刊·洋务运动》第1册，第54页。

③ 《同治五年十二月二十三日总理各国事务奕䜣等折》，《中国近代史料丛刊·洋务运动》第2册，第28页。

则起了助产的作用。

1871年6月，曾国藩、李鸿章联名上奏阐述派遣幼童赴美留学的原委与留学教育的重要性，建言朝廷派员设局挑选幼童赴美肄业徐图自强。奏称："选聪颖幼童，送赴泰西各国书院学习军政、船政、步算、制造诸学，然后可以渐图自强。……今中国欲仿效其意而精通其法，当此风气既开，似宜亟选聪颖子弟携往外国肄业，实力讲求，以仰副我皇上徐图自强之至意。……中国欲取其长，一旦遽图尽购其器，不惟力有不逮，且此中奥，苟非遍览久习，则本源无由洞澈，而曲折无以自明。古人谓学齐语者须引而置之庄狱之间，又曰百闻不如一见，此物此志也。"① 曾国藩在致李鸿章函中也说："幼童出洋留学，以二十年为期，以百名计之，若学成十之五六，分给总署及南北译馆、机器局应用，转相传习，亦可生生不息。"② 他希望通过派遣留学生，直接到西方各国学习科技知识，来培养洋务新政所需的人才，进而摆脱对外国技术和人员的依赖。

曾国藩、李鸿章等洋务官僚是出于洋务事业的需要，才支持派留学生赴美的。他们希望留学生通过在美学习舆图、算法、测海、造船、制器等新学，归国后成为为洋务事业服务的新型人才。同时，他们也担心这批未有中学根底、心性未定的娃娃留学生在美国生活久了会见异思迁，完全异化。曾纪泽就曾在其父曾国藩面前说："美国君臣上下，不分等差。幼童未读中国圣贤书，遽令远赴异域，专事西学，上之不过为美邦添士民，下之为各埠洋行添通事、买办之属耳，于中国无大益也。"③ 为了避免出现这种被动局面，一方面，他们在《幼童留学管理章程》中规定：幼童"将来出洋后，肄习西学仍兼讲中学，课以孝经、小学、五经及国朝律例等书，随资高下，循序渐进。每遇房、虚、卯、星等日，正副二委员传集各童宣讲圣谕广训，示以尊君亲上之义，

① （清）吴汝纶：《李文忠公全书·译署函稿》卷一，光绪三十四年印行，第20页。
② 《李文忠公政书·朋僚函稿》卷十，第32页。
③ （清）曾纪泽：《使西月记》，湖南人民出版社，1981年，第29页。

庶不至囿于异学”。此条列为章程第一条，可见对此事的重视。[①]另一方面，他们在幼童出洋肄业局人事安排方面作了精心考虑。按理说，幼童留美计划是容闳首先提出来的，其本人又在美国留学八年，熟悉美国的教育制度，是幼童出洋肄业局负责人最好的人选。但容闳自身过于西化的表现，却使曾国藩、李鸿章对他不能信任有加。所以，他们安排了陈兰彬这样既有中学根底，又热心时务的洋务派官僚当肄业局正监督，由容闳担任副手，做辅助工作。九年间肄业局监督换了四任，容闳却始终处于副手职位。

陈兰彬之所以能担任幼童出洋肄业局的监督，除了丁日昌的鼎力推荐外，亦与担任曾国藩幕僚，受到曾氏的赏识不无关系。曾国藩对陈兰彬的评价是：“该员实心孤诣，智深勇沉，历练既久，敛抑才气，精悍坚卓，不避险艰，实有任重致远之志。”

继曾国藩之后主管留学生事务的李鸿章在谈及对容闳和陈兰彬的观感时，说容闳“汉文未深，又不甚知大体，亦是一病”，[②]认为“容闳为人诚不如荔秋之颠扑不破”[③]。

容闳在其自传中说，丁日昌之所以荐陈兰彬担任留学生监督，“盖有深意。尝谓余：‘君所主张，与中国旧学显然反对。时政府又甚守旧，以个人身当其冲，恐不足以抵抗反动力，或竟事败于垂成。故欲利用陈之翰林资格，得旧学派人共事，可以稍杀阻力也。’”[④]

陈兰彬的翰林身份以及对洋务的开明态度，使其得以出任留美学生肄业局的正委员，位在容闳之上。他在这个职位上也忠实地履行了朝廷赋予的职责。也正因为他是在按朝廷的要求管理留学生，留学生的中途撤回便不是陈兰彬个人的情感所决定得了的。

---

① 《同治十一年正月十九日曾国藩等折》，《中国近代史资料丛刊·洋务运动》第2册，第158页。

② 《光绪三年七月八日复郭筠仙星使》，（清）吴汝纶：《李文忠公全书·朋僚函稿》卷十九，保定莲池书社1902年印行，第16页。

③ 《论派员查办秘鲁华工》，《李文忠公全书·译署函稿》卷二，1905年金陵刻本，第34页。

④ （清）容闳：《西学东渐记》，湖南人民出版社，1981年，第126页。

1872年第一批留美学生赴美后，陈兰彬对学生们“监督极严”，要求他们“须穿华服，保存辫发，守祀孔之古礼”①。尽管做了诸多防范，但曾、李等洋务大员的如意算盘最终也没有打成。随着时间的推移，他们担心的事情还是发生了。“此多数之青年学生，既至新英国省，日受新英国教育之陶熔，且习与美人交际，故学识乃随年龄而俱长。其一切言行举止，受美人之同化而渐改其故态。”②留学生们有的跳舞滑冰，有的喜食西餐，有的信奉耶稣，有的西装革履，有的剪掉辫子，更有甚者则不习汉文，不读四书五经和圣谕广训之类在国内必须遍读的典籍。留学幼童的这些变化一方面是儿童天性（如适应新环境快、喜欢接受新事物）的表现，一方面是美国的经济文化远远优于清王朝。洋务派所设想的那种只学习美国的技术，不受美国人思想观念、行为方式影响的留学道路是根本行不通的。诚如《纽约时报》所报道的：“中国幼童们，除却书本、老师传授的知识，并受到美国政治及基督教的影响，这是可以意料中之事。如果认为这些聪颖幼童，仅由工程、数学、科学的领域中已得到满足，而他们对美国政治及社会的影响而无动于衷，则将是不可思议之事！”③

面对留学生出现的这种巨大变化，继陈兰彬出任留学生监督的吴嘉善会同任驻美公使陈兰彬向朝廷报告了情况：幼童“好学美国人的运动游戏之事，读书时少而游戏时多，或日效尤美人，入各种秘密社会。……学生绝无敬师之礼，对于新监督之训言，若东风之过耳！……此等学生，若更令其久居美国，必致全失其爱国之心，他日纵能学成回国，非特无益于国家，亦且有害于社会。欲为中国国家谋幸福计，当从速解散留学事务所，撤回留美学生。能早一日实行，即国家早获一日之福”。不仅如此，他们还在报告中指责容闳“纵容学生，任其放荡淫佚”。④

① 《华人留学美洲之今昔》，《东方杂志》1918年第14卷，第12号。

② 《西学东渐记》，湖南人民出版社，1981年，第102页。

③ 《中国留美幼童书信集》第三，《传记文学》卷三四，第六期。

④ 《西学东渐记》，湖南人民出版社，1981年，第138页。

可以说，容、陈两人的分歧表现在两个方面：第一，对留学目的看法不一。容闳倡导留学教育的目的是培养一批不同于旧式封建文人的新型知识分子，这些新人既了解世界，又具有一定的科学文化知识，并按照西方资本主义模式改造中国。陈兰彬主张留学，目的在于培养一批懂洋务，但又能效忠于封建制度的知识分子，即“知识要新，脑袋要旧”，学习西方科学技术的目的在于维护封建制度。第二，是对待基督教问题。容闳信奉基督教，但当时清政府采取禁教政策，留学章程中也明文规定禁止学生到礼拜堂和入教，陈兰彬很注重落实这一点，而且陈兰彬对基督教有偏见。个中分歧不仅造成管理留学生方法上的差异，还导致容闳对陈兰彬成见日深。

二、容闳对留美幼童被撤回负有相当责任

多年的留美生涯，使容闳完全西化了。据其自传中说，留学回国时，他“于本国语言，几尽忘之”。容闳18岁出国，在美国居住8年，而几乎将本国语言忘光，这确实有点令人费解。然而，据他自己的回忆，这是事实。当他第一次回国时，在香港海域的船上，竟不能用“中国语”翻译“暗礁与沙滩”，自己也颇觉尴尬：“自念以中国人而不能作中国语，亦无语以自解也。”后来，他不得不花了近半年的时间向一个美国传教士初习粤语。[①] 至于汉文，虽然他自称在留美之前学过四年，但终因根基甚浅，终生不能运用自如，日后所写条陈之类文稿只能请人捉刀代笔，而其生平自传也只能用英文写成。

正如容闳自己所说：“东西文化判若天壤，……此种观念，深入脑筋，无论身经若何变迁，皆不能或忘也。”[②] 由于自身的特殊经历，他极为崇拜美国式的社会制度和生活方式，所以他认为留美幼童的这种变化不足“深怪”，并且极力促成幼童各方面的变化。他认为：“彼等既离故国而来此，终日饱吸自由空气，其平昔性灵上所受极重之压力，一旦排空而去，言论思想，悉

① （清）容闳：《西学东渐记》，岳麓书社，1985年，第68页。
② （清）容闳：《西学东渐记》，岳麓书社，1985年，第144—145页。

与旧教育不侔。好为种种健身之运动，跳踯驰骋，不复安行矩步，此皆必然之势。”①

西式的知识背景、西化的思想观念及为人处世方式，使容闳对陈兰彬管理留学生的方式极为不惯：“当其任监督时，与予共事，时有龃龉。……陈与学生常生冲突，予恒居间为调停人。但遇学生为正当之请求，而陈故靳而不允，则予每代学生略为辩护。以是陈疑予为偏袒学生，不无怏怏。虽未形诸词色，而芥蒂之见，固所不免。盖陈之为人，当未至美国以前，足迹不出国门一步，故于揣度物情、平衡事理，其心中所依据为标准者，仍完全为中国人之见解。即其毕生所见所闻，亦以久处专制压力之下，习于服从性质，故绝无自由之精神与活泼之思想。”②“故其平素对于留学事务所，感情极恶。盖陈对于外国教育之观念，实存一极端鄙夷之思想也。……（陈）极力欲破坏予之教育计划，而特荐吴子登为留学监督。”容闳虽然也称赞陈兰彬“为人持躬谦抑，平易近人，品行亦端正无邪”，但更认定陈胆小怕事，没有勇于任事的气魄：“所惜者胆怯而乏责任心耳，即一羽之轻，陈君视之不啻泰山，不敢谓吾力足以阻之。”③

完全西化的容闳在知人论世方面存在偏颇，主要是偏激，不能容人，缺乏自省。这样的性格亦使得幼童留美事业受到影响。应该指出的是，容闳本人对留美幼童中途撤回也负有重要责任，主要体现在两个方面：一是其在制订具体的留学计划时，将招考学生的年龄定在12岁以上15岁以下。这个年龄段的小孩子根基未定，确实容易为新奇事物所诱惑。对此郑观应曾做过评论说：“昔曾文正奏派幼童出洋学习，意美法良。特稚齿髫年，血气未定，沾染习气，乖僻性成，甚至有从教忘亲，不愿回国者，则就学诸生，于中学毫无所得故也。……欲救其弊，宜选肄业生之通古今识大体者，始遣出洋，

① （清）容闳：《西学东渐记》，岳麓书社，1985年，第103页。

② （清）容闳：《西学东渐记》，岳麓书社，1985年，第136—137页。

③ （清）容闳：《西学东渐记》，岳麓书社，1985年，第153页。

或由各省所录文武各生，择其留心时务，年在二十左右者，过稚则气质易染，过长则口音难调，厚给资装出洋学习。”[①] 二是忽视对留美幼童的中学教育。这批学生毕竟是中国政府花巨资送到美国深造的，自然希望他们学成之后回国服务，但如果不在他们学西学的同时，进行有关中国制度礼仪、道德传统、思想文化方面的教育，他们很可能被完全西化，变得和容闳那样连中国话都忘了怎么说，最终能不能为国家服务就很难说了。容闳留学属自费性质，怎样变化是个人行为，中国政府管不着，但这批留学生是官费的，中国政府对他们的成长不能放任自流。容闳作为管理留学生的官员，应按中国政府的要求去做。《中美早期外交史》的作者李定一先生在谈到幼童赴美之事，这样评价容闳：“容闳救国的热忱，可佩；方向亦正确；惟在方法上确有值得商榷之处。”[②]

容闳受教伊始即接触西方文化，可以说，他是一个西式教育教化出来的人，对辉煌灿烂、博大精深的中国文化，实在未稍窥堂奥。所以他既不认识固有文化优在何处、劣在何处，更不能设想中国人当如何对待、处置固有文化。崇仰西学或与他经历类似的人称其学识优长，但稍为守旧者则视其不谙中学为一病。客观地说，不能兼通中西文化确实难有作为，尤其难对固有文化和建设新文化做出大的贡献。

1896年容闳与黄开甲翻译了美国的国家银行律，并用作参照，制订了自己的国家银行计划。张荫桓读完译本和计划后，亦以为照搬过多，“谓其中有若干条，不合于中国国情，难期实行”。[③]

三、结语

近代中国，备受帝国主义列强的欺侮，失却了往日天朝上国的荣光，陷

---

① 郑观应：《盛世危言》卷一“考试上”，上海古籍出版社，第127—128页。

② 李定一：《中美早期外交史》，台北传记文学出版社，1978年，第608页。

③ （清）容闳：《西学东渐记》，岳麓书社，1985年，第85—118页。

人亡国灭种的悲惨境地。“要救国，就要维新；要维新，就要学外国”成为当时有识之士的共识。在学习外国的先进文化和科学技术时，如何保持中国传统文化的主导地位，一直是一个困扰国家和知识阶层的难题。洋务运动时期，围绕天文算学馆招收科举正途官员入学问题，保守派的代表人物倭仁认为士人学习西方科技将会导致“变而从夷，正气为之不申，邪氛因而弥炽，数年以后，不尽驱中国之众咸归于夷而不止”。因而大声疾呼“立国之道，尚礼义不尚权谋；根本之图，在人心不在技艺”。戊戌维新时期，新学昌兴，张之洞力倡“中学为体，西学为用”，力图引导国人在学习西学的同时，坚守中国的心性之学。清末新政时期，废科举，办新式教育，中国开始逐步建立西式的教学体制。尽管学制中规定“以忠孝为本，以中国经史文学为基，俾学生心术一归于纯正”，读经讲经成为各级学堂的必修科目，但由于讲求修身养性的心性之学与谋求谋生之道无直接关联，青年学生对此课程多报以漠视甚至反感的态度。尽管在张之洞等具有深厚传统文化造诣的官员的呼吁下，朝廷命令各省建立存古学堂，但已不可能挽救在西学冲击下已处于极端劣势的国学。如何在变革时代处理好“中与西”“古与今”的关系仍然是困扰着我们的一个难题。具体到近代中国的留学事业，诚如曾国藩、李鸿章当年所谓：“幼童出洋肄业，固属中华创始之举，抑亦古来未有之事！”令人对容闳、陈兰彬等近代中西文化交流的先驱人物予以同情之理解。

拉丁美洲中山华侨华人的文化认同

韩延星[①]

“有海水处就有华侨”。中山市是著名的侨乡，旅居海外的华侨华人（不含港澳台同胞）约18万人，其中移居拉丁美洲的约1.56万人。中山华侨在图生存、谋生计、求发展的历程中，对居住国的开拓发展和繁荣进步做出了积极的贡献。他们因勤奋智慧、刻苦耐劳、守望相助、回馈桑梓而赢得世人赞誉，不少人获得居住国（地区）政府授予勋章、勋衔等荣誉，甚至一些街道、湖泊、广场还以贡献卓越的中山华侨华人的名字命名。随着经济、社会地位的提高，一些出类拔萃的中山人，出任部长、大使、议长、议员、市长等政界要职，或者成为经济、教育、文化、体育、艺术等领域的翘楚，逐步进入了居住国的主流社会。

一、拉丁美洲中山华侨华人的基本情况

（一）人口总数与分布

拉丁美洲中山华侨华人具有分布范围广、流动性大等特点。拉丁美洲在地理上是距离中国最遥远的地区，要想得出切实的数据殊为困难。改革开放

① 韩延星，中山市社会科学界联合会学术规划部负责人，博士。研究方向：城市规划、区域经济、文化地理等。

后，特别是中山撤县设市及升格为地级市后，中山市侨联、外事侨务局等部门采取落户登记、侨属访谈、知情人士座谈等方式调查统计，并参照旅外中山侨团和有关档案资料，估算出移居拉丁美洲 24 个国家（地区）的中山籍华侨华人约 1.56 万人。

拉丁美洲中山籍华侨华人数量及分布一览①

地域细分	国家（地区）	人数
北美洲	墨西哥	751
中美洲	牙买加	2
	危地马拉	95
	伯利兹	218
	萨尔瓦多	53
	洪都拉斯	198
	尼加拉瓜	94
	哥斯达黎加	3309
	巴拿马	1914
西印度群岛	巴巴多斯	20
	秘鲁	4566
	厄瓜多尔	1508
	特立尼达和多巴哥	865
	哥伦比亚	199
	多米尼加	4
	古巴	212
	阿鲁巴	67
南美洲	委内瑞拉	811
	智利	349
	巴西	311
	阿根廷	6
	苏里南	4
	圭亚那	2
	玻利维亚	33
共24个国家，合计15591人		

① 资料来源：中山市外事侨务局、中山市港澳事务局编：《中山市华侨志》，广东人民出版社，2013 年，第 72 页。

（二）中山人移民拉美史

中山人移居海外历史悠久。早在明清之际，当时的香山人就开始背井离乡，远涉重洋，到东南亚一带谋生。历史上中山人移居海外的主要原因有：避乱，经商，契约华工，留学，亲友援引，文化交流等。中山人移民拉丁美洲，早期多为契约华工，后期海外贸易、亲友援引等因素占多。

契约华工，是17世纪初至19世纪末西方殖民者掠夺中国廉价劳动力，进行资本原始积累、榨取高额利润的产物，是一种充满血腥压迫和剥削的肮脏制度。彼时，欧洲的文明人，以不文明的武力和欺骗手段在美洲大陆攫取土地，急需大量劳动力从事农业生产和矿业开采。而从非洲掠夺黑奴贩运至美洲大陆的高潮已过，不少美洲国家颁布了禁止非洲黑奴入境的法令。寻找非洲黑奴的替代者成了美洲大陆特别是拉丁美洲地区开发的急切需求。

最早进行契约华工交易的是欧洲第一个资本主义国家荷兰。1623年荷属东印度公司总督克恩·卡尔地尔提出，获取殖民地所需劳力最好的办法，是“多派战船，窥伺中国，掳其丁口以归”。当时被掳掠的华工虽不多，但这一罪恶的活动却持续了很长时间。《光绪香山县志》载：“自和议（指1842年《南京条约》和1860年《北京条约》）成后，烟禁弛，澳夷不能专利，渐至穷蹙。而是时，秘鲁、古巴诸国买华人回国供役，曰猪仔。在澳门设立招工馆，奸人借以为利，诱骗华人出洋，澳夷坐收其税。”受此影响，毗邻澳门的香山县出洋人数骤然激增，史称“第一次出洋潮”。据《古巴杂记》载，1853—1874年，从澳门运载华工直驶古巴共260航次，约10.7万人，所载华工以香山农民为多。伴随半欺骗、半自愿的契约华工贸易，西方殖民者时常串通海盗，武力掳掠人丁，使香山居民大受侵害。咸丰年间，“有洋船数十……沿海居民，无论与夫、乞丐及讨海乞虬者，亦被掳去”，“妇孺壮丁悉被掳去，毋得归赎，以致渔民货艇，敛足不前”[①]。

① 《古巴杂记》作者谭乾初是1893—1896年清朝派驻古巴的总领事。《古巴杂记》中的相关数据多源自当年英国派驻哈瓦那总领事馆的档案资料，因而成为研究古巴华工的权威原始资料。

契约华工和被掳人丁的命运大多悲惨。在当时的航海条件下，历时三个月才能到达拉丁美洲。船上往往超载，且卫生条件恶劣，疾病肆虐，华工死亡率很高。据史料，1850—1856 年间，12 艘驶往秘鲁、古巴、巴拿马及英属圭亚那等地的轮船运送华工 3958 人，中途死亡的多达 1017 人，死亡率高达 25.69%。

1850—1856年出国华工情况[①]

年别	目的地	运载人数	船数	途中死亡数	到岸存活数
1850	秘鲁	740	2	274	466
1852	巴拿马	300	1	72	228
1852	英属圭亚那	811	3	164	647
1853	古巴	700	2	104	596
1853	巴拿马	452	1	96	356
1854	秘鲁	325	1	47	278
1856	秘鲁	332	1	128	204
1856	古巴	298	1	132	166
合计		3958	12	1017	2941

活着到达拉美的华工，工作和生活际遇也十分悲惨。华工在秘鲁、巴拿马、古巴、圭亚那、特立尼达和多巴哥等地上岸后，一律被强制从事掏粪、垦荒、种植、筑路等工作，生活、工作均处于严酷警戒之下，动辄被毒打，名为契工，实为奴隶。据容闳调查，秘鲁的华工“自咸丰初年拐贩起，至今（1874）计存华工约十二万有奇。此二十年中受虐以及病亡，难以数计。……做工有定限……如不完即将两手两脚指用绳扎吊打，每日不准多饮水，若在饮水处停一二秒时，即要鞭打。每天寅正常有两三人自缢的，又有许多在鸟粪岛高处投海死，又有挖鸟粪自埋死。大凡投海具系约定一百余人，同时尽命。……每天限工车数已满，常作到夜十点钟，都不准停工。彼时必定鞭打，不至肉飞不已，用鞭之人极残忍，第一鞭将皮揭去，第二鞭即血流……初来十二时内，即有六人受伤，一礼拜内又有六人自尽，十天内有五十人受鞭打。……

① 资料来源：《中山市华侨志》，第 128 页。

皆以劳苦难堪，卒致服毒自尽，投海而亡，或愿活埋于粪中，或因过劳而病死，种种残惨，实所骇闻”[①]。秘鲁当局1853年的调查表明，“岛上的华工每天都遭毒打，每天都有人自杀。……一年前（1852），有60名华工逃出警戒，跳崖自杀”。虽然契约（多为5—8年）期满，华工恢复自由，可自谋职业，但据容闳的调查，契约华工“期满后百无一生”[②]。

历史上，自备旅费出洋或由亲友援引出洋的自由人也不少。虽然数量大大逊于契约华工及被掳华工，但由于航行条件相对较好、上岸后工作自由度高、聪明智慧得以发挥，存活率和成功机会都较高。事实上，目前在拉美地区的中山籍华侨及其后裔，绝大部分是这两类。

自备旅费或亲友援引移居拉美的中山华人华侨多有事业成功的。他们的工作选择机会多，涉及的行业包括现代农业、金融、餐饮、采矿、制造、运输、贸易、百货、房地产、工程、技术、体育、教育、医疗等，甚至参军、从政。相对而言，这一群体多有较高的经济地位和一定的社会地位。其中的佼佼者有：祖籍三乡沙岗村的甘林（Leonardo Kam），巴拿马民主革命党（长期为执政党）创始人，曾在巴拿马外交部、教育部任部长，在联合国等多个驻外机构任大使；祖籍中山的孙哈里（Harry Sun），曾在厄瓜多尔中央及其第一大城市瓜尔基尔市担任议员或市长；祖籍沙边的孙仲明，曾任特立尼达和多巴哥财政部长；陈祖乐，知名经济学家、大学教授，曾任秘鲁基督教会大学利马分校校长、国会议员；祖籍沙溪的李子文，墨西哥“百货大王”、著名侨领，曾任墨西哥外交部亚太司司长、驻华大使；祖籍五桂山石鼓村的李飞龙，医学博士，厄瓜多尔著名外科医生，曾任瓜尔基尔大学医学系主任、厄瓜多尔卫生部长。

---

① 《容闳致两江总督沈葆桢禀帖》，转引自陈翰笙主编：《华工出国史料汇编》（第一辑），中华书局，1985年，第1043页。

② 《容闳致两江总督沈葆桢禀帖》，转引自陈翰笙主编：《华工出国史料汇编》（第一辑），中华书局，1985年，第1043页。

二、中山华侨华人文化认同的历史变迁

文化认同是凝聚民族共同体的精神纽带和传承基础，回答的是“我们是谁”“我是谁”的问题。文化认同是身份构成的符号反映，包括祖先（血统）、宗教、语言、历史、价值、习俗、国籍、出生地、教育、族群等。亨廷顿认为，“文化认同对于大多数人来说是最有意义的东西”。

历史上，拉美中山华侨华人在文化认同上经历了“单一认同中华传统文化（早期）—倾向认同欧美文化（中期）—兼容并蓄，主动回归中华文化（现代）”三个阶段。

（一）早期：单一认同中华传统文化

侨民认同祖国文化，是一种很自然的现象。血统、体貌、习俗、宗教、价值等方面的高度一致性或相似性，都促成侨民主动或被动地认同祖国文化。中山人侨居拉丁美洲而认同中华传统文化，亦是规律使然。早期的中山华侨，多属赤贫阶层，并无长久居留海外计划，相当一部分人是带着家族的希望或个人的梦想去谋生的，衣锦还乡、馈赠亲友、光宗耀祖、回报桑梓是他们无法割舍的情怀。这恰是中华传统文化的重要精髓。彼时的中国积弱积贫，国内事务自顾不暇，更无力去关心海外华侨的困苦。加之厄瓜多尔、秘鲁等拉美国家多次效仿美国“排华”，华人长期游离于拉美各国的社会边缘。这也导致远离故土、孤寂无助的拉美华侨华人不得不单一认同中华传统文化。

（二）中期：倾向认同欧美文化

腐朽落后的封建制度，饱受屈辱的残酷现实，使得鸦片战争以后的中国在经济、政治、文化等多个方面长期落后于欧美国家。相较而言，拉美地区社会和平、政治安定、法制有序、经济活跃，侨居于斯的中山人生存发展、工作就业与发财致富更容易得到保障。一战后，美国依靠经济、军事、教育、法制等优势，逐渐成为世界的霸主，并牢牢控制拉美各国。出生、成长、受教育乃至工作都在拉美地区的华侨后代，自然更容易接受彼时相对先进的欧

美文化。

二战后，世界范围内殖民地独立运动的兴起、东西方意识领域的尖锐对立，对拉美地区的华侨华人产生重大影响。中华人民共和国成立后，基于避免外交纷争的政治立场，废除了清朝确立、民国延续的双重国籍制度，规定华侨在中国和侨居地之间只能选择一个国籍，1980 年全国人大以法律形式将其确立，乃现行国籍法。拉美地区的不少华侨，由于扎根已久，综合考虑各种因素，加入了当地国的国籍。国籍的变更，导致拉美的华人逐渐认同所在国的拉美文化或泛美文化。

（三）现代：兼容并蓄，主动回归中华文化

改革开放后，国民出入境逐步便捷和规范，不少中山人前往拉美地区留学、经商或务工，成为新一代移民。同时，国内鼓励招商引资的政策与庞大的市场也吸引了拉美地区的华侨华人前来中国。进入 21 世纪，中国更加主动和开放地开展文化交流和对外汉语教学，有效地提升了软实力，务实地展示了文化形象，从而增强了对于世界各国人士的文化吸引，海外华侨华人兴起了一波又一波的中华文化认同热。在拉美的中山华侨华人界，出现了“父辈不会中文，子辈中文熟练”的有趣现象。

三、中山华侨华人的文化传承

在移居拉美工作、生活的同时，中山华侨带去了中国的传统文化和思想意识，在侨居国积极传播中华文化。在继承和弘扬中华传统文化的同时，中山华侨也积极吸收拉美各国的优秀文化成分，与侨居国居民和谐相处，赢得了当地人民的认可和赞誉。

（一）华文教育

中山华侨素来重视子弟教育，弘扬中华文化。早期的华侨教育，大多以私塾或义学的形式，教授“四书五经”。在拉美各国施行排华法案期间，华侨教育一度衰微，零星的华文教育只能偷偷进行。清末中国废除科举，兴新学，

拉美华侨教育也因之而变。随着拉美各国排华法案的废止，华侨教育逐步恢复。随着华侨经济、社会地位的上升，以及华侨华人社团的发展，华文教育逐渐兴旺。

1980年，中山南朗华侨陈奉天在巴拿马创办中巴文化中心，并连任董事长17年。1986年，陈奉天创办的中山学校竣工落成。学校设幼儿园、小学部、中学部，配备图书馆、体育馆等，以开展华文教育、传播中华文化为宗旨，用西班牙语、英语、汉语教学，三分之二的学生是华人后裔。中山学校创办时仅115名学生、10位老师。经过30多年的努力，发展成为拥有1656名学生及逾100位教师的顶尖学府。

（二）中华文艺

早期移居拉美地区的中山人，大多文化水平较低，从事文艺活动的极少。随着华侨对下一代教育的投入不断增加，中山华侨在文学艺术方面取得斐然成就。祖籍张家边大岭村的墨西哥华侨欧阳民，将中国画和西洋画融会贯通，形成自己独特的画风，先后在墨西哥多个城市及洛杉矶等地举办画展。祖籍三乡鸦岗村的画家和雕刻家吴广威（Isidro Con Wong），出生于哥斯达黎加篷塔雷纳斯市，从事绘画艺术四十余年，曾获国际艺术优异奖。

（三）华侨社团

中山华侨移居外国，为了生存发展，纷纷成立同乡、同宗、同业的社团组织，用以联络感情、调解纠纷、协助初来者、助老病无助者返乡，等等。早期的中山侨团的主要活动，一是祭祖及崇祀保护神，二是纪念传统节日，三是扶助贫困会员，四是协调利益、仲裁纠纷，五是倡办华校华文教育。

20世纪后期，大多数中山华侨社团遇到了成员老化、后继无人、形式僵化、内容陈旧的困境。根据社会形势的变化和扩大影响的需要，一些华侨社团进行了改革。如扩大服务对象和范围，突破仅为同乡、同宗服务的局限，面向整个华人社会；探索新的途径扶持发展华人经济；沟通华人与主流社会的联系，使华人团体进入更高层次。因此，在拉美华侨聚居的地区，不少经济实力雄厚、思想活跃的中山人，在政治和华人社区活动中特别活跃，创办或参与创办了许多全侨性的华人社团，凸显了出色的社会活动能力和非凡的影响力。

四、结语

文化认同是自我认同、群体认同、社会认同交互作用的产物。当个人认同得不到群体认同的庇佑，个人必然是孤苦无助的，甚或面临奴隶的命运，这在早期前往拉美的中山籍契约华工身上可得到印证。当个人认同能够得到群体认同的庇佑和襄助，个体虽经艰难亦可看到希望在前，相信努力前行终有成功之日，中山华侨华人组织社团、相互扶持，则是例证。当自我认同和群体认同相得益彰，并与社会认同方向一致，那么个体及其所在的群体，在经济生活和社会交往等方面都会得到居住国真实的国民待遇，当今社会不少祖籍中山的华侨华人在政治、经济、教育、文化等方面获得成功、受人尊重，就是生动而具象的写照。

时至今日，祖籍中山的拉美华侨华人早已摆脱了先人的屈辱命运，渐渐融入当地的主流社会。中华优秀文化是他们无法割舍的根和深深根植的基因，当地的拉美文化则是他们生存和发展的土壤。两种文化的结合，加之以先辈传承下来的艰苦奋斗的意志、敢闯敢干的精神、因时而变的勇气和崇尚实用的品格，则是拉丁美洲中山华侨华人文化认同的前进方向。